A DIFUSÃO ICONOGRÁFICA DA RELIGIÃO

João Batista Ribeiro Santos

A DIFUSÃO ICONOGRÁFICA DA RELIGIÃO

Historiografia de políticas de guerra
e representações visuais na Antiguidade Oriental

alameda

Grafia atualizada segundo o Acordo Ortográfico da Língua Portuguesa de 1990, que entrou em vigor no Brasil em 2009.

Edição: Haroldo Ceravolo Sereza & Joana Monteleone
Projeto gráfico, diagramação e capa: Betânia Santos
Assistente acadêmica: Tamara Santos
Revisão: Alexandra Colontini
Imagem da capa: Tarhunna, Deus da Tempestade hitita, venerado pelo rei Warpalawas de Tuhana, século VIII AEC. Rock Memorial, localizado na cidade de Ivriz, atual Aydınkent, Turquia. (ucl.ac.uk/Wikimedia Commons)

CIP-BRASIL. CATALOGAÇÃO NA PUBLICAÇÃO
SINDICATO NACIONAL DOS EDITORES DE LIVROS, RJ

S235d

Santos, João Batista Ribeiro
A difusão iconográfica da religião: historiografia de políticas de guerra e representações visuais na Antiguidade Oriental / João Batista Ribeiro Santos. - 1. ed. - São Paulo : Alameda, 2024.

244 p. ; 23 cm.

Inclui bibliografia
ISBN 978-65-5966-198-5

1. Antigo Oriente Próximo – Religião
1. História Antiga. 2. História do mundo 3. Representações
1. Antropologia 2. Cultura material 3. Etnicidade

Índice para catálogo sistemático:
1. Mundo antigo: História

CDD: 930
23-85606 CDU: 94(100)"...05"

Meri Gleice Rodrigues de Souza - Bibliotecária - CRB-7/6439

ALAMEDA CASA EDITORIAL
Rua Treze de Maio, 353 – Bela Vista
CEP: 01327-000 – São Paulo – SP
Tel.: (11) 3012-2403
www.alamedaeditorial.com.br

In memoriam
Edesia Ribeiro e Antonio Batista dos Santos,
minha mãe e meu pai.

Em alegria pela presença e auxílios desde sempre, nesta e em outras pesquisas
Luísa Batista, minha filha.
Em profunda gratidão pelo grande amor
Vera Lúcia e Katia Rosana,
minha irmã e minha sobrinha,
a quem dedico este livro!

Sumário

PREFÁCIO

Ivan Esperança Rocha[1]

O avanço dos estudos sobre o antigo Oriente-Próximo, sobretudo nas últimas décadas, ampliou o leque de compreensão da cultural oriental em suas mais diferentes perspectivas, dentre elas a religiosa que coloca em cena um quadro multifacetado de divindades que nem sempre têm sido tratadas com a devida atenção, nem situadas no amplo espaço interno e externo que elas ocuparam. Ao eleger como tema de sua pesquisa o deus Haddu/Hadda/Adad, João Batista reúne preciosas informações em torno dessa divindade – com suas diferentes nomenclaturas – e de seu papel em extensas regiões do Crescente Fértil antigo registrado na literatura, na arquitetura e nas obras de arte. Trata-se de um estudo historiográfico inédito em língua portuguesa sobre uma divindade antico-oriental com sua multiforme presença nas regiões siro-eufratênia e anatólica, e mais tarde na costa e no sul do Levante.

Na história das sociedades antico-orientais, a compreensão dos panteões e do papel que diferentes divindades neles ocupavam espelha o importante entrelaçamento do poder divino e humano na definição de hegemonias, vassalagens e tratados com todas as implicações políticas, econômicas e sociais que lhes são inerentes, com destaque aqui para Haddu com suas diferentes nomenclaturas. Haddu tinha um papel proeminente de divindade fundadora em panteões do Alto Eufrates e norte do Levante, com profunda intervenção na definição dos poderes políticos.

Foi a partir de Alepo, capital do reino sírio de Yamhad no Período Protobabilônio, que Haddu com suas diversas translações e hibridizações diretas ou indiretas de nomenclatura e competências se difundiu para outras regiões. Essas translações foram garantidas pelas conexões de longa distância, somadas aos movimentos migratórios permanentes na região que não foram marcados simplesmente por trocas materiais, mas também simbólicas. A difusão no Levante prosseguiu quando Alepo esteve sob o domínio de Mittani e do Reino Novo hitita até a Idade do Ferro I. No período sargônico, Haddu passou a ser cultuado oficialmente também na Mesopotâmia, fazendo-se presente também nos contextos da Bíblia Hebraica por meio de suas vincu-

1 Professor livre-docente de História Antiga e Medieval e ex-diretor (2011–2015) da Faculdade de Ciências e Letras da Universidade Estadual Paulista "Júlio de Mesquita Filho" (FCL/UNESP).

lações com os atributos do Yahweh israelita, ainda que o autor não se estenda em sua análise dos componentes religiosos do sul do Mediterrâneo dado o distanciamento cronológico do período que carateriza as discussões sobre Haddu e as formas cúlticas específicas dessa região.

João Batista se vale de uma rica, ampla e atualizada literatura sobre seu objeto de pesquisa que retrata as novas contribuições que a arqueologia proporciona nessa área e busca caraterizar Haddu a partir de imagens em relevo, ícones, utensílios multiusos e inscrições dispersas por todo o Levante, mas aponta para lacunas nos estudos dos cultos em certas áreas levantinas como nos altiplanos.

No espaço levantino, como ademais em outros contextos antico-orientais, a força dos elementos religiosos se manifesta no papel que os templos desempenham ao lado dos palácios. O poder das divindades, que de início se vincula ao controle de forças atmosféricas e de outras forças consideradas indomáveis apenas pelo esforço humano é extrapolado também para as esferas políticas e econômicas que tornam as divindades aliados importantes no combate não apenas de "inimigos da natureza", mas de "inimigos" de toda ordem. Mais do que armas é preciso ter a proteção de uma divindade vigorosa, que comumente é considerada a verdadeira vencedora nas batalhas e nas conquistas.

A arqueologia tem um papel preponderante nesta nova compreensão, revelando que os conhecimentos tradicionais da região levantina precisam ser atualizados e sintonizados com novos elementos políticos, econômicos, sociais e simbólicos que emergem dos testemunhos oriundos de novas escavações ou da reinterpretação de escavações já mapeadas e que passam por deslocamentos e ressignificações.

A leitura atenta de *A difusão iconográfica da religião: historiografia de políticas de guerra e representações visuais na Antiguidade Oriental* nos conduzirá pelas sendas elegidas pelo autor para apresentar e discutir seu objeto de pesquisa, situá-lo no seu contexto histórico e mental, trazendo suas relevantes descobertas para os saberes das Ciências Humanas, especialmente para o estudo de culturas antico-orientais de períodos históricos pré-clássicos em que as fundações religiosas sejam tematizadas. Mas também abrindo caminhos para novas extensões da pesquisa ou inspirando outros pesquisadores e pesquisadoras a oferecerem suas contribuições, pelo ineditismo da historiografia.

INTRODUÇÃO

Este livro tem por propósito apresentar uma pesquisa historiográfica sobre a difusão iconográfica da religião no Levante – na geografia física do Levante, o lugar enquanto circunstancialidade da difusão do culto a Haddu, deus de Alepo. Tendo em vista as relações, o liame de pertencimento, recorro a conexões interativas pelas quais a cidade-Estado de Ugarit será alcançada por dedicar uma acrópole a Baal-Haddu e por se tornar a mais perfeita translação do deus alepino, cuja origem é amurrita; inicial e secundariamente, a cidade-Estado de Mari, pelas relações política e parental estabelecidas as duas maiores dinastias da região, sobretudo pela adesão ao deus alepino no Médio Eufrates. No longo segundo milênio, em meio à acelerada urbanização, veremos que as sociedades do noroeste sírio preservaram sua mobilidade. Esse escopo tem alguma implicação delimitadora: o livro não se propõe historiograficamente a aprofundamentos sobre os arquivos reais da cidade-Estado de Mari; contudo, as relações diplomáticas com Alepo e a dedicação real a Haddu serão analisadas. Em relação a Ugarit, a abordagem acentuará aspectos técnicos que reflitam por suas fontes as afecções religiosas, oferecendo uma perspectiva histórica na qual considero o aparente conhecimento que se tem dessa metrópole do Mediterrâneo.

O núcleo temático será o deus Haddu – *designado deus da Tempestade* –, agência por cujo mapeamento geodemográfico sobredeterminado pelas cidades do norte do Levante (o ponto setentrional da região continental) foram estabelecidos os contatos político e religioso condutores identitários. Por isso a integração das fontes concernem a respostas de objetos que quantitativamente requeiram explanações quando são tomados como exemplares, com marcação distintiva quando o pertencimento por si é caraterizado por difusão cultural. No plano de fundo estrutural, o Período Paleobabilônio configura um limite temporal relativamente aos contatos materiais e mentais verificáveis.

No *Capítulo I – Quase o começo de tudo*, será realizada uma historiografia dos contextos do norte do Levante e suas conexões com a Anatólia e a Mesopotâmia, contendo significâncias e conceituações. Entendo que a temporalidade ampla fornece material para que a pesquisa alcance personagens e acontecimentos que subsidiem, com suas fontes, as culturas cristalizadas no Período Paleobabilônio. Nesse sentido, terei por intenção demonstrar a relevância dos testemunhos históricos fundantes quando a pesquisa trouxer para a análise fontes dos dois grandes períodos arqueológicos posteriores, a Idade do Bronze Tardio (segunda metade do segundo milênio) e a Idade do Ferro I–IIB (final do segundo milênio até *c.* 730/700), conectados aos espaços enquanto circunstancialidade. Será carateristicamente instrumental apresentar sincronicamente as culturas e a história política que produziram a religião e a estética do deus Haddu no Levante.

A individuação do tema do livro propriamente dito terá início no *Capítulo II – Culturas em contextos.* Será destacada territorialmente Alepo, capital do reino de Yamhad, por ser o centro cúltico e matriz da objetificação do deus guerreiro, montanha de onde será disseminado ou distribuído para as cidades de Yamhad, para o reino de Mari por meio do alinhamento de Zimri-lim com a filha de Yarim-lim de Alepo e, posteriormente, para a Anatólia na época do reino de Hatti. Seguindo a abrangência material em constante evolução por causa do grande número de cidades que passaram a afixar em seu panteão o deus Haddu, o *Capítulo III – Culturas como agentes itinerantes* destacará a metrópole de Ugarit como local que expressou o poder da divindade com rigor estético. Ugarit transmitiu o simbolismo da montanha num sistema de crenças em que o poderoso mar tornou-se completamente dependente do farol divino, paralelamente a coerência estilística – literária e artefatual – produziu o modelo de translabilidade adotado desde o processo de hibridização que transformou Baal-Haddu no maior deus levantino. Neste capítulo, abordarei eventos e motivos responsáveis por colapsar a Idade do Bronze Tardio, pois Ugarit esteve no centro da mudança do período arqueológico. Os capítulos II e III não se limitam em abordar as cidades-chave para as culturas em torno da história do político, suas redes comerciais e fenômenos religiosos: territorialização e interações fornecerão cenários para as reconstruções possibilitadas pelas fontes, assim como a análise da distinção das bordas geográficas com sua diversidade interna oriunda das interações.

Proponho com o *Capítulo IV – O primeiro e múltiplo Haddu* um aprofundamento contextual do capítulo I com minúcias de atestações sobre as relações diplomáticas entre reinos, a materialidade da translabilidade divina e de espaços sagrados, concepções, representações estéticas e potência divina. Aqui, para a fundamentação política, a arqueologia do comércio e as complexas formas relacionais de organização de campos religiosos serão investigadas conjuntamente, lançando luz sobre origens e evolução das intrincadas redes de interdependência. A abordagem sobre o antigo Israel (Israel Norte ou "Reino do Norte") se deve a importantes e incontornáveis descobertas arqueológicas em seu território, com impacto em competências que dizem respeito aos aramitas nos primeiros séculos do primeiro milênio.

O Capítulo V – Artefatos: no fundamento das coisas para serem transmitidas tem por finalidade apresentar uma exposição da trajetória e difusão da religião icônica, direi que é uma autorrepresentação da pesquisa. Na religião icônica, Haddu – o deus da Tempestade que por suas propriedades celestiais é um guerreiro que impacta diretamente conceitos de realeza e protege o seu povo, mas também alegra as terras férteis – exerce reconhecidamente o reinado como deus e pode ser descrito pelos artistas das obras de arte como índice. O lugar do capítulo consiste numa dialética figural entre a tautologia e a crença no sentido das relações sociais.

A importância do deus Haddu (*Hadda / 'Adad*), nas regiões do antigo Oriente-Próximo, extrapola o ambiente urbano como o deus da Tempestade, mesmo o seu ambiente existencial, o altiplano. No Alto Eufrates, Anatólia (Anadolu) e Levante, Haddu tem preeminência como deus tutelar, era visto como a divindade real maioral sobre outras divindades e, como fundador, concedia a realeza a governantes humanos. As intensas interações culturais ocorridas principalmente entre as cidades siro-eufratênias têm por destacado polo difusor a cidade-Estado de Alepo, não obstante cidades como Mari e Ebla terem seus "grandes deuses" líderes de panteões disputando com a alta posição do deus da Tempestade. Não considero menos importante o fato de divindades terem diferentes nomes sob um único registro tipológico e, portanto, similar competência. Evocada por tantos lugares diferentes, uma divindade revela em si uma variedade de aspectos. Isso é verificável por cidades de diferentes tradições culturais, principalmente quando na fundação de espaços sagrados destaca-se uma série de deuses sob a escala de um ou mais panteões.

Com a sobreposição de impérios continentais, quando a Assíria perdeu domínios territoriais e tratos políticos para a Babilônia sob o reinado de Hammu-rabi, além do consequente colapso do comércio iniciado no século XX entre a Assíria e a Anatólia, a Síria estabeleceu no noroeste do Levante uma nova rota comercial com entreposto na Anatólia. Isso possibilitou a presença de novos protagonistas e novos processos socioétnicos, valorizou matérias-primas ainda pouco exploradas no Levante – notadamente os minerais –, e provocou a estatização de locais. Mas possivelmente as estruturações deram-se, em grande medida, pelo modelo paleobabilônio de Estado. Uma questão-chave que se apresenta diz respeito aos novos modos de vida religiosa.

Convém destacar o meio ambiente e as transformações operadas pelas populações do setor rural. O Levante apresenta várias culturas com contextos que servem às categorizações das interações sociais do antigo Oriente-Próximo; isso exige o desenvolvimento de novas formas de abordagem, à parte de terminologias e visões colonialistas, mas também de rigorosa análise da emergência de socioetnias e culturas mesopotâmicas na região, notadamente no Mediterrâneo.

Têm grande importância como identidades a época e a região. Diante dessa sociedade complexa, os contextos do acontecimento histórico e os testemunhos arqueológicos serão fundamentais para as buscas historiográficas dos espaços sagrados e dos processos de translabilidade pelos quais passou a divindade matricial Haddu. Nesse sentido, a materialidade artefatual, a mobilidade e as identidades construídas (época, geografia, situação social, etnia), como formas categorizadas, compõem a pesquisa da memória cultural. Sobre este plano, receberão atenção o espaço de habitação ou de resistência e os acontecimentos, pela possibilidade de dimensionar a importância que o deus de Alepo obteve em diferentes cidades do Levante.

Entendo ser razoável afirmar que no sul do Levante a transição estrutural dos Estados tribais em pequenos reinos com política cultural destinada aos campos religiosos faz parte de um conjunto de eventos do primeiro milênio. Por outro lado, nas territorializações levantinas os complexos religiosos ocuparam lugar central nas fases de desenvolvimento civilizatórios desde o terceiro milênio. As fontes e o funcionamento das cidades estarão presentes no desenvolvimento desta obra.

Portanto, as conexões internacionais das elites governantes, a partir do desenvolvimento da política econômica palacial nas primeiras metrópoles da Síria-Mesopotâmia, impulsionaram os desenvolvimentos estatais das cidades luwita-aramitas. A cidade-Estado de Alepo parece-nos refletir a particularidade da religião: foram as intensas conexões materializadas em torno da divindade que elevaram a cidadela a centro difusor de cultura e capital do reino amurrita de Yamhad, reino que controlava os territórios sírios antes da emergência do Reino Antigo hitita (*c.* 1650–1500).

Essas conexões internacionais já vinham sendo realizadas regularmente na Síria central, seja visando o contato com as cidades-Estado das margens do rio Eufrates, seja em direção à Anatólia. Nessas regiões, a presença de Haddu está atestada materialmente. Entre os aramitas, algumas peculiaridades merecem ser destacadas, tais como: os modelos de cidade, a sociedade e a invenção de tradições a partir dos ambientes de trabalho social desenvolvido.

No Levante, em particular, as relações entre nômades e sedentários são anteriores à Idade do Bronze, reflexo das intensas mobilidades demográficas, com as mudanças das formas de subsistência nas estepes para os nômades *sutû* (sútios ou suteus), relações comerciais, sistemas de assentamento e a evolução da cultura material. No "complexo mosaico humano" do Levante, os pastoralistas usufruem tanto da expansão das estepes sírias quanto das possibilidades de adaptação aos sítios urbanos onde estão grupos tribais.

Devo ainda considerar as constantes mudanças nas identidades étnica e social de vários grupos populacionais do segundo milênio, incluindo os períodos de sedentarismo e de retorno ao nomadismo, as quais não ficam restritas às mudanças climáticas, mas também incluem as questões políticas. Perspectivamente à Alepo, tem-se as bases da difusão do culto do deus Haddu, cuja translação no deus Baal (*Ba'al*, *Ba'l*, *Ba'lu*) tem na cidade-Estado de Ugarit um marco emblemático pela natureza performativa das representações divinas no local.

Com este conjunto de fatores, proponho apresentar uma historiografia sem compartimentação da presença do deus Haddu de Alepo em lugares de culto do norte do Levante, como fenômeno cultural que, a partir da mobilidade populacional, teve associadas a si várias divindades guerreiras. Vinculada a isso estará a busca por evidências da transmissão religiosa localmente na definição de uma identidade própria porque com especificidades na maneira relacional, evidências de hibridização e translação estética, atribuição de competência, adaptação da estrutura topográfica do local geográfico e da composição de nome ou epíteto teóforo.

Trazer à luz as interações políticas nos ambientes vivenciais nos quais foram elaboradas as translabilidades da divindade Haddu para os demais deuses guerreiros, especialmente para os baalim (*ba'alîm*) – em cujas operações culturais foi conservada a mesma atribuição de deuses da Tempestade –, a estética e a ambientação topográfica nos permitirão conhecer a natureza das tradições e memórias tanto de campos religiosos quanto do funcionamento das estruturas de cidades do Levante. Em adição, por variados contextos Baalim são determinativo divino e deuses no oeste semita – integrado ao deus da Tempestade na Síria-Mesopotâmia –, que se tornou ponto-de-vista-limite estabelecido por expressão carregada de significação social. No antigo Israel, como termo cunhado por escribas, notadamente pelos historiógrafos deuteronomísticos, por um lado incide no desconhecimento de nome de divindades de panteões siro-canaanitas e mediterrâneos e, por outro, reflete a pecha generalizada contra manifestações nas interações sociais a qualquer deus que não seja Yahweh ou não esteja a ele integrado em regime de subalternidade.

Em suma: Esta pesquisa da história se ocupa de *sentidos* e *práticas político -religiosas*, com os deuses da Tempestade como núcleo temático da difusão iconográfica em espaços sagrados e eventos celebrativos. As concepções em relação serão desenvolvidas no conceito, sendo que o conceito de religião icônica associada à translabilidade de divindades e espaços sagrados, assim como a contextualidade, estará orientado qualitativamente pela pragmática de fontes, não exclusivamente quando o método comparativo for aplicável, com a explanação das estruturas. No considerar diacronicamente a religião icônica experienciada no Levante, a sua difusão imagética, artefatual e verbal, *i.e*, suas representações iconográficas e imagens verbais, corresponde aos contextos politicamente interativos. Desta forma, a autoapresentação historiadora factual será por meio das representações visuais – uma evocação que se dá a ver – guiadas por correspondência ao longo do texto. Os artefatos estimulam diferentes vínculos sociais como potência objetiva – coisas –, portanto sem impor harmonização além da tradição onde intervêm. Em adição, a contrapelo dos tendentes olhares ancorados a leste/oriente do rio Eufrates – Mesopotâmia, preferentemente Assíria – e, não obstante, na monumental Mari – levantina! –, a minha perspectiva historiográfica das relações entre pessoas, entidades políticas, divindades, objetos técnicos e coisas cúlticas é a do interessantíssimo e dinâmico reino levantino de Yamhad.

Para possibilitar a leitura participativa, palavras e expressões de línguas clássicas, assim como expressões usadas em língua portuguesa que requerem explanação de sentido e significância por serem pouco usuais, receberão nota de rodapé na primeira ocorrência. A essa tarefa, questões ligadas a conhecimentos tradicionais levaram-me a conceber dois verdadeiros guias: nos capítulos I e II contará com a maioria das notas elucidativas e no *Índice lexical onomástico e de assuntos*, estão minúcias informativas. Nesse *índice* mencionado, apresento um repertório lexical e cronologias (as datações nesta obra referem-se a "antes da Era Comum", a não ser nos poucos casos em que se indica "Era Comum"). Divindades, reis e demais pessoas, artefatos, cidades e reinos têm seus nomes transcritos da escrita original (aramaico, acádio, hebraico, hurrita, amurrita, luwita, ugarítico, hitita); todos os períodos arqueológicos e pessoas citadas têm indicação de ano/s ou século/s. (As fontes de consulta são os/as especialistas citados/as e as obras de referência *AEAD*, *CAD* e *CDA*, que poderão ser encontradas em enunciações e notas de rodapé.) Desta forma, o *índice* fornece um léxico para as imagens e inscrições no quadro do caráter esquemático do livro.

Mantenho a acrópole das divindades em sua escrita ugarítica *Ṣapānu* para maior expressividade, pronunciável como *tzapánu*; mantenho também a grafia de palavras onde os signos acádios *ḫ* ("h" profundamente aspirado) e *š* ("sh", que pode soar como o dígrafo "ch") aparecem duplicados nas transcrições – *e. g.*: *maḫḫû*, "profeta extático", a capital hitita Tarhuntašša, os deuses Teššub e Aššur. No caso de Aššur, visando diferenciar de "Assíria", pois assim me refiro à entidade política.

Em toda esta pesquisa da história buscarei praticar a estimulante descoberta de Carlo Ginzburg (2011, p. 179) sobre os sinais históricos: "Ninguém aprende o ofício de conhecedor ou de prognosticador limitando-se a pôr em prática regras preexistentes". Compartilhemos das memórias e da estética aguerrida de Haddu, exigentes de constantes retornos e avanços aos contextos e suas interações!

QUASE O COMEÇO DE TUDO

No antigo Oriente-Próximo (mapa 1) os sistemas sociais mudavam de estrutura à medida que os *movimentos vitais*[1] forçavam a mudança de ciclo entre centralização e descentralização, alternando a constituição de poder. Na Idade do Bronze Antigo III–IV (BA III–IV), entre os séculos XXVI e XXI, o norte do Levante (o ponto setentrional da região continental) intensificou o desenvolvimento de centros urbanos, ocasionando divisões políticas regionais e a emergência de Estados territorialmente hegemônicos no norte da Síria.[2] Em meio a disputas entre cidades pelo estabelecimento de poder regional centralizado, as cidades demograficamente menores, especialmente aquelas cuja topografia proporcionava a produção agropastoril, eram anexadas às redes econômica e política de uma cidade-Estado.

As redes que conectavam populações, assentamentos e cidades na Síria-Mesopotâmia revelam a presença de diferentes grupos de amurritas ou "amorreus" (*Amurrû*)[3] desde o começo do terceiro milênio – diferenças linguísticas, étnicas,

1 A significação de *movimento vital* empregada por mim é segundo a historização realizada por Fernand Braudel sobre as transumâncias e as variáveis dos cursos naturais nas quais são realizadas as atividades sociais no Levante (2016a, p. 147-67, 376-97). Trata-se dos projetados movimentos, na forma como abordados por Braudel (2016b, p. 123), "viagens dos homens, viagens dos bens culturais, tanto dos mais cediços quanto dos mais inesperados". No âmbito da pesquisa de períodos arqueológicos pré-clássicos, entendo por uma "sucessão de lugar de vivência por instabilidades relacionais e pelas condições inelutáveis" que "projeta a competição entre as várias grandezas sociais na emergência de uma socioetnia" (Santos, 2018b, p. 178 e n. 369). Do ponto de vista da arqueologia do Mediterrâneo, veja a pesquisa realizada por A. Bernard Knapp e Peter van Dommelen (2010, principalmente p. 5-13).

2 Sobre isso, veja a pesquisa em que John J. Nichols e Jill A. Weber (2006) abordam a reorganização social na Síria na Idade do Bronze Médio.

3 Para Mieroop (2020, p. 150-51), "os textos declaram regularmente que alguém é um martu (ou mardu) em sumério ou *amurru* em acádio ou usam qualquer dos dois nomes para referir-se a um grupo de pessoas: o Édito do rei Ammisaduqa, por exemplo, fala de acádios e amurritas. [...] Os termos Martu e *Amurru* também se utilizaram ao longo da história mesopotâmica para indicar o oeste e na segunda metade do segundo milênio existiu um reino de Amurru no oeste da Síria. Ademais, a Bíblia hebraica fala de uma população pré-israelita, Emori, que se apresenta como amurrita em inglês." Em adição, a significação do nome do rei *mariyanum* Yahdun-lim é "Ele agrada a Lim", em referência ao deus Lim "invocado nos nomes próprios amurritas". Segundo Giorgio Buccellati (2008, p. 141), o gentílico inglês "Amorite" do sumério MAR.TU é "derivado da versão hebraica do nome original *Amurrum*". O deus semita ocidental Lim (Li'm, Līmum, Līmmu) é "atestado frequentemente em nomes pessoais de Ebla dinástica antiga,

sociais. Em movimentos nomádicos quando o deserto ainda estava sendo "domesticado", eles cruzavam a Síria, do rio Orontes ao norte nas estepes, para se estabelecerem nas terras férteis dos vales do Eufrates ao Tigre, na Mesopotâmia (Buccellati, 2008, p. 141). Por serem originariamente camponeses com formas de vida estáveis, os amurritas protagonizaram fortes mudanças não apenas na sociabilidade citadina mas também no pastoralismo das suas zonas de controle, seja pelo desenvolvimento de aptidões físico mentais, seja pela adequação do solo para cultivo de vegetais. Essa condição natural levou-os preferivelmente aos vales, no "Médio Eufrates sírio desde a confluência do Balih até um ponto ao sul da confluência do Habur", onde no segundo milênio seria territorialmente o reino de Mari; nessa época, tem início uma organização social sistemática nas estepes numa escala macrorregional, sendo que mapograficamente a estepe se tornou uma região, assim como os vales (Buccellati, 2008, p. 142, veja também n. 3). Para uma dimensão do desenvolvimento tecnológico de Amurru na metade do terceiro milênio, a Baixa Mesopotâmia, região na qual emergirá Ur III ou III Dinastia de Ur (*c.* 2112–2004 [2112/2110–2002]), era considerada pelos amurritas como periferia.[4] Talvez por isso eles tenham mirado para o

---

Mari babilônica antiga e Ugarit, incluindo nomes reais de Mari como Zimrī-Līm e Yaḫdun-Līm" (Frayne; Stuckey, 2021, p. 183).

4 Ainda que a intenção não seja estabelecer um debate sobre "borda" ou sobre o conceito de "fronteira", enunciarei parâmetros à guisa de significações no contexto do orientalismo antigo. "Periferia" ou limite no interior de um país, cidade, vila – usado indiscriminadamente como "fronteira" ou "borda" –, na acepção em que utilizo, é resultado de procedimentos políticos, assim como a unificação tanto política quanto cultural; as marcas distintivas de cultura e sociedade são próprias de cada grandeza socioétnica e dos modos de ser. Para uma definição extensa: "Fronteiras no Levante da Idade do Ferro não eram uma linha traçada na areia que criava uma clara distinção geográfica entre diversas entidades políticas, culturais, étnicas ou mesmo administrativas. Além disso, as fronteiras não eram uma barreira física que impedisse a interação social e cultural entre grupos que habitavam diferentes sistemas políticos. Portanto, parece ser mais útil falar sobre afiliação política vis-à-vis a estrutura social e cultural no nível local. Fronteiras, a este respeito, são úteis como meios para conceituar a extensão da autoridade política, e mesmo assim a natureza da autoridade política nos reinos territoriais da Idade do Ferro deve ser considerada, a saber: que não eram igualitariamente distribuídas dentro de uma territorialidade contínua' (Sergi; Hulster, 2016, p. 10)" (citado em: Santos, 2018b, p. 42, n. 56). Destarte, faz-se necessária outra especificação terminológica para a mapografia geográfica, distinguir entre "limite" ou "marco" ("periferia") e "fronteira" ou "borda". Para Ariel M. Bagg (2019, p. 4), "um limite indica uma divisão entre entidades discretas e indica onde uma área termina e outra começa", isso ocorre com um país, cidade, vila. Quanto à "fronteira" ou "borda", Bagg afirma que "uma fronteira, ou borda, por outro lado, é uma zona situada ao longo dos lados de uma fronteira entre países. No campo da geografia histórica, ambos os termos são frequentemente usados de maneira indiscriminada". As bordas mudam, forçadas por um conflito militar ou arbitragem, os impérios reivindicam seus domínios, expandidos pela mudança de limites externos territoriais, em termos de "fronteira" ou "borda" (ass.: *kisurrû, pulukku*; periferia ou limite interno: *qannu*; akk.: *taḫūmu, miṣru, pāṭu*, fronteira, borda ou limite externo). No sentido de dinâmica social em que inexiste borda natural porque todos os marcos são construídos, penso que a compreensão de Ömür Harmanşah (2017, p.

noroeste e o Médio Eufrates, a partir de onde avançaram para controlar as cidades sírias e as cidades de vales mesopotâmicos em cerca de 1800, afixando suas culturas em reinos como Yamhad e Mari.

Como "descobridores" das estepes como uma região habitável na qual estabeleceram o "pastoralismo industrial", para usar a postulação de Buccellati, os amurritas transformaram os territórios heterogêneos da Síria-Mesopotâmia e influenciaram a forma de realeza. Isso pode ser visto no "título real de 'rei de Mari e Hana', onde a tribo dá nome à macrorregião" (Buccellati, 2008, p. 146) que contava com cidades providas de estruturas religiosas e políticas, respetivamente ziqqurrat[5] e palácios. Fontes amurritas e acadianas demonstram que as populações amurritas forneceram significância para a estepe e funcionaram elas próprias como mecanismo de inclusão geográfica. Na espacialidade da macrorregião envolvendo as várias grandezas sociais nomádicas e seminomádicas que coabitavam o noroeste da Síria e a Mesopotâmia, entre o meado do terceiro e o início do segundo milênio, dois grupos de estruturas tribais amurritas formaram o assim chamado reino dos pastoralistas móveis de Hana (*Ḫana*), ou hananitas das estepes (*nawūm*). Tomando a Síria como referência mapográfica e linguística, a divisão da geografia humana entre as grandezas se deu da seguinte forma: yaminitas ou benjaminitas (*banū yamina*), filhos da direita no que corresponde à margem direita do rio Eufrates, e simalitas ou bensimalitas (*banū Sim'al*), filhos da esquerda no que corresponde à margem esquerda do rio (Whiting, 1995, p. 1238; Durand, 2004, p. 115-16; Silva Castillo, 2007, p. 146-47; Buccellati, 2008, p. 146-51; Younger, 2016, p. 51; Reculeau, 2016, p. 183-84).[6]

39) acerca de fronteira é elucidativa para a pesquisa da difusão de culturas: "Eu sugiro que as fronteiras são zonas complexas de interação e hibridização, cuja continuidade depende de eventos locais, atividades de construção de monumentos e celebrações patrocinadas pelo estado, e que essas zonas fronteiriças tendem a ter um papel definidor na construção de núcleos imperiais. Em tais contextos, eles se materializam como paisagens culturais únicas e construídas de ansiedade, contestação e crise de identidade". Penso que será proveitoso cientificamente notar que este debate ganhará em importância quando for potencializada a compreensão sobre as influências da fixação territorial idealizada pelo Estado-nação nas escalas mapográficas; sobre isto, sugiro uma pesquisa de Keith W. Whitelam (2018). Por fim, observo que recentes pesquisas realizadas em sítios da Síria antiga e Anatólia têm desautorizado o uso do termo "periferia" a estas regiões em relação a um "centro" assírio-babilônico, como consagrado pela perspectiva assiriologista tradicional.

5 Montículo artificial de forma piramidal criado pelos sumérios, cuja tradição foi mantida pelos acadianos, assírios, elamitas, eblaítas e babilônicos na construção de um santuário ou templo, *i.e*, de uma "Casa Grande" (sum.: É-GAL; akk.: *bîtu*), funcionando como um pulso cosmológico; duas variantes assírias com a significância de "elevação" e "torre do templo": akk.: *zi-iq-qú-ur-ra-as-sú* ou *zi-iq-qú-ur--ra-tam*; *zuqqurutu*, *zuqquru* e *ziqqurratum* (cf. *AEAD*, 2007, p. 135; *CDA*, 2000, p. 46-47, 444, 448). Sobre lugar de construção de templo, veja dentre tantos, *e.g.*, uma das construções de Shamshi-Addu I, em RIMA 1, p. 53.

6 As transcrições referem-se a relações consanguíneas: yaminitas ou benjaminitas, DUMU.MEŠ *yamina*, *binu yamina* ou *banū yamina* = "filhos de yamina"; e simalitas ou bensimalitas, DUMU.MEŠ *sim'al*, *binu sim'al* ou *banū sim'al* = "filhos de sim'al". Estas significações da identidade das grandezas sociais

No início da Idade do Bronze Médio (BM), imediatamente anterior ao Período Protobabilônio (*c.* 1792–1595 ou *c.* 2000–1600), inicialmente paralelo ao período Antigo Assírio ou protoassírio no norte da Babilônia e Anatólia (*c.* 1950–1700 ou *c.* 2000–1600), as hierarquias em parcelas de terras e latifúndios foram mantidas,[7] mas o número de terras do setor rural transformadas em pequenas cidades e assentamentos tribais aumentou. Com essa reorganização social, a tentativa de controlar esses novos grupos sociais seminomádicos, com deslocamentos definidos pelo padrão climático local, deu-se por meio do emprego de mão de obra em construções e campanhas estatais, assim como pela integração étnica. Isso gerou reinos hegemônicos e Estados territoriais (mapa 2), cujos palácios demandaram funções regionais. John J. Nichols e Jill A. Weber (2006, p. 41) afirmam que evidências textuais demonstram que "vastas áreas siro-mesopotâmicas se aglutinaram sob redes de comércio ostensivamente baseadas nas relações étnicas amurritas". No sentido de etnicidade a que me refiro procuro apreender da antropologista Manuela Carneiro da Cunha (2017a, p. 248-49), como "uma forma de organização política" que faz parte de "uma categoria 'nativa'", não necessariamente, mas biológica e linguística na forma de linhagem de parentesco das sociedades tradicionais.

Essas relações foram responsáveis por construir redes comerciais e estabelecer elites governantes baseadas em linhagem de parentesco em cidades-Estado importantes, tais como: "Shamshi-Adad de Shubat-Enlil (moderna Leilân), Yahdun-Lim de Mari, Yarim-Lim de Halab (moderna Alepo), Ishi-Adad de Qatna (moderna Mishrifeh), Yibbit-Lim de Ebla e numerosos outros" (Nichols; Weber, 2006, p. 42). Fatores relevantes e diversos dessas e de outras trocas materiais, as culturas estavam conectadas por um sistema plurirreligioso em que as ações designadas para as divindades tiveram formas e funções particularmente localizadas, *i.e*, seguiam tradições regionais. De fato, as interações políticas se desenvolveram em torno das relações de força diplomáticas; no regime de etnicidade do Levante (mapas 3 e 4), a promoção das culturas se deu pelo compartilhamento de costumes, com dinâmicas próprias, assentindo que a "'cultura' é por definição compartilhada" (Cunha, 2017b, p. 359). Entendo que esta definição carateriza culturalmente o Levante como inte-

referem-se a *yamina* como "filhos da direita" e a *sim'al* como "filhos da esquerda", tomando por local geográfico o rio Eufrates e suas duas margens numa visualização a partir da Síria (cf. Whiting, 1995; Buccellati, 2008, p. 147, n. 7; Reculeau, 2016).

7 Refiro-me a terra como lugar de circunstancialidade, espaço social, cidade ou setor rural, território e região. Cabe, no entanto, explanar que os sentidos de "terra" mudam conforme a conceptualização dada por determinado povo. Em hebraico, *e.g.*, os termos são usados conforme a designação que se quer expressar. Em acádio, o termo *mātum* "descreve principalmente um grupo de pessoas, não um lugar: a 'terra' de um povo é o lugar onde esse povo mora (permanentemente ou não), e pode variar – como oposto às modernas concepções, segundo as quais um determinado povo é aquele que habita uma determinada terra" (Reculeau, 2016, p. 185).

rétnico numa sequência percebida nos seguimentos do pastoralismo industrial dos grandes acampamentos e construções urbanas, sem relativizar uma dada realidade ou vida cotidiana na qual cada uma das estruturas locais – políticas e mentais – preserva um modo organizacional distintivamente próprio sob a orientação dos seus agentes históricos. Como enunciado imediatamente acima, os contextos nos remetem às transformações causadas pela urbanização no terceiro milênio e seus processos de desenvolvimento em grande escala, tais como a metalurgia artesanal, os usos de artefatos de bronze nas zonas urbanas e a extração de minérios que faziam parte dos meios e produção do "vasto e autônomo sistema comercial amurrita", que Buccellati (2008, p. 152-53) integra ao que chama de "nomadismo industrial".

Em relação aos correspondentes práticos oriundos de difusão, eliminação e recepção por formas muito variadas, isto requer uma definição: difusão ocorre quando o agente histórico é disseminado ou distribuído no todo ou por índices – objetos técnicos e estéticos – extraídos da sua forma estética. Processualmente, a agentividade torna-se histórica através da performance de sua representação iconográfica, vincula-se aos novos espaços assim que se torna o ponto de referência e por meio dos seus próprios símbolos. Na espacialidade do deus guerreiro – doravante denominado deus da Tempestade (figuras 1, 2, 3, 4, 5, 6 e 7) –, as montanhas são sujeitos potentes enquanto símbolos que representam a si mesmos como numa translação do espaço sagrado conceitual. O fator inicial a considerar é a congruência essencial das divindades do antigo Oriente-Próximo de região para região, esclarecendo de pronto que as raízes de Deus estão nos antigos povos semitas siro-mesopotâmicos.[8] Com alguma mudança na composição pronominal para o caso de instrumentalidade ou atributo local, as escalas e formas de distintividade do deus da Tempestade podem ser condensadas apenas nos contextos[9] e suas interações nos modos de ser culturais do espaço físico da mapografia dos semitas ocidentais do tempo determinado, ou no que Fernand Braudel (2009, p. 72) denominou de "tempo imperioso do mundo".

---

8 Será necessária a definição do excelente manual do assiriologista Wolfram von Soden (1987, p. 9): "O Oriente – ou o *Oriente-Próximo*, que aponta para quase o mesmo espaço territorial – não é um conceito de geografia física; daí que não se lhe podem traçar uns limites geográficos precisos. No uso que nós fazemos da expressão 'Oriente' ou 'Próximo Oriente', esta abrange a antiga Ásia, incluindo o Irã e o Egito. Umas fronteiras naturais relativamente claras existem apenas no norte com o mar Negro, na região do Cáucaso e no mar Cáspio, bem como no sudeste com o oceano Índico. No âmbito do Mediterrâneo, no norte da África e no leste do Irã, as fronteiras do Oriente em frente às culturas mediterrâneas vizinhas e, mais tarde, em frente às culturas do Ocidente, do interior da Ásia, da Índia e da África, nunca foram os mesmos". Sobre Deus e seus lugares inaugurais, cf. Bottéro, 2011, p. 229.

9 "Contexto" é um termo com sentido variado, mas que usarei para indicar a situação na qual surgiu a fonte – artefato ou documento literário – em seu conjunto e ambiente(s) social(is), seus elementos, agentes históricos e forma de contato.

Presente no topo de importantes panteões[10] na costa e no sul do Levante, na assim chamada terra de Canaan, em reinos semitas ocidentais como Ugarit, Israel Norte ("Reino do Norte") e Damasco, o deus Haddu despertava conflitos sociais através da forma estética do deus Baal (figuras 8 e 9) – título aplicado a Haddu (Kang, 1989, p. 77) – e do sistema irradiado pelo deus Ishku de Sumer, enquanto no norte do Levante ele reinava pela elevação daquele sistema. Difundido pelos amurritas do Levante, Haddu compartilhou do panteão real assírio com os deuses Aššur (^{d}*aš-šur*[11]) (figura 10) e Enlil (EN. LÍL; ^{d}*en-líl*) ou Nergal e está atestado em fontes do terceiro milênio de Sumer e Akkade,[12] assim como era considerado o maior deus aramita (*arimi, a-ra-me*).

Os materiais utilizados na artesania para a difusão das obras de arte cúlticas diferem conforme o emprego comercial e as culturas, e as obras significam conforme a função que lhes é dada no lugar social em que se relacionam.[13] A mudança das funções práticas é inovadora no sentido em que impulsiona os deslocamentos de setores econômicos, com entrepostos e zonas comerciais estabelecidos, para as áreas de santuários e templos. Na Mesopotâmia,[14] a relação de matérias-primas como o ouro ou "metal amarelo" (sum.: ku_3-sig_{17}) e a prata ou "metal branco" (sum.: ku_3-babbar) recebe um novo caráter quando destinado para a produção de representações visuais; materiais de alto valor dos sistemas comerciais, a atestação da utilização destes metais na produção de agentes e índices do campo religioso desde o terceiro milênio (cf. Benzel, 2015, p. 90-91) demonstra a antiguidade da mudança de linguagem e de escala. Em noções linguísticas, o sentido é fornecido pela

10 "A palavra 'panteão' carrega consigo suposições de ordem e mesmo hierarquia que não precisam aplicar igualmente a todas as situações com deuses plurais", carateristicamente apresentam elementos de "família divina" e de "conselho divino", ambos com representações em torno de El e Baal no Mediterrâneo antigo, mas identificados por outras ordens em todo o Levante (Fleming, 2020, p. 264-273, p. *cit.* 267). Para "conselho divino" com elementos caraterísticos de Yahweh, cf. Flynn, 2020, p. 55-58.

11 Cf. *CDA* (2000, p. 70-71); sobre a variação dos termos *aššur* e *aššurû* (*CDA*, 2000, p. 29). Para significância linguística e usos nos diversos gêneros, *aššur* (terra ou templo de) *aššūrāiu* (adj. "assírio"), cf. *AEAD*, 2007, p. 11.

12 Cf. Schwemer, 2007, p. 121-68; Lewis, 2020, p. 266.

13 Obras de arte em uma definição do antropólogo Alfred Gell (2020, p. 30): "Objetos de arte visual são objetos sobre os quais podemos (e costumamos) falar – mas eles próprios ou não falam ou não empregam uma linguagem natural em um código gráfico. Falamos sobre objetos com o uso de signos, mas objetos de arte, à exceção de alguns casos especiais, não são eles próprios signos dotados de 'significado'; e, se é que é possível dizer que têm significados, então eles são *parte da linguagem* (isto é, são símbolos gráficos), e não uma linguagem 'visual' à parte".

14 Norman Yoffee (2013, p. 109) observou que "no sentido político desse termo, a Mesopotâmia tem a desconcertante capacidade de se desmaterializar inteiramente, já que 'Mesopotâmia' existia predominantemente como um padrão de cidades-Estado que raramente agiam de comum acordo no plano político – se é que agiam".

significância acádia, pois o substantivo ku_3 equivale a *ellu* ou *ellū*,[15] cujas traduções podem ser "limpo ou puro", "santo ou sagrado", "livre ou nobre" (Benzel, 2015, p. 96, 97). Em um dos seus anais (A.0. 39. 1), o rei assírio Shamshi-Addu I (*c.* 1808/1796–1775), designado "comissário de Aššur" (ÉNSI ^{d}*a-šur*), afirmou ter construído o templo do deus Enlil com portas de cedro e paredes revestidas de prata, ouro, lápis-lazúli e cornalina (cf. Rima 1, p. 49).

Na escala, esta mudança apresenta duas determinações: uma para os artesãos que buscam propriedades sacras e outra para as elites governantes que, na esfera do sagrado, buscam qualidades imutáveis porque têm em vista a eternidade (cf. Benzel, 2015, p. 100-101). Segundo Michael B. Hundley (2013, p. 75), objetos que integravam a figura da divindade, tais como "coroas, instrumentos musicais, armas e várias partes do templo são deificadas apenas durante certos períodos e em certos lugares". A periodização dos elementos segue o tempo de atividade em torno da estátua divina, mas a prática de lhes atribuir propriedades sacras foi interrompida na Mesopotâmia em diferentes épocas. Na Baixa Mesopotâmia, a deificação de reis foi interrompida no período de Ur III e no norte, a prática seguiu até o século VII (cf. Hundley, 2013, p. 75). Cabe a questão quanto a quais materiais eram considerados eficazes na transmissão de santidade à estátua ou estatueta e, portanto, apropriados para esculpir uma divindade.

Quatro materiais são os mais empregados na construção de templos e esculturas divinas: ouro, prata, lápis-lazúli e cornalina; o lápis-lazúli era apreciado por possuir o poder significante da radiância divina. Documentos de vários gêneros atribuem a pertença desses materiais em ambientes dos templos não aos próprios templos ou aos sacerdotados que os administravam, mas como propriedades da divindade. Apesar de Benzel não divergir da ideia de apreensão de fenômenos do campo da magia por parte dos artefatos (2015, p. 95), parece-me bem atestada a síntese submetida por essa pesquisadora quanto à sacralidade das joias como objetos de uso pessoal e intrínsecas a divindades, *i.e*, "consistentemente conectadas ao sagrado":

> Eu gostaria de apresentar que, em certos contextos, o natural, *propriedades* inerentes de certos materiais têm o potencial intrínseco de dar aos humanos (os artesãos e consumidores) uma percepção de sacralidade inerente, santidade, ou divindade que, por sua vez, permite que aqueles artesãos e consumidores atribuam sacralidade, santidade ou divindade como uma *qualidade* de volta ao material em si, não apenas ao objeto em que se torna. Tal objeto, em sua forma acabada, pode, portanto, ser percebido como sagrado, santo, ou divino por causa dos materiais de que é feito *e* por causa de sua associação funcional com o sagrado, santo, ou divino. (Benzel, 2015, p. 96).

15 Veja os usos de *ku* na forma atributiva, prepositiva etc. em suas diversas formas gráficas e frasais em *CAD*, v. 8, 2008, p. 479-80.

Assim, da conexão material de estrito complemento do vestuário sagrado e embelezamento do corpo, com o qual compõem a forma da obra de arte – resultado da "exigência de criação" e da "sensibilidade aos lugares e aos momentos de exceção" (Simondon, 2020, p. 273) –, as joias passam a signos da potência divina; isso faz com que elas se tornem, assim como as estátuas e estatuetas divinas, índices históricos por sua potência com validade e eficácia nos rituais.[16] Esta base científica a que aludo parece convergir para algum abstracionismo, que pode ser da natureza da arte, se se concordar que há no material algo auspicioso; então aproximar-se-á de uma ilusão criativa posto que a projeção de luzes é naturalmente propriedade do metal precioso. Esse tipo de associação, assentida apenas quando se sobrepõe o êxtase religioso, acaba por esvaziar o material e por fim a obra de arte da potência divina e transformá-los em metáfora ou apenas em símbolos.

Mas percebo que o símbolo como metáfora disseminada ou distribuída preserva a potência que faz do artefato um agente. Sobre a natureza desta agência, gostaria de estabelecer a diferenciação com as condições examinadas por Alfred Gell e Roy Wagner. Para Gell (2020, 46-7, 53), a obra de arte pode ser considerada um agente social por ser relacional, entendendo que o artefato participa de ações com intencionalidade. Com efeito, esta seria uma caraterística nova para o artefato, considerando um atributo da mente humana; a agência se manifesta pela possibilidade da relação com um "paciente", ou entre o artista e o índice, podendo um ser derivado do outro.

Nada obstante, as relações interativas ocupam o campo das linguagens e criam estruturas que determinam encenações ou performances, o que insere a concepção empenhada por Wagner em sua abordagem analógica das culturas (2017, p. 45-75). Ainda que o seu ponto exemplar seja a linhagem de parentesco daribi, interessa à conexão material que impulsiona a difusão de determinada cultura o fato de o gênero do relacionamento desdobrar-se.

Do ponto de vista da constituição de sentido, numa realidade objetivamente performativa e acontecimental na qual o perspectivismo cosmológico do sentido estabelece as distinções sociais, a estátua de um deus – o símbolo – constitui-se em metáfora.

16 Neste ponto alguém poderá divergir, afirmando que um "agente social" só poderá tratar-se de um ser humano posto que "objetos de arte nunca (de um modo relevante qualquer) aparecem como agentes, a não ser em contextos sociais muito específicos", por não serem "autossuficientes" e por serem "secundários" (Gell, 2020, p. 45-54). No entanto, a atribuição a que destino às obras de arte ou aos artefatos será a de agentes históricos (melhor que "agentes sociais") por entender que extrapolam especificidades sociais ao estabelecerem relações como agentes ativos, conquanto são criativos por criar ambientes por si para a autonomia humana, mas também para o que os humanos reconheciam e esperavam das divindades. Em recente pesquisa (Santos, 2021c) sobre as obras expostas na Sala XXXVI do Palácio Sudoeste do rei Senaquerib, na cidade de Nínive, procurei demonstrar essa ação relacional dos relevos sobre vários tipos de audiência.

Na concepção de Wagner (2017, p. 75), a metáfora da relação do núcleo social é a constituição de sentido ou tropo denominado de fluxo analógico. Isso acontece em ambiente que permite contrafluxo igualmente analógico, onde as relações são plasmadas; no mundo de reciprocidades, o símbolo é o mediador repleto de substância capaz de impedir a permanência de interdito no espaço em que atua. Assim emerge o enigma do dom icônico no fenômeno religioso: a livre viagem do deus que desdobra a religião e simboliza a si mesmo por meio do seu povo. Antes como fenômeno social conato em sua intangibilidade interna – uma rede invisível –, a religião torna-se tangível externamente pela objetificação dos meios de presença imagéticos; nessa linha, a "religião pode ser definida como uma parte da cultura na qual os termos estéticos desempenham um papel importante", porque ela "baseia-se nos sentidos humanos" (Höpflinger, 2019, p. 9) e em relações como valor de *ser*, o liame de pertencimento. Nela, culturalmente emerge a presença objetificada: o imediatamente que nos leva a retomar os lugares de circunstancialidade e redescobrir os agentes precisamente vivos, não apenas como manifestos. Tecnicamente, a memória raramente corresponde a uma resposta ao presentismo, como sói ocorrer no tempo presente (cf. Hartog, 2014, p. 245), porque na agência dos espaços sagrados estes dois regimes históricos parece não levarem a paralelos conflitivos – inexistem lançamentos ao pórtico das gravidades da coisa que se quer exclusiva. Coletivamente, no mundo antigo, no campo religioso "aumenta o sentimento de solidariedade nos membros do grupo" e individualmente, cada elemento ("estátuas, altares, parafernália cúltica") pode ser apreendido como um movimento eficaz dentro do sistema estruturado, o campo religioso (cf. Buccellati, 2013, p. 85-6).

Tanto quanto as relações entre entes, a sacralidade de artefatos é uma construção mental não apenas em sociedades antico-orientais, o que confere singularidade é a diferença em conceituar as guerras, *e. g.*, quando a interpretação das mesmas tem fundamentos teológicos. Em relação às guerras, uma das partes é apresentada como instrumento da divindade para realizar a sua vontade, seja para legitimar e expressar a vitória, numa escala mapográfica mental, seja para justificar a derrota. Quanto aos metais, seus elementos permanecem originários e assim suas propriedades; a sacralidade libera a apreensão de sua caraterística exteriorizada, como o brilho designado por pureza e santidade.

Não raro, as virtudes antropomórficas distintivas da divindade, seus poderes sobre quaisquer naturezas, se confundem com as virtudes dos seres humanos; talvez essa seja a razão pela qual se despendeu tantos esforços no desenvolvimento de versões cênicas com formas escultóricas hibridizadas. Existem as conexões artísticas da divindade com a natureza, que remetem a uma massa terrestre proeminente e às correntes naturais de água (figuras 25 e 26); as fusões com o disco solar alado e emblema estelar (figuras 6 e 39), *i.e*, o simbólico do domínio divino universal cuja iconografia pode ser apresentada para demonstrar a assimilação das várias culturas predominantes; a elaboração corpórea humano-animal, sendo que as representações de touro e leão são as mais comuns (figuras 13, 14, 20 e 34), mas também com a presença divina representada por uma escultura zoomórfica, como se vê na imagem hitita do touro sendo venerado na cidade anatólica de Alaca Höyük como se o animal fosse o próprio deus da Tempestade (figura 23). O touro pode representar Haddu, mas não é Haddu, assim como quem o olha não deve vê-lo apenas como um monumento[17] decorativo do santuário.

Com o emprego de diferentes traços, em literaturas míticas e rituais da Mesopotâmia e do Egito as estátuas são produtos da artesania com ouro, prata, bronze, cobre, pedras preciosas, pedra entalhada e madeira; enquanto em cidades sírias e do sul do Levante os artesãos trabalhavam com pelo menos duas matérias-primas ordinárias, calcário e terracota, além do marfim e do revestimento em ouro (Lewis, 2020, p. 130-31). Pela via dos testemunhos arqueológicos alcançamos a vitalidade da representação iconográfica: o antropomorfismo das estátuas levou ao aperfeiçoamento do cuidado para com as divindades nos templos ao vinculá-las ao mundo dos humanos por meio do suprimento e, portanto, das vontades concernentes a necessidades básicas como comida e roupa. Argui-se que a conservação das roupas – com cores vibrantes à guisa de poderes terapêuticos e apotropaicos, efeitos multissensoriais e transmitindo o sentido da incorporação experiencial, de sua existência mesma – tinha por função apresentar os arquétipos das realezas humana e divina (cf. Thomason, 2019, p. 100, 107). Na Baixa Mesopotâmia, as estátuas eram vestidas com roupas têxteis para o festival da primavera e outono de *akitu*, com teatralização na celebração sacrificial *lubushtu* realizada com calendário próprio em Sippar e Uruk. Nas procissões cúlticas as roupas festivas das divindades (*kusitu*) eram manufaturadas em lã ou linho de diferentes cores, repletas de pequenos acessórios de ouro em forma de rosetas e estrelas; a produção dessas roupas era destinada também aos reis (Ammann, 2019, p. 256-57).

No Levante, os produtores das obras "incluíam metalúrgicos (*nsk*), ourives, artesãos da prata (*nsk ksp*), latoeiros (*nsk tlt*) escultores e entalhadores (*psl*, *zadimmu*), gravadores e polidores (*mly*), furadores (*s̱ḫl*), especialistas em lápis-lazúli (*qnuym*), e assim por diante", em que se pode acrescentar tecelões de vestuário para estátuas divinas, talvez os mesmos que produziam roupas para sacerdotes e reis (cf. Lewis, 2020, p. 133, 135-36). Esses trabalhadores dedicavam a mesma capacidade artística em objeto complementar da sagração divina, a saber, na construção do trono palacial. Ilya Arkhipov (2019, p. 131) entende que os "tronos de divindades, certamente modelados a partir dos governantes terrenos, eram um marco da imagem religiosa mesopotâmica".

17 Ao longo da pesquisa referir-me-ei muitas vezes a monumentos (*monumentum*, *monumenta*) com funções sociais na paisagem do norte do Levante, sempre como "um sinal do passado" ligado a poderes de perpetuação em atividade nas sociedades históricas (cf. Le Goff, 2012, p. 510).

Esse marco da imponência vai mudando de nome[18] dentro de mesma tradição literária, mas a significância permanece associada ao rei terreno e ao modelo utilizado ou encomendado. Os modelos variam, considera-se inclusive a sua portabilidade em viagens diplomáticas: "trono com encosto", "trono com botões", "trono de viagem". No entanto, os materiais usados nos tronos pelos artesões são os mesmos empregados nas estátuas reais e divinas, sendo o ouro e a prata os mais atestados, contando ainda com algumas peças em terracota, madeira e metal (ARM 25: 366; 32: 390; 32: 399-400; cf. Arkhipov, 2019, p. 132, 133). Desta forma, as culturas que apresentam destacadamente o culto icônico têm nesses artistas o seu ponto de evolução difusora, não obstante caber aos governantes a administração do espaço sagrado e por isso a autoridade para encomendar, afixar, manter ou remover o ícone dos templos, santuários, palácios e, quando houver, em praça pública, presidindo assim os rituais celebrativos.

Seria correto afirmar que o ouro, por suas propriedades naturais, o brilho e a resistência da liga metálica, estimulou narrativas mitológicas e teológicas legitimadoras do seu uso na elaboração de representações iconográficas de divindades. Essas narrativas têm caráter colonialista como panfleto do sofisticado comércio de pedras e metais preciosos. No contexto da tecnologização literária, transformando o ouro em metal divino, os escribas recebiam o apoio de profetas que forjavam a crítica aos usos estéticos e decorativos, seja como acessórios pessoais de luxo, seja como utensílios domésticos, ambos marcados pela aristocracia das sociedades estruturadas por sistema tributário.

A legitimação teológica do metal divino está presente nas sociedades israelitas de forma tão sistemática que fora capaz de impor uma classificação mercantil de qualidade. Nissim Amzallag (2019, p. 300-301; cf. *BHS*) chama a atenção para o fato de as camadas redacionais de orientação e construção do tabernáculo, respetivamente *Êxodo* 25–31 e *Êxodo* 35–40 com o núcleo didático em *Êxodo* 32–34, diferenciarem entre "ouro" comum, *zāhāb*, e "ouro puro", *zāhāb ṭāhōr*. Estão subentendidos dois tipos de lingotes de ouro a serem fundidos: o produto resultante da mistura entre o ouro e outro metal, portanto utilizado em construção que requereria artefato com maior solidez e em objetos para suprir a demanda da aristocracia, e o produto puro utilizado em revestimentos e obras de arte encomendados pelo palácio. Contam-se a aparência estética e a paleta de cores que os clientes e poderes responsáveis pela artesania desejam. A retórica da narrativa mais antiga, *Êxodo* 32–34 do Período Neobabilônio,[19]

18 O *CAD* (v. 5, 1995, p. 146-48; v. 8, 2008, p. 587-93) registra as grafias mesopotâmicas de Sumer, "gu-za", e de Akkade, "*kussûm*", assim como a mudança gráfica do nome ocorrida no primeiro milênio, como *arattû* e *šubtu*; além disso, na cidade levantina de Ebla, não obstante a mesma tradição literária acádia, havia expressões locais como GIŠ.UŠTIN e TUŠ (cf. análise em: Arkhipov, 2019, n. 2).

19 Nissim Amzallag (2019, p. 311) considera esta camada redacional como inserção. Todas as três camadas redacionais fazem parte do Escrito Sacerdotal, mas considero no desenvolvimento literário a recepção do decálogo (*Êxodo* 32–34) como marco inicial do que deveria fundamentar as tarefas litúrgicas

regeu o programa teológico da didática sacerdotal do período persa (*Êxodo* 25–31 e *Êxodo* 35–40). A base teológica fora fincada num dos mitos de Criação, no "jardim do prazer" (*gan 'ēden*), sobre o qual o texto hebraico diz que "o ouro daquela terra era bom" (*Gênesis* 2. 12). Isso por si só já denotaria sinal de instabilidade social, mas na perspectiva veterotestamentária, para aquele povo que nas suas origens não manteve atividade industrial e comercial metalúrgica, o ouro não teve origem mineral e, como interpreta Amzallag (2019, p. 311), "torna-se um material originário do domínio divino, um marcador ostensivo da atividade divina introduzido no santuário". Com efeito, o fogo produzido pelos fornos de fundição e pelo vulcão em atividade estava sendo associado à imaginação imagética da teofania de Yahweh naquelas narrativas.

Em sua pesquisa sobre o deus Yahweh na literatura hebraica canônica, Shawn W. Flynn (2020) lembra que uma camada redacional está interessada na forma como as camadas literárias são destacadas em seu contexto. Com esse olhar perspectivo sobre o documento, os escribas teriam buscado os ambientes de sentido. Como toda divindade de grandeza socioétnica naturalmente seminômade, as histórias de Haddu são linguagens; no entanto, elas não fornecem condições de fomento para que sejam organizadas como um "arco narrativo" pela irregularidade de estado. Nesse sentido, os conflitos sociais em torno da elaboração de novos significantes que gerem sentido metafísico e, por esse motivo, novas respostas sensoriais em forma cenográfica, influenciaram diretamente a forma do culto e seus artefatos.[20] Será possível dizer que houve, em algum lugar e época, interação cultural quando a presentificação dos agentes indicarem tradições que transmitem ou guiem modos de ser por meio de algum tipo de recepção e por desenvolvimento de costume existente.

Apesar de olhar por um agente específico, as diferenças imagéticas têm atestação entre as divindades do espaço sagrado onde participam do panteão; aos veneradores de quem exerce o título de deus ou deusa tutelar é indesculpável a indiferença material. Entretanto, os conflitos internos ocorriam mais em relação às divergências por práticas cúlticas, diferenças agravadas em épocas de crises políticas, principalmente quando as cenas e símbolos ainda não se encontravam cristalizados entre os frequentadores do santuário. Destarte, as mudanças podem nos guiar a autoctonias

de sacerdotes do assim chamado Segundo Templo, ambientado no Sinai (cf. *Êxodo* 35.1–36.7). Notável também é o fato de que as construções do templo e do palácio nas narrativas deuteronomísticas de *1Reis* somos informados acerca da contratação de trabalhadores especialistas em construção de palácio; nas narrativas sacerdotais, a construção do templo/palácio se dará pela contribuição da população com seus recursos financeiros e bens refletindo admiravelmente a situação social da província persa de Yehud.

20 O artefato é um evento histórico. Para Beate Pongratz-Leisten e Karen Sonik (2015, p. 5-6), o artefato "é um evento histórico" porque ele é humanamente corporificado e vinculado a uma determinada grandeza social; sua significação e valor são questões que dependem dos contextos de relacionamento e interesse – no caso da divindade, a relação com o ser humano.

ainda silenciadas,[21] *i.e*, as manifestações de cultura religiosa nos limites de cidades e nas bordas (*pāṭum*) dos reinos.

Uma vez que divindade e ser humano se tecem mutuamente nas histórias de experiências de vida, a pesquisa comparativa orienta-nos teoricamente, associada ao material historiográfico,[22] nos *contextos vitais*[23] em que tanto as pessoas quanto as divindades são vistas entre potencialmente iguais, *i.e*, em seus próprios termos e domínios numa mesma região. Na linha do que Norman Yoffee (2013, p. 255) articulou metodologicamente: "a história não é uma coleção hiperparticularista, mas um método de explicar causas e efeitos". Sobretudo em relação à compatibilidade dos campos religiosos, considerando a pertença divina traditada, o método terá em vista identificar a evolução da fonte em seu suporte social – o espaço estruturado.

Apenas quanto ao aspecto identitário nos será possível afirmar que as linguagens do deus Haddu pertencem a Alepo, cuja evolução do fenômeno religioso aliado ao desenvolvimento político transformou a cidade na mais importante entidade política do reino de Yamhad. Contudo, tem-se um ponto de ancoragem nas imagens verbais. Mesmo guardando distancia de abordagem teológica, reconheço que essa linha narratológica, assim como a interpretação ideológica, faz parte da técnica escribal de interpretar o acontecimento e está presente em muitas fontes documentárias.[24] Nas mudanças identitárias (gênero, época, estado, etnia, religião) têm relevância as trocas

21 Segundo o método de Shawn W. Flynn (2020, p. 12): "O primeiro passo envolve a atenção a um arco narrativo. Em vez de basear-se em uma expressão comum (como aliança ou rei), a questão de por que uma expressão muda nos permite rastrear as maneiras comuns pelas quais a mudança é realizada (se aparente), em vez de exigir precisão em relação ao conteúdo".

22 Considerando que o desenvolvimento social de um povo seja acompanhado da acumulação de documentos que lhe digam respeito, em um processo de consciência de si, seja coletiva, seja de indivíduos proeminentes, "a escrita da história responde à necessidade de explicar as mudanças sociais e de estabelecer bases para um novo significado, uma nova autoridade e legitimação daquelas formas tradicionais que deixaram de ser funcionais em situações de mudança social" (Seters, 2008, p. 22).

23 O *contexto vital* a que me refiro tem a significação do Sitz im Leben, ambiente social gerador das circunstâncias em que uma determinada história foi inventada ou preservada e transmitida. Faz parte dos estudos sobre a dimensão humana, a pessoa em seu lugar enquanto circunstancialidade, como agente histórico de determinado acontecimento. Refiro-me ao contexto que segue a mobilidade ou estabilidade dos seus agentes, suas interações e trocas materiais em transformações estruturais com lentidão. Como nos ensinou Braudel (2016b, p. 127, 673-82), "uma civilização que não exportasse homens, modos de pensar ou de viver é inimaginável", mas que em relação às suas religiões ou culturas religiosas possibilita a argumentação retroativa sobre a região que se manteve como "uma reunião de universos semiautônomos", confirmando o gênio braudeliano: "é possível mesclá-las em parte, deslocar com rigor de uma para outra determinada ideia, determinado dogma, determinado rito; daí a confundi-los, a distância é imensa". Nesse sentido, as possibilidades de hibridização, translabilidade e até mesmo mutação tanto de divindades quanto de espaço ou lugar enquanto circunstancialidade.

24 Para além da operação historiográfica, a teologia faz parte da interpretação da história no antigo Oriente-Próximo; cf. Santos, 2013b; 2019a; 2019b.

de expressões operadas por escribas para designar Haddu em resposta a fatores externos; igualmente, a translação estética e a hibridização ou mesmo mutação – o que for factível na fonte – do nome respondem às tradições recebidas em uma reação às realidades externas que o agente divino traz consigo.[25]

As religiões do norte do Levante fazem parte das origens conceptuais das culturas que foram cristalizadas na Mesopotâmia por grandezas sociais com trânsito no vale do Eufrates. A terra de origem ou, pelo menos, de memórias ancestrais dos aramitas ainda nos é de localização incerta por causa das escassas fontes históricas.[26] Sem evidência reconstruível de uma "terra de Aram" (É. MEŠ KUR *Ar-ma-a-ia* MEŠ),[27] pode-se afirmar que o acesso dessas populações a terras posteriormente pertencentes à Assíria (KUR ^{d}*a-šur*) deu-se muito longe das áreas habitadas de influência mediterrânea, saindo dos altiplanos a leste, pela Babilônia (Baixa Mesopotâmia), atravessando os rios Eufrates e Tigre. Na periodização dos povos levantinos pela qual se reconhece as identidades aramitas do início da Idade do Ferro, os ahlamu[28] têm sido tema de pesquisas em que se considera as "fases" (Bunnens, 2016; Edmonds, 2019). Considerando que a identidade étnica[29] depende para a sua cristalização da "inter-relação

25 Em uma significação que requer cuidado pelo que não se refere às relações concretas entre grandezas sociais, cito a base de Flynn (2020, p. 14): "Baseada na teoria linguística e na antropologia social, a ideia de 'translação cultural' explora como o observador/antropólogo aparentemente objetivo entra em uma cultura estrangeira e relata o que ele tem observado, bem como a análise e desenvolvimento de todas as suposições problemáticas com essa abordagem". Na verdade, na forma de abordagem, aproxima-se mais da teoria de Mark S. Smith (2010). Para melhor compreender a base de Flynn, que será debatida no subtítulo "Viver de trocas das bordas ao centro, ou das culturas imateriais aos artefatos", é importante sublinhar que no antigo Israel "ainda inexiste a translação da divindade, mas já existem correspondências no campo religioso. Esse panorama linguístico, no qual faz parte as representações materiais, será rejeitado no período após o exílio babilônico, quando o utopismo literário ocupará o lugar da profecia de desgraça e o sacerdotado, impondo a aniconização do culto a Yhwh, imporá limites para as relações sociais" (Santos, 2018b, p. 291).

26 As incertezas acerca da localização são fortemente debatidas por Guy Bunnens (2016).

27 Cf. *CDA* (2000, p. 24): masculino, *armû*, e feminina, *armītu*.

28 Grandeza socioétnica encontrada na terra de Kutmuḫu como aliada dos sútios, mais tarde associada aos aramitas, citada pela primeira vez em anais de (1295–1264), *aḫ-la-mì-i* (cf. RIMA 1, p. 132). Há quem veja no termo *aḫlamû* direção para o topônimo Ḫalman (Yamḫad / Tell Ḫa-la-ab / Alepo) (Edmonds, 2019, p. 32, n. 30), mas também como designação para aramitas no Período Antigo Babilônio, *aḫlamû*, *aḫlamatti* ou *aḫ-la-ma-at-ti* (*CDA*, 2000, p. 8; *CAD*, v. 1, I, 1998, p. 192-93). Com relação à conceptualização de "identidade", cito Anne Porter (2013, p. 82): "Uma maneira pela qual a identidade geralmente se cristaliza é através do contato em si, porque é somente diante de estranhos que surge a necessidade de invocar a identidade. A diferenciação pode ser gerada, não por um poder superior que busca perpetuar seu controle, mas por uma população indígena como forma de resistência. A identidade também é mobilizada diante da competição e do conflito".

29 Sabendo que o estudo da "identidade" deve ter abordagem especifica, sempre a deixarei enunciada a área-chave a que me refiro – étnica, estado, época, gênero e religiosa. Para esta historiografia de

de um conjunto complexo de signos, pelo que o estudo da valência destes signos é o elemento determinante que nos ajuda a reconhecer a presença e mesmo a natureza do vínculo étnico" (Buccellati, 2013, p. 84), os povos originários do Levante demonstram suas vinculações étnicas mesmo quando o desenvolvimento social os separa em subgrupos pelas variáveis de curso naturais e evolução dos saberes tradicionais. Porquanto, os ahlamu aparecem na paisagem física do antigo Oriente-Próximo no século XVIII no âmbito das várias tribos nômades e seminômades sem uma etnicidade definida, talvez da linhagem seguimentária dos amurritas. Na segunda fase de assentamentos de longo curso, iniciada no século XIII, eles são encontrados em conexão com os aramitas em constantes conflitos com reis assírios na Alta Mesopotâmia como um dos agentes que põem fim à Idade do Bronze, fato que os deixou conhecidos como "nômades beligerantes" inimigos de Aššur.

Entre a Idade do Bronze Tardio (BT) e o início da Idade do Ferro, no período de colapso administrativo no Levante, os aramitas começaram o seu processo de sedentarização; a série de eventos do contexto da sedentarização (migrações, construções, adaptação cultural, dietas alimentícias, militarização) causou mudanças na paisagem socioambiental síria. Os eventos foram considerados incomuns para a época, posto que os assentamentos em grande escala requeriam condições políticas favoráveis. Talvez estejamos diante de situação na qual os pastoralistas enfrentavam problemas envolvendo a transformação de pastagens nas estepes em ambientes citadinos. Para Szuchman (2008, p. 398), baseado em registro etnográfico, a mudança no modo de vida teria ocorrido no entretempo dos conflitos que mudaram aqueles períodos arqueológicos no contexto político da Síria-Anatólia. No entanto, os processos de sedentarização tiveram início no período Médio Assírio (*c.* sécs. XIV–XI), quando os reis assírios "restauraram a estabilidade da Síria-Anatólia após a queda do reino de Mittani no século XIV BCE", empreendimento iniciado pelo rei Aššur-Uballit I (*c.* 1353–1318 [1365–1330]). A afixação de grandes contingentes de pessoas na terra exigiu a construção de grandes sistemas de irrigação, diante da contraparte do aumento da demanda por produtos agriculturais. As operações de poder político nas bordas prepararam, de certo modo, as condições para a ocupação da Síria pelo rei (1295–1264) pouco mais de duas décadas depois (cf. Szuchman, 2008, p. 399, 401, 407-408).

Entre o final da assim chamada primeira fase e o início da segunda, o período de conflitos desses assim chamados beligerantes com a Assíria fornece a conexão com os nômades e seminômades baseados nos altiplanos do sul. Afora as tentativas de construírem cidades-Estado com elites governantes, os ahlamu são assemelhados socialmente aos habiru, que tanto podem ser em

culturas materiais vali-me de estudo anterior com a obra organizada por Margarita Díaz-Andreu, Sam Lucy, Staša Babić e David N. Edwards (2005, principalmente p. 43-66, 86-109, 121-27), e com a pesquisa desenvolvida por A. Bernard Knapp e Peter van Dommelen (2010).

designação social egípcia "marginais sociais" quanto em significância amurrita "aqueles que juntam-se ao clã",[30] e aos pastoralistas nômades e seminômades shasu,[31] que travaram intensos conflitos com o Egito do período amarniano[32] em cidades do sul e costa do Levante, sendo por essa razão descritos nos documentos egípcios como "marginais sociais". Essas diferenças plurissociais foram determinantes, contribuíram para o agravamento dos conflitos nos quais aquelas grandezas socioétnicas encetaram o começo do fim de um longo período arqueológico, a saber, o BT. Por vezes, tanto o povo seminomádico do norte quanto os grupos tribais do sul são agregados como aliados por algum interesse comum de governantes, porém nunca assimilados socialmente.[33]

Dos encontros de etnicidade, retomando as questões enunciadas por Alexander Johannes Edmonds (2019, p. 27-8), a terceira fase tem início no século XI e abrange a Idade do Ferro,[34] e, apesar das escassas informações sobre os ahlamu – em fragmento de anais, o rei Aššur-resha-ishi (*c.* 1132–1115) gaba-se de ter derrotado um clã de ahlamu no oeste (A.0. 86. 1; cf. RIMA 1, p. 310) –, sabemos que agora eles passam a ser designados etnicamente como aramitas ou *aḫlamû armāyya* como uma grandeza socioétnica tribal que ocupa cidades, sendo que "aramita" é gentílico, designação étnica, enquanto "ahlamu" representa a geografia física, espaço de ocupação. Esses aramitas se estabeleceram na Alta Mesopotâmia, ocupando cidades assírias; portanto, com estrutura governamental no estilo das elites governantes de cidades-Estado. Nesse período inicial da Idade do Ferro, a importância que a realeza assíria confere aos aramitas nas

30 Os *ḫabiru* ou *'apīru* (sum.: SA.GAZ; egip.: *'pr.w*) "não eram um grupo étnico ou tribal, mas social, composto de pessoas que haviam fugido de seus Estados e comunidades" (Mieroop, 2020, p. 227), mas eram também identificados como "bando de refugiados", "marginais sociais" e "foras da lei", "inimigos de Aššur", por fugirem dos raptos e da prestação de serviço ao governante no modelo retrospetivamente feudal, não obedecerem as leis estatais e se recusarem a pagar tributos (Younger, 2016; Santos, 2012; 2018b; Santos; Weber, 2018). A importante pesquisa linguística realizada por Buccellati (2008, p. 150-51) apresenta transcrições notavelmente elucidativas principalmente porque o uso do termo é anterior ao Período de Amarna: a raiz amurrita *'br* e o seu derivado *'ibrum* (*hibrum* acádio) é uma palavra que significa "clã"; sendo o significado do particípio *'ābirum* como "aquele que ajunta" e *'ibrum* como "clã", *'ābirum* significaria "aqueles que juntam-se ao clã"; akk.: *ha-pí-ru*, *ḫābirū*; amurrita: *'ābirū*. Enfim, sublinho que a expressão "inimigos de Aššur" usada pelos assírios contra os habiru era usada também contra os aramitas (cf. Szuchman, 2008, p. 399).

31 Em grafias vernaculares, *šaśw*, *šosū*; egip.: *š3św*.

32 Situamo-nos na XVIII Dinastia (1550–1295) no quadro do período arqueológico do Novo Império (1550–1069), particularmente nos reinados dos faraós Amunhotep III (*c.* 1390–1352) e Amunhotep IV Akenaten (*c.* 1350–1333) (Santos; Weber, 2018).

33 Sobre as grandezas sociais do sul do Levante e seus devidos contextos históricos, sugiro Santos, 2012; Santos; Weber, 2018.

34 A quarta fase, do período Persa Aquemênida, situa-se historicamente fora do limite desta obra.

políticas de arbitragem entre grandes reinos chama a atenção pelo que a força deles ameaça. Tiglat-pileser I (*c.* 1114–1076) estabeleceu um pacto com o rei da Babilônia no início do seu reinado, conforme fora mencionado recentemente (Santos, 2018b, p. 200-201), isso permitiu ao rei assírio retomar as zonas periféricas do território e dirigir seus combates contra os aramitas de Hatti. As fontes indicam que as incursões atingiram as cidades de Arwad, Ugarit e Biblos.[35] Sobre a campanha de 1111, os anais de Tiglat-pileser I registram que os conflitos ocorreram no deserto, nos entornos da cidade de Karkamish, contra os *ahlamu aramitas*. Por essa época, esses inimigos de Aššur ainda eram tribos nômades das estepes, mas, seguindo a linha de interpretação documentária de Jeffrey J. Szuchman (2008, p. 400), a indistinção social se deve à identificação dada a eles pelos reis assírios, apesar da possível semelhança organizacional.

Assim como grandezas sociais com algum grau de parentesco étnico da região sul ou meridional, os aramitas não tinham propriedade territorial, mas por meio de conflitos guerreiros passaram a ocupar cidades nas fronteiras dos rios Eufrates e Tigre; transformando a paisagem física em que emergiam, passaram a delimitar por meio de suas linhagens de reis mesopotâmicos. Baseado nesse novo cenário político, Edmonds (2019, p. 31) afirma que, ao serem denominados como "sem terra" em documento textual assírio, o testemunho imperial "serve a uma função mitológica ou ideológica". A construção de linhagens a partir do sedentarismo forja uma cultura própria identificável e, por torná-la caraterística em meio a tantas culturas hegemônicas, para além dos contrastes visíveis, funda um modo de ser:

> Para o período entre o início do século IX e meados do século VIII A.E.C., as fontes escritas mostram que as fronteiras entre os territórios aramitas no norte da antiga Síria não eram rígidas, mas mudaram ao longo do tempo e foram objeto de disputas que requeriam arbitragem pela superpotência assíria. (Bagg, 2019, p. 18).

Em adição, as marcas ideológicas das inscrições compõem a historicidade do contexto social que produz a cultura, circunstância que faz com que as fronteiras mentais passem a ser controladas convencionalmente.

Os controles no Levante ocorrem sempre com torres voltadas para os planaltos por uma questão de estratégia de segurança e de proteção divina, tendo em vista que

35 Ugarit em sua escrita mais antiga, *Ug-ga-ra-at*[ki] (arb.: *Ūğārīt*), que parece ter origem em dialeto amurrita. Venerado nessa metrópole, Haddu está associado a "terra arável" ou "comunalidade controlada", *ugāru*(*m*), numa alusão à fertilidade e ao seu espaço sagrado, uma montanha em meio ao bosque, *ugāru*: [*in*]*a rigmi*[*ka ḫa*]*du ḫuršāni* [*qe*]*rbē*[*tu ina panikaḫu*]*ddâ rīšu ú-ga-ru*, "à tua voz (de Adad) as montanhas se alegram, na tua presença os campos se alegram, as planícies exultam" (*CAD*, v. 20, 2010, p. 27-28; cf. *CDA*, 2000, p. 418).

os aramitas são povos territorialmente dos altiplanos, assim como tradicionalmente são as suas divindades. Eles assimilaram-se ao meio ambiente montanhoso por elementos míticos da cultura, colocando nos afazeres cotidianos a religião (cf. Santos, 2018b, p. 306-307; Edmonds, 2019, p. 36). Os *movimentos vitais* de longa duração, com *situações vitais* de curta duração em meio a frequentes conflitos – como marginais sociais ou aramitas fugitivos sem terra, numa resiliência que os elevaram a elites governantes em algumas regiões, a prevalência de seu sistema de letramento sírio e tradições comuns que alargaram antigas bordas imperiais –, fornecem indícios de empréstimos recíprocos entre etnias não apenas biológicos para a construção social, mas principalmente nas culturas, pelas evidências da preservação material da religião.

A força dessas culturas fez com que os espaços próprios de suas recepções se transformassem em memórias de tradição para as gerações posteriores; com a existência dos utensílios e obras de arte, essas gerações passam a elaborar a produção de um discurso da história. Por vezes, a translação de uma divindade obedecia o regime de prova, cujo reconhecimento se dava por meio de testemunho da eficácia em situação caótica. Em termos de relações no passado,[36] pelo fato de a natureza do artefato nunca ser indiciária, mas prova documental performática, impede que a testemunha tenha função etiológica, sendo que esse tipo de narrativa aparece em casos de disputa de lugar sagrado e de poder, à guisa de fiança da existência da memória disputada onde o verossímil pode ser rejeitado.

Os signos pictóricos são decisivos para a hibridização, tornando-se completamente outros na operação de mutação ligada a uma determinada etnia pela qual é ressignificado o lugar, a montanha. Para tornar visível essa operação no artefato, por meio da pesquisa – indireta –, empresto de Carlo Ginzburg (cf. 2011, p. 151-52) a expressão "patrimônio cognoscitivo", empregada para o acúmulo de saberes do tipo venatório adquiridos pelo ser humano, embora nas culturas antico-orientais os paradigmáticos indícios ínfimos, sejam metonímicos, sejam divinatórios, não serem operantes para reorganizar domínios divinos. Por outro lado, numa alusão a conceptuações de Paul Ricœur (2014, p. 184-86, 238-45, 330-56, 357-64), que por vezes dialoga com Ginzburg, o fato de as fontes cederem ao questionamento fará com que a explanação historiográfica sobre a memória cultural seja uma representação factual do passado.

A operação historiográfica se ocupará em buscar a Haddu – agente-alvo – e sua difusão no Levante em posições temporais dos quais interessam acontecimentos que lhe dizem respeito; logo, as evidências estarão em fontes históricas. Antes, o espaço sagrado: Ariel M. Bagg (2006, p. 185) tem seguido a orientação linguística que afirma que "um topônimo é uma palavra", para a identificação de montanhas no antigo

36 Em parte, a enunciação de Roger Chartier (2015, p. 21-24) sobre "história e memória" auxilia na diferenciação da produção de discurso histórico.

Oriente-Próximo. Sendo o processo histórico de evolução dos usos de locais atualmente inalcançáveis em cartografias pela lonjura histórica, a atestação contextual depende de uma descoberta arqueológica que possibilite o conhecimento da anterioridade dos fatos, por meios imagéticos e de inscrição nas fontes clássicas (cuneiforme acádio, cuneiforme ugarítico, amurrita, hitita, luwita,[37] aramita, fenício e hebraico). No entanto, assim como se atesta em relação à translação de espaço sagrado, o nome de uma montanha na costa do Levante pode ser localizado em altiplanos das regiões norte e central sírias.[38]

Ainda que as inscrições informem sobre algumas espécies de víveres e produção artesanal, a identificação ocorre em meio a conflitos gerados entre as fontes por uma série de possibilidades, desde as referências de linguagens escritas e de distinção mapográfica até aos *movimentos vitais* de estamentos, expansão ou perda territorial e anexação. Depois, o artefato: historiograficamente, o artefato transmite a ideia de símbolo que representa a si mesmo sob a guia de suporte porque é a materialização da divindade vivendo livremente em si mesma e repleta de linguagens no campo de

37 Pode-se também grafar "luwiano", mais usado no inglês "Luwian", ou "luwita", mais usado no espanhol "luvita"; a transliteração literal de *'ărammî* e do assírio *a-ra-me* é "aramita", povo de *'Ărām*, noroeste do Levante (reino da Síria antiga que foi unificado a Damasco em *c.* 844/843 pelo rei Hazael, assim denominado Aram-Damasco) e Alta Mesopotâmia; as versões em português das palavras "aramaico" e "arameu" seguem a grafia anglo-saxônica "aramean" ou "aramaean". Há muito conflito interpretativo acerca da diferença socioétnica entre as populações de sútios, luwianos, ahlamu (*aḫ-la-mì-i*, *aḫlamû*) e aramitas (cf. Santos, 2018b, p. 47-48, 200-201). Jorge Silva Castillo interpreta o problema: "Em meados do século XIV, os sútios foram mencionados nos textos de Amarna como tendo interceptado alguns mensageiros entre o Egito e a Babilônia. Além de uma campanha do rei assírio Arik-den-ili contra os sútios, os ahlamu e os yauru, alguns sútios apareceram entre os grupos que prestaram homenagem a Shalmanasar I da Assíria no final do século XIII". Do mesmo grupo linguístico mas de etnia diferente, "outro grupo tribal, os ahlamu, foi chamado de sútios em alguns textos. Talvez os ahlamu fossem subgrupos dos sútios que no início eram de pouca importância, mas com o tempo eles predominaram politicamente a tal ponto que ofuscaram outros grupos sútios. Ou talvez os seminômades tenham sido identificados como sútios na Síria, mas como ahlamu na Alta Mesopotâmia. Não é impossível que essa classificação se deva simplesmente a uma confusão dos burocratas e dos escribas que editaram os documentos, pois para eles as tribos do deserto eram sútios há séculos. Em meados do século XIII, o rei hitita Hattushili III desculpou-se por não poder ir para a Babilônia porque a estrada era insegura devido aos ahlamu, embora naquela época o rei assírio Shalmanasar I os mencionasse entre os aliados dos hititas" (2007, p. 152). Nos primeiros séculos do primeiro milênio, parece que os ahlamu foram assimilados pelos aramitas, socioetnia que passará a predominar em cidades-Estado sírias na Idade do Ferro II. Para o contexto político religioso de Arik-dīn-ili ou Arik-den-ili é importante sublinhar que esse rei assírio inicia seus anais afirmando ser adorador e construtor do templo do deus Shamash, não obstante o deus nacional assírio ser Aššur; *e.g.*: "Arik-dīn-ili, príncipe legítimo, rei forte, rei da Assíria, construtor do templo do deus Shamash, o santuário exaltado" (RIMA 1, p. 120 ss.). (Nesta primeira nota de rodapé é oportuno dizer que as traduções e transcrições enunciadas no livro são realizadas pelo autor, a não ser quando indicada a fonte.)

38 Para estudo específico e exemplos com fontes aramitas, hebraicas e assírias, veja Bagg, 2006.

predomínio humano, predomínio conjurado como pretenso a cada manifestação incontrolada da divindade. Desta forma, fica considerada a existência da divindade fora do ícone e sua cena, ainda que para as atribuições se requeira alguma memória cúltica.

Em um mundo de vários sistemas de linguagem condicionados, será razoável seguir sem fechar-se contra a espreita de elementos imponderáveis, desde que os marcos materiais não sejam retirados. Assim, para a historização dos acontecimentos nos contextos das culturas, especificamente no campo religioso, quando nos fornecer acesso aos espaços sagrados[39] que testemunham a presença do deus Haddu, tenho definido Alepo como lugar-chave para a descoberta de lugares de tradição.[40] Às iconografias divinas – El (figura 11), Haddu, Reshep (figura 12), Baal –, estão associadas as figuras bovinas, principalmente, e leoninas em esculturas públicas e estelas privada[41] (alguns pesquisadores têm se referido a elas como ligadas ao que chamam de "religião doméstica" e "religião popular"[42]). Esses artefatos nos remetem aos ambientes domésticos enquanto circunstancialidade de afecções que dizem respeito ao poder, sendo significativas para as relações ambientais da divindade consigo mesma e com os adoradores.

Agora, inscrições monumentais que nos fornecem relevantes parâmetros da importância de Haddu para além da história cultural: este deus conferiu identidade ao político na construção de grandes cidades a partir da Idade do Bronze Interme-

39 Lugares identificados com uma determinada divindade e associados à prática religiosa. Nas referências a "lugar" tenho em mente a *circunstancialidade* e a *vivencialidade*.

40 Entendo que, por vezes, sejam úteis significações postuladas levando em conta as apreensões ocidentalizadas tanto acerca do "sagrado" quanto acerca da "religião" e, para tanto, recorro a uma pesquisa de Jörg Rüpke. Para ele, "a forma mais dura e duradoura de demarcação religiosa situa-se no contexto das leis de propriedade. Nelas, a punição dos culpados não é deixada para os próprios deuses – o que de outra forma seria um procedimento normal" (2016, p. 72). Não obstante certa clareza na compreensão das práticas, entre o "sagrado" e o "religioso", permanece o problema da distintividade desde a Antiguidade Tardia: "Uma distinção aparentemente clara como entre *sacer* e *religiosus* é ainda mais prejudicada pela definição restrita de *ager publicus*, terreno 'público', como a base para a consagração. Posto que a categoria está faltando para as províncias [romanas], a distinção respetiva só pode ser válida por analogia, levando a consequências que são claramente visíveis nos textos jurídicos antigos tardios. Onde o caráter sagrado dos lugares privados é determinado principalmente por seu uso religioso, nas práticas sacrais, os locais de culto privado só podem ser identificados arquitetonicamente, não por quaisquer vestígios que os cultos ali executados possam ter deixado" (2016, p. 73).

41 A divindade pode ser representada pelo próprio animal escultórico e mesmo por uma pedra fundacional (cf. Lewis, 2020, p. 123), como indicam o texto de Sião (época babilônica), em *Isaías* 54.11, e o *hallel* (louvor) pela alimentação (época do Segundo Templo judaico), no *Salmo* 118.22.

42 Veja os termos do debate entre escolas de especialistas estabelecidos por Francesca Stavrakopoulou (2018, p. 44-50) e os usos recentes de Theodore J. Lewis (2020, especialmente p. 83-84, 120, 249-50, 648-49), para a distinção de categorias em relação ao culto com estrutura estatal praticado pelas elites nos templos e pela população nas *bāmôt* ("lugares altos").

diário (BI, *c.* 2200–1900), nos contextos das civilizações siro-mesopotâmicas ou Síria oriental, e transformou modos de culturas num intenso regionalismo que definirá limites ou marcos entre cidades e fronteiras ou bordas entre países. Nesse período arqueológico ocorreu a difusão cultural que deixou por herança novos elementos de intercâmbio, decoração de utensílios, modelos de moradia e a cristalização de identidades étnicas que inauguraram, através de mecanismos econômicos, os novos ciclos de sedentarização e nomadização em meio à crise urbana (cf. Prag, 2014, p. 396-97). Os pequenos santuários no sul do Levante, como em Megiddo, revelam a dimensão inter-regional do intercâmbio entre as sociedades, seja contextualizando os dólmens (bases megalíticas) como limites de breves assentamentos, seja como limites de santuários (cf. Prag, 2014, p. 396).

Afortunadamente, em dimensão inter-regional foram preservadas três inscrições monumentais do BI e BM que fornecem os parâmetros, nas fontes documentárias, sobre o lugar elevado de Haddu nos panteões do antigo Oriente-Próximo. Para a demonstração desse lugar, duas inscrições são de contextos de política administrativa e uma, de coleção de leis. A inscrição fragmentária da campanha de Naram-Sin[43] (*c.* 2254–2218/2211–2175), rei de Akkade e neto de Sargon de Akkade (Sargon I, *c.* 2334–2279), contra as cidades do norte da Síria, narra a conquista de Armanum e Ebla, gravada no pedestal de uma estátua e recopiada em três tabletes de argila de Ur elaborada no Período Amurrita ou Período Antigo Babilônio, duas periodizações atualmente no centro de debate sobre a designação historiográfica adequada de mesma datação, *c.* 1974–1795.[44] Em suas primeiras linhas, *Sumário* (linhas 1–60), o escri-

43 Na inscrição que consta no "Tablete A", o rei Naram-Sin é nomeado com o determinativo divino sumério ("DINGIR"), ^{d}*Na-ra-am-*^{d}EN.ZU, o que indica que ele foi um rei divinizado ainda em vida (cf. Kienast, 2000, p. 244). Naram-Sin adotou o título de "rei dos quatro quarteis/rei da terra" (Chavalas, 2007, p. 43); há lendas em torno de Naram-Sin, ele foi culpabilizado pela queda da dinastia de Akkade (*c.* 2334–2193) e tido por impiedoso (cf. Snell, 2011, p. 18). Em relação ao reinado de Naram-Sin de Akkade, adotei a datação de Mieroop (2020, p. 415), mas Liverani (2007, p. 9) e Bordreuil, Briquel-Chatonnet e Michel (2014, p. 498) datam o reinado em *c.* 2254–2218, Kuhrt (2014, p. 63) data em 2260–2223. Em relação à linhagem de parentesco com Sargon de Akkade, Naram-Sin tem sido designado como neto desse que foi o fundador da dinastia, cf. Mieroop (2020, p. 103), Chavalas (2007, p. 43) e Glassner (2014a, p. 197).

44 O Período Antigo Babilônio (*c.* 1974–1795) é uma escala de longa duração arqueológica que, no findar-se, foi seguida pelo Período Protobabilônio (*c.* 1792–1595); no entanto, tal designação comumente adotada por assiriologistas foi contestada recentemente por Hervé Reculeau, que prefere designar como "Período Amurrita". Reculeau justifica assim na pesquisa em que aborda a concepção de poder na Síria e Alta Mesopotâmia no segundo milênio: "A queda da última política suméria em 2002 AEC inaugurou um período dominado por uma multiplicidade de reinos menores. É tradicionalmente conhecido entre os assiriologistas como 'o período da Antiga Babilônia', uma referência ao primeiro domínio babilônico criado por Hammu-rabi (1792–1750 AEC) e mantido, de forma reduzida, por seus sucessores até 1595 AEC. No entanto, essa designação é uma descrição bastante inadequada de um período que começou cerca de 200 anos antes da ascensão de Hammu-rabi (quando a Babilônia ainda não era a

ba afirma que Naram-Sin, "o poderoso", lutou com as armas de Nergal e de Dagan (figura 13); tanto na *Dedicação* (linhas 61–81) quanto na *Declaração do rei* (linhas 82–118) fica-se sabendo que o rei dedicou a estátua ao deus Sin,[45] não obstante o juramento da entrega das cidades nas mãos dele ter sido feito por Dagan; na *Fórmula de maldição* (linhas 119–185) consta destacadamente uma relação de "grandes deuses", aí se encontram Enlil, Ishtar (figura 14), Nin-hursag, Nin-tu, Adad/Haddu, Nisaba e Enki (cf. Kienast, 2000, p. 244-45).

Na inscrição "Ekallatum" de Shamshi-Addu I consta a proclamação escribal como "rei do universo". Esse rei era da família que governava a cidade de Ekallatum, próxima à cidade da Assíria, e seu reinado sobre a Alta Mesopotâmia inaugurou um novo período arqueológico no mundo antigo, o Período Protobabilônio. Sua iconografia literária ou imagem verbal (representação discursiva) como construtor de templos para muitas divindades diz respeito ao seu retorno às cidades do Médio Eufrates,[46] de onde fugiu para se refugiar na Babilônia (Baixa Mesopotâmia); a fuga

---

capital de Estado territorial ou reino), e cuja história cobre uma área que excedeu em muito a extensão máxima do domínio babilônico: toda a Síria, norte e sul da Mesopotâmia estavam intrinsecamente ligados na época por laços culturais e políticos. Por esta razão, eu usarei o termo 'era Amurrita' aqui, em referência à origem ocidental dos novos governantes, que ecoa a designação dada a esse período pelos estudiosos babilônicos do primeiro milênio AEC." (2016, p. 177-78). Quanto às questões filológica e étnica, Jean-Marie Durand (2004, p. 112) define de forma didática: "No entanto, estamos certos em falar para este início do segundo milênio da "era amurrita", uma vez que os amurritas são então expressos e espalhados por todo o Oriente-Próximo. Podemos legitimamente considerar Hammu-rabi de Babilônia ou Rîm-Sîn de Larsa como amurritas. Tal afirmação, no entanto, tem um sabor filológico distinto, desde que não aborde a questão mais importante, que é se esses portadores de uma onomástica semítica ocidental eram amurritas da mesma forma que um Zimrî-Lîm de Mari ou um Yarîm-Lîm de Alepo".

45 Deus-Lua, *Sîn*; *sînu*, "lua"; *nūn sîn*, "luz lunar"; cf. *AEAD*, 2007, p. 100.

46 O sentido geográfico aplicado ao Médio Eufrates quase sempre toma por referência a localização da cidade-Estado de Mari, não raro levando a geografia física a aplicações equívocas. O uso que faço do termo "Médio Eufrates" extrapola o mapa de um reino, aplico-o como um conjunto de regiões mesmo quando tenho em vista uma cidade ou reino citado especificamente; por isso os problemas de localização redutora explanados por Michel Al-Maqdisse *et alii* (2011, p. 3-4) são relevantes para o sentido e compreensão do contexto mapográfico: "A prática tornou-se efetivamente imposta, na sequência das intensas investigações realizadas nos seções de Tabqa e de Tishrin, para restringir o Médio Eufrates a estas regiões, as seções localizadas a jusante chegando a ser um 'vale inferior do Eufrates sírio'. Isso é ignorar completamente toda a geomorfologia de um rio que sabemos ter modelado paisagens muito diversas, atravessando três ambientes diferentes: um país de alta montanha, uma região de planaltos, depois o conjunto formado pelas planícies aluviais e deltas, no Iraque. Parece-me que o termo "Baixo Eufrates" deve ser reservado para esta última parte da bacia hidrográfica. A partir de então, o termo alto Eufrates se impõe para designar a parte do curso do rio em que ele cruza o Taurus e o Anti Taurus". Com efeito, o Médio Eufrates diz respeito às "bases geográficas, para a porção do vale onde o rio entra nos planaltos que se estendem das montanhas meridionais da Turquia até a planície aluvial, ou seja, em Hît, no extremo oeste do Iraque atual". Em adição, a cidade de Hît localizava-se entre Mari e Sippar.

deu-se por perseguição de Naram-Sin (*c.* 1794–1785),[47] o primeiro governante a assumir o título de rei, "*LUGAL eš-nun-na*ki 'rei de Ešnunna'" (Bouzon, 2001, p. 35), e a ser divinizado em Eshnunna, reino meridional do vale da Diyala. Três anos depois de se instalar em Ekallatum, Shamshi-Addu I conquistou a Assíria e, em seguida, fundou uma nova capital para o seu reino em Shubat-Enlil, na região do rio Habur; num tablete (ML A889) escavado no palácio de Mari, Shamshi-Addu I apresenta-se como "rei da terra de Ekallatum" (LUGAL *é-kál-la-tim*.KI) (RIMA 1, p. 59). Suas campanhas no oeste culminaram com a tomada da cidade de Mari e a posse de seu filho Iasmah-Addu como governante da cidade (Frayne, 2000, p. 259; cf. Mieroop, 2020, p. 154-57). Como parte de uma tradição de divinização de grandes reis, Shamshi-Addu I exigiu a unção de suas inscrições com azeite e ameaça a quem apagar o nome dele a fim de renomear o monumento; a maldição, o extermínio da linhagem de parentesco de quem o fizer, será executada pelos deuses Shamash (figura 15), Enlil, Adad e Sharru-matim (cf. Frayne, 2000, p. 259).[48]

Talvez a coleção de leis oriental da Antiguidade mais conhecida seja o *Código de Hammu-rabi* (*CH*, *c.* 1752), do reino de Babilônia, que não se pode tomar como *código* no sentido empregado no tempo presente. O *CH* traz consigo as transformações políticas causadas pela queda de Ur III durante o reinado de Ibbi-Sîn[49] (2027–2003), a potencialização militar de Eshnunna ocupada por amurritas contribuiu de certo modo com a integração entre o povo de Amurru e grandezas sociais monádicas que migraram de territórios da Síria para a Mesopotâmia e ocuparam cidades recém-construídas. Nessa época em que as cidades de Isin e Larsa estavam em conflito pelo controle da Baixa Mesopotâmia, "o amurrita Sumu-abum se estabeleceu na Babilônia" (*CoS*, cf. Roth, 2000, p. 335) e seu controle sobre uma cidade evoluiu para uma grande área geográfica com estruturação de política local, forças de defesa e muralhas, canais de fornecimento de água, templo e a construção de elite governante com o título de rei, *LUGAL*.

---

47 Marc van de Mieroop (2020, p. 417) deixa sem datação o período de reinado de Naram-Sin, rei de Eshnunna; Mario Liverani (2016, p. 278), no entanto, a fornece numa tabela cronológica do período do Bronze Médio.

48 O deus Enlil passou por translação em hurrita (hurr.) e hitita (h.) como Ellel ou Ellil, foi venerado como E-kur em muitas cidades mesopotâmicas e como Baal locais de tradições semitas, no monumento de Hammu-rabi ele é o responsável pelo destino da terra (cf. Frayne; Stuckey, 2021, p. 94-96). Notemos o poderio divino nas inscrições de políticas reais, sobre Adad/Haddu: "Deus Adad, herói, que ataca regiões hostis, montanhas (e) mares", dIŠKUR *ur-ša-nu ra-ḫi-iṣ kib-rat* KÚR.MEŠ KUR.MEŠ AB.MEŠ-*ti*; sobre Enlil: segundo no panteão de Sumer após An, deus criador em Nippur e igual de Aššur na Assíria, era considerado "rei de todos os deuses Anunnaku [d*a-nun-na-ki*], pai dos deuses, senhor das terras [*a-bu* DINGIR.MEŠ EN KUR.KUR]" (RIMA 2, p. 12).

49 "Durante o reinado de Ibbi-Sîn, uma coalizão entre o grupo de semitas ocidentais Amurrum, chamados nas fontes sumérias de *MAR.TU*, e elamitas, prepara o fim do império sumério. O material arqueológico proveniente de Tell Asmar nos mostra Ešnunna aliada a essas duas forças da época" (Bouzon, 2001, p. 19).

De Sumu-abum (1894–1881), fundador da primeira dinastia amurrita da Babilônia, a Hammu-rabi (*c.* 1792–1750), filho de Sin-muballiṭ, são seis reis da dinastia que no final do século XIX ainda não tem o controle de Larsa e outras cidades do sul, além de ter contra si os avanços em alianças político-militares de Mari iniciadas pelo rei Yahdun-lim (*c.* 1815–1799/1810–1794) e os avanços de Eshnunna sob Naram--Sin. No *CH* interessa-me a presença divina na promulgação da justiça do rei. Veja a relação do rei com Adad/Haddu no *Prólogo*: "(eu sou) o príncipe puro, cujas orações Adad conhece, aquele que tranquiliza o coração de Adad, o guerreiro em Karkara" (Bouzon, 2003, p. 43; cf. *CoS*, cf. Roth, 2000, p. 337). No *corpus* legal de glorificação do rei, entre as grandes divindades ao lado de Marduk (figura 16), o patrono da Babilônia, Haddu aparece plenamente como deus da Tempestade, aquele que manda chuva, fertiliza a vida, controla a natureza e protege o povo; no § 46 lê-se: "*Se um awīlum deu o seu campo em arrendamento a um agricultor e (já) recebeu a renda de seu campo e depois (disso) Adad inundou o campo ou a torrente (o) castigou: o prejuízo (será) do agricultor*" (Bouzon, 2003, p. 83 – itálico no original; cf. Sanmartín, 1999, p. 110; *CoS*, cf. Roth, 2000, p. 339). No *Epílogo*, Hammu-rabi, o rei da justiça, após elogiar as grandes divindades, impetra bênçãos a quem cumprir e maldições destinadas aos que desobedecerem às suas leis, assim como aos governantes déspotas. Em relação a Adad/Haddu, diz o rei (Sanmartín, 1999, p. 154-55; cf. Bouzon, 2003, p. 226; *CoS*, cf. Roth, 2000, p. 352):

> Que o divino *Adad*, Senhor da abundância – chefe de canais de céus e terra, meu aliado –
> o prive de chuva dos céus
> e do caudal da fonte;
> que, a seu país, o aniquile de miséria e fome;
> que, a sua capital, a atordoa com trovões,
> e transforme seu país em um vestígio do dilúvio universal.

Essas fontes do segundo milênio tiveram suas fórmulas preservadas, em dimensão regional, no primeiro milênio. Seguem duas inscrições monumentais do Ferro II: a primeira inscrição monumental é denominada "Hadad-Yith'i", nome do rei que a dedica ao deus Haddu, foi escavada em 1979 da Era Comum na margem de Tell Feheriye, lado oposto a Tell Halaf, em Guzana. Contém 38 linhas verticais em escrita cuneiforme assíria no anverso e no verso contém 23 linha horizontais em aramaico. Esse monumento que tem recebido datação do terceiro quarto do século IX apresenta nas suas primeiras linhas a identificação de Hadad-yith'i (*c.* 850), "rei de Guzana", filho do rei Shamash-nuri (*c.* 866). No integrar o rei que dedica o monumento a uma família real, o epônimo fornece a pertença religiosa de ambos; na linhagem divina, o deus da Tempestade, transliterado *hdd* em vocalização para *Hadda* ou *Haddu*, está associado a

Shamash (*CoS*, cf. Millard, 2000, p. 153; Younger, 2016, p. 255). Na introdução da fonte lê-se:

> A imagem de Hadad-yith'i que ele ergueu diante de Haddu de Sikan, regulador das águas do céu e da terra.

Na segunda dedicação do rei, consta a informação da existência de um santuário no local:

> Na presença de Haddu, que mora em Sikan, o senhor de Habur, ele ergueu sua estátua.

À guisa geográfica: Sikan é uma tribo aramita da região de Guzana,[50] que pertenceu ao Estado territorial hurrita de Mittani[51] no segundo milênio, e Habur é um rio sagrado que esteve sob controle assírio e forma um triângulo com o rio Eufrates próximo a Terga. À guisa idiomática: Hadad-yith'i, significa literalmente "Haddu é minha salvação" e o nome do patriarca que aparece em síncope na primeira dedicação, Sâs-nuri (Shamash-nuri), significa "Shamash é minha luz" (*CoS*, cf. Millard, 2000, p. 153-54; Younger, 2016, p. 190).

A segunda inscrição monumental é denominada "Inscrições de Sefire", são três fragmentos ou estelas de tratados, ou inscrições funcionais, em escrita aramaica escavados nas proximidades de Alepo que receberam datação do século VIII, ou de "algum tempo antes de 740 A.E.C., ano em que Tiglat-pileser III conquistou Arpad e a anexou ao império assírio" (*CoS*, cf. Fitzmyer, 2000, p. 213). É relevante ter em vista que, nesse período, várias socioetnias levantinas estavam construindo estruturas de pequenos reinos e transformando tribos em cidades em meio ao processo de provincialização assírio na região. A ausência de demarcação de limites e os conflitos disso decorrentes fizeram com que as demarcações de cidades ocorressem sob a arbitragem do império neoassírio. No primeiro fragmento (*CoS*, cf. Fitzmyer, 2000, p. 213-14), o tratado é sacralizado na presença de Hadad/Haddu, dentre outras divindades:

50 A capital aramita de Guzana é culturalmente neo-hitita e localiza-se na Alta Mesopotâmia, beneficiando-se da localização às margens do rio Eufrates e também por constituir-se em uma das rotas de comércio ligando a Assíria com o norte do Levante e o Mediterrâneo, sendo que sua escrita é aparentada da linguagem semita falada em Ugarit e do hebraico falado pelos israelitas. Segundo Mirko Novák (2016, p. 125), essa cidade foi a primeira da região a ser ocupada no período Neolítico.

51 As primeiras fontes sobre o Estado territorial de Mittani datam de *c.* 1500 ou *c.* 1480 na época de Parrattarna, rei que iniciou seu reinado em territórios dos semitas ocidentais a partir da capital real de Alepo e teria controlado cidades do sudoeste da Anatólia, leste do Tigre e sul do Eufrates; mas a primeira linhagem real documentada teria iniciado em *c.* 1380, no reinado de Shuttarna II (Kuhrt, 2014, p. 325; Mieroop, 2020, p. 181, 207).

> [... na presença de Hadad de A]lepo.

E caso alguém não cumpra o tratado terá Hadad/Haddu por vingador:

> (E) [que Ha]dad [derrame (sobre ele)][52] todo o tipo de mal (que existe) na terra e nos céus e todo tipo de transtorno; e que ele derrame sobre Arpad [pedras] [gra]nizo!

Esses fragmentos de origem aramita apresentam um complexo quadro político: o escriba é Bar-ga'yah, talvez Shamsi-ilu, o comandante-chefe (*turtānu*) de guarnições assírias estacionadas em cidades do reino unido de Arpad/Bit-Agusi, firma uma aliança com Mati"el, último rei de Arpad/Bit-Agusi,[53] filho do rei Attar-shumki, provavelmente Attar-shumki II.

52 Provavelmente, por incorreção o autor não fechou os colchetes.

53 Na mesma época, Mati"el teria pactuado com o rei assírio Adad-nerari V (754–745), numa inscrição em que é mencionado o deus Milqart juntamente com outro deus fenício guerreiro, "M[ilqartu (e) E]šmun" (Younger, 2016, p. 73, 535; sobre a divindade, cf. Frayne; Stuckey, 2021, p. 104).

CULTURAS EM CONTEXTOS

1. (Haddu) Alepo

As avançadas operações regionais do sistema templo-palácio

No Período Paleobabilônio, o norte do Levante se transformou num mosaico de cidades independentes, estruturalmente como Estados. O padrão citadino – divisão do trabalho social ordenado por governo central, custos da propriedade particular, terceirização da defesa, consumo de bens concedido por compra, venda e escambo, pagamento de tributos – que, num estágio inicial, atraiu grandes contingentes de moradores de aldeias e pequenas cidades com estruturas ainda não estatizadas dos entornos nas quais se preservavam modos de vida tribalistas, desenvolveu uma nova paisagem ambiental ao praticar a ideia de distinção territorial por meio das construções de muralhas e torres limítrofes. As primeiras cidades fortificadas se localizavam na costa do Levante, em Yavneh-Yam, proximamente 30 quilômetros de Ascalon, e em Tel Burga, na região do Karmel, na costa libanesa. Nesses sítios, segundo Raphael Greenberg (2019, p. 214-15), eram utilizadas as terras desabitadas para o cultivo de jardins e currais de animais. As cerâmicas encontradas nesses sítios indicam que os assentamentos tiveram início entre a segunda metade do terceiro e início do segundo milênio, períodos de longo curso nos quais foram identificadas "paisagens mortuárias", construções coletivas comuns no BM levantino.

No século XVIII, época em que reis do norte do Levante, especificamente o noroeste da Síria – oficiais militares ou oriundos de clãs de caçadores do setor rural, ou ainda pastoralistas –, fizeram alianças para agregar poder sobre governantes vassalos e obter maior controle territorial, duas cidades-Estado podiam desequilibrar a formação de blocos geopolíticos: Qatna e Alepo. Nesse novo sistema político, o amurrita Yarim-lim (1780–1765; figura 17), rei da cidade de Alepo e da terra de Yamhad (RIME 4, p. 781),[1] que se consolidava como a entidade com política real

1 A indicação numérica, Yarim-lim I, serve à guisa de diferenciação em relação aos homônimos posteriores pelo fato de existirem três reis com este mesmo nome (RIME 4, p. 781-82). É importante informar que o sucessor de Yarim-lim de Alepo se chamava Hammu-rabi (*Ḫa-am-mu-ra-pí*, cf. RIME 4, p. 783); cito também Hammu-rabi de Babilônia e seu homônimo de Ugarit, a quem grafo 'Ammu-rabi. No entanto, nesse mesmo Período Paleobabilônio reinou na cidade-Estado de Alalah Yarim-lim, designado também como Yarim-lim I de Alalah, irmão ou filho de Abba-El de Alepo, mas cuja identidade

independente mais importante do Levante, tornou-se o governante mais poderoso. Ele fazia parte da fundação amurrita de uma tradição familial estabelecida em Alepo que governava grande parte do território de Yamhad e que unificava politicamente as cidades da região (cf. Liverani, 2016, p. 332-33; Lauinger, 2015, p. 2; Mieroop, 2020, p. 149). No vale do Orontes, o domínio de Hazor teve sua evidência preservada por meio dos sítios de assentamentos que se desenvolveram tirando proveito do desaparecimento de aldeias e, por vezes, absorção de populações das bordas de grandes cidades do seu entorno. Seguindo as pistas fornecidas pelas cerâmicas, chega-se aos centros literários e diplomáticos; nesses centros, encontram-se diretrizes oficiais para a sociedade (textos legislativos e rituais) e para seus representantes (textos comerciais e diplomáticos). Nas linhas do Hazor Tablete 10 lista-se "uma grande remessa de produtos têxteis e outros artefatos de valor, possivelmente a serem identificados como uma contribuição enviada de Hazor para o dote de uma princesa de Mari" (Greenberg, 2019, p. 232). Isso indica que o sistema político das relações diplomáticas da cidade-Estado de Mari trabalhava pela unificação pacífica de cidades vizinhas, estratégia que proporcionava a interação política numa rede de cidades aparentemente sem inimigos nos seus limites, movimento que seria diferente se a criação de uma estrutura imperial tivesse por estratégia a expansão produzida pelos assédios militares e guerras campais.

Mario Liverani (2007, p. 12) afirma que o século XVII foi a "época de Mari" para a Alta Mesopotâmia assim como o século XIV foi a "era de Amarna" para o Levante. Contra Liverani, inclusive sobre o século a que se refere, entendo que será preciso lançar luz sobre a cidade de Mari do século XVIII num contexto na qual sua grande produção de índices culturais – a consequente exposição do sistema das estruturas sociais e divulgação das relações diplomáticas – seja colocada numa escala em que se considere o poder político de Yamhad; nessa afinidade potencial, Yarim-lim cumpre o papel de suporte para o amurrita de tribo simalita Zimri-lim (1775–1762; figura 18). Além disso, sublinho que a Alepo do século XVII "foi em grande parte herdeira das práticas atestadas pelos textos de Mari e Leilân no século XVIII" (Charpin, 2019, p. 137), sendo a conquista da cidade pelo rei Hattushili I (*c.* 1650–1620) fundamental para o desenvolvimento do Reino Antigo hitita. Em uma carta escavada em Mari (A. 482: 22–27, cf. Dossin, 1938, p. 114; Durand, 1988, p. 146; Mieroop, 2020, p. 126-27), o oficial *mariyanum* Itur-Ashdu descreveu o processo de vassalagem operado por reis siro-mesopotâmicos. Na carta, a quantificação das anexações atribuídas aos grandes reis atesta que o predomínio de Alepo no século XVIII extrapolava territorialmente o Levante, influenciando as políticas praticadas

continua confusa (cf. Liverani, 2016, p. 333; Lauinger, 2015, p. 2; Mieroop, 2020, p. 149; Ayali-Darshan, 2020, p. 209).

na Alta Mesopotâmia. Por isso, Yarim-lim fora colocado acima de Hammu-rabi de Babilônia, Rim-Sin (1822–1763) de Larsa, Ibal-pi'El II (1779–1766) de Eshnunna[2] e Amut-pi-El de Qatna, obtendo lealdade de maior número de reis, vinte a seu favor contra uma quantidade máxima de quinze vínculos de lealdade para cada um dos demais reis mencionados.

O equilíbrio geopolítico estava pendendo para Alepo, em cuja época o seguimento de pequenos reis demonstrava reconhecimento ao poderio de um determinado reino e significava literalmente *qaran ṣubāt*, "agarrar a barra de sua roupa" (Lauinger, 2015, p. 4-5), i.e, assegurar-se da proteção do grande rei. Tomando como referência a Mesopotâmia, no início do segundo milênio o reino de Amurru localizava-se entre Sippar e Mari; os simalitas, grupo mais adaptado aos ambientes urbanos e detentor de maior poderio militar, avançaram para o Médio Eufrates, quando estabeleceram assentamentos na cidade de Mari transformam-na em Reino de Mari.[3] O simalita Yahdun-lim fundou a dinastia que viria a se opor aos acadianos herdeiros do rei Sargon de Akkade, conquistador da antiga cidade de Mari. Em busca de legitimidade, Zimri-lim, que foi o último rei da cidade-Estado de Mari independente, apresentou-se desde o início do seu reinado como filho de Yahdun-lim e designou-se enquanto durou o seu reinado de cerca de treze anos e três meses como "o rei de Mari e *māt Ḫana*".[4] Com efeito, Yahdun-lim ao se identificar a si mesmo como um simalita passou a ser chamado de "pai de Hana"; portanto, assim como ele, Zimri-lim autodeclarou-se rei de Mari e da terra dos Simalitas (cf. Porter, 2013, p. 33; Charpin, 2019, p. 82).[5] Para Daniel E. Fle-

2 A cidade-Estado de Eshnunna foi conquistada por Babilônia, Mari e Elam após a morte de Ibal-pi'El II em 1766 (cf. Mieroop, 2020, p. 417).

3 Para transcrições do acádio, *māt*: terra; governante de reino; *mātum*: terra, Estado, conjunto de reinos, reis; *ālum*: povo assentado na cidade. Para uma definição de reino, cito Reculeau (2016, p. 182): "Mesmo que o reino fosse geralmente definido em referência a uma cidade, isso não significa que sua relação com seu território fosse a mesma de uma cidade-Estado, no sentido de um centro urbano e seu entorno, delimitado por fronteiras fixas. Em vez disso, um reino ou casa real era a união de uma cidade (escolhida ou por razões de prestígio, preferencialmente entre cidades com uma tradição bem estabelecida como sede do poder e, ao menos, equipada com um palácio não funcional, antigo ou construído propositadamente) e o líder de uma família com direito a governar".

4 Não sendo um comandante militar, a meu ver, as preocupações de Zimri-lim acerca de legitimidade real passava pela integração familial ou linhagem de parentesco. Sobre isto, cf. Porter, 2013, especialmente p. 60-1. Sobre a duração do reinado, cf. Dossin, 1938, p. 14; Lacambre, 2002, p. 2.

5 No estabelecimento da diplomacia e mesmo para a obtenção de apoio no momento de sagração ao trono, assim como em respeito a uma hierarquia por precedência real, um rei poderia dirigir-se a outro como a um "pai" ou considerar-se "filho". Em estudo sobre as terminologias de parentesco reais baseadas nas cartas A. 1153 e A. 1101 dos ARM, Jack M. Sasson (1998, p. 462) nota que Hammu-rabi I (*c.* 1765–1760), sucessor de Yarim-lim em Alepo, "inicialmente se autodenomina 'filho' de Zimri-lim"; além disso, o pesquisador informa que "durante a guerra, um combatente que precisasse de tropas poderia escrever a seu 'pai', mas em todos as outras ocasiões eles são 'irmãos'". Contudo, em relação a

ming (2009, p. 231; cf. Reculeau, 2016, p. 181-84), "a titularidade de Zimri-lim refletia seus dois constituintes principais, o povo que ele governou pela conquista de Mari e seus parentes Binu Sim'al, então 'Mari' e 'a terra dos Ḫana'".

No centro-oeste do rio Habur, um grupo de cerca de dez entidades políticas denominado de reino (*mātum*) de Ida-Maraṣ, que preservava o sistema político-econômico praticado no terceiro milênio, apresenta indícios de ligação com yaminitas e simalitas. Por conseguinte, quando os simalitas Yahdun-lim e Zimri-lim designam-se como reis da terra de Hana conectam às suas origens uma antiga tradição real. Se tivermos aqui um "vínculo permanente" entre Hana e Ida-Maraṣ (Porter, 2009, p. 203; cf. Durand, 2004, p. 116, 120-21; Fleming, 2009, p. 232-36; Porter, 2013, p. 26-36), talvez a apropriação de antiga tradição real siro-mesopotâmica diga respeito não apenas para a associação da formação de uma dinastia de Mari no Período Amurrita (c. 1974–1795), com Ida-Maraṣ aceitando "Zimri-lim e os beduínos", mas entre Hana, Ida-Maraṣ e a construção de estrutura estatal de Mari.

Os simalitas eram nômades do noroeste da Síria no final do século XIX e das bordas do Alto Eufrates várias de suas tribos desceram para os rios Balih e Habur, na época de Yaggid-lim (*c.* 1820);[6] o sedentarismo ocorreu no início do século XVIII nas bordas do Eufrates, na época de Yahdun-lim, dando início ao controle de cidades e aos conflitos com os yaminitas. Os conflitos entre nômades e os novos sedentários, no entanto, não impediram que os simalitas mantivessem as bases das suas riquezas que, segundo Durand (2004, p. 118, 154), eram a criação de ovelhas e o comércio do excedente das colheitas de grãos, impondo-se como o "grupo dominante" durante todo o reinado de Zimri-lim.

Ainda no início do reinado de Zimri-lim, em ZL 2', conforme indica uma cronologia provável de fontes dos ARM (cf. Barreyra Fracaroli, 2011, p. 190-94), os yaminitas passaram a participar da política da cidade,[7] assim como a ser mencionados nos anais em que se encontrava o deus alepino Haddu. No entanto, a influência yaminita não era tão grande, considerando a população simalita, tendo em vista que apenas sete das quarenta e quatro cidades e aldeias que faziam parte da geografia física

Hammu-rabi I estamos diante de uma inversão de estado político em que, após a morte de Yarim-lim, Alepo passou a ter um rei que usa metáforas de rei-vassalo. Sobre essa condição a partir da significância da expressão, cf. Stökl, 2014, p. 55.

6 Rei que controlava o Médio Eufrates e guerreou contra reis assírio pelo controle do Alto Habur (Liverani, 2016, p. 321-22). Sobre a datação do reinado de Yaggid-lim, cf. Kuhrt, 2014, p. 121; Liverani, 2016, p. 279; Reculeau, 2016, p. 196-97.

7 Para este mesmo ano, Sasson (1984, p. 250) afirma na lista de eventos do calendário de doze anos de reinado que "Zimri-Lim obteve uma grande vitória em Saggarâtum contra os benyaminitas e matou seus reis"; no entanto, este enunciado a que o rei aplica ao seu triunfo contra os yaminitas parece ser uma fórmula com variações (Sasson, 1987, p. 579). As relações políticas no Médio Eufrates continuam sendo motivo de debates.

de Mari eram ocupadas por essa socioetnia que "representava aproximadamente um quarto da população total do reino, que crescia a cerca de 40.000 habitantes, se não contarmos os distritos de Qaṭṭunân e Suhûm", como nos informa Adelina Millet Albà (2004, p. 226, 231). No Período Amurrita, essa socioetnia de várias dezenas de clãs dependia constantemente da proteção de Yarim-lim e seu grande reino, mesmo quando o conflito era contra Mari (A. 449, cf. Durand, 2004, p. 169); manteve ainda o controle de cidades do norte da Mesopotâmia desde Terqa, Saggarâtum e Assíria com suas concepções tribalistas de poder e sempre do lado direito do rio Eufrates superando a confluência com o rio Habur.

A cidade-Estado de Alepo e Yamhad, reino a quem esteve ligada no contexto de Estado territorial, estão no centro do sistema político que apresentou as concepções inovadoras de poder após o apogeu e queda sucessiva das duas grandes dinastias de Akkade e Ur III, respetivamente *c.* 2334–2193 e *c.* 2212–2004/2002. A localização de Yamhad fazia com que esse reino participasse dos desenvolvimentos das cidades da Síria e da Alta Mesopotâmia, cuja potencialidade inovadora atualmente tem recebido atenção no contexto dos estudos do período amarniano. O modelo palacial continuou sendo a territorialização de cidade-Estado, atestada em Sumer e Akkade no terceiro milênio, superado apenas por volta de 1500 pelas grandes estruturas políticas e comerciais confederadas dos reinos de Mittani e Hatti (cf. Reculeau, 2016, p. 175, n. 3). Hervé Reculeau (2016, p. 176-77) alude ao fato de descobertas recentes comprovarem que a "visão 'patrimonial'" atestada na retórica dos documentos de Tell el-Amarna para a administração egípcia, no século XIV, já se encontrar em Tell Leilân (*Šeḫnâ*, renomeada *Šubat-Enlil*), cidade do norte da Síria, no século XVIII. Com efeito, o modelo de cidade-Estado "territorial" não teria sido implantado pela Assíria porque ele fazia parte da topografia de Jezirah.

A cidade territorial era construída sob plantas de grandes escalas e, a meu ver, Jezirah tornou-se um exemplar sírio por "seu potencial agrícola e laços comerciais com a Anatólia e o Mediterrâneo", passando a ser disputado tanto pela Assíria quanto pela Babilônia (Younger, 2016, p. 17-18, 162; 2017, p. 196): uma imensa área localizada entre o norte do Levante e a Alta Mesopotâmia em constantes mudanças – do semiárido ao cruzamento dos rios Eufrates, Balih e Habur –, cujos períodos de aramização e assirialização ocorreram entre os séculos XII e X. Portanto, seria razoável que as políticas locais tivessem influenciado mais tarde a formação estatal aramita, após a expansão pastoralista, e que o mesmo acontecesse posteriormente com a implantação do sistema de vassalagem assírio na região.

Esse modelo de poder palacial que se desenvolveu em grande escala inter-regional "combinou concepções de poder territorial e tribal", que na avaliação de Reculeau são "tendências contraditórias" por causa da correlação de políticas envolvendo yaminitas e simalitas. A evolução daquele modelo teria que forçar os contatos de grandezas com modos de vida socialmente conflitantes e por isso colocava em risco o controle da terra exercido por um líder tribal ou elite governante local. A potencialidade deste ingrediente político esteve no plano de fundo do desenvolvimento da Assíria: "uma cidade mercantil do 19º século AEC que se tornou parte de uma política 'patrimonial/regional' sem precedentes no 18º século AEC, e acabou como a principal potência regional na Alta Mesopotâmia durante o 13º século AEC" (Reculeau, 2016, p. 177). Para compreendermos a amplitude do plano de fundo histórico, as transformações encetadas do Levante no Período Amurrita atingiram "toda a Síria, norte e sul da Mesopotâmia", fazendo com que estes grandes territórios ficassem "intrinsecamente ligados na época por laços culturais e políticos" (Reculeau, 2016, p. 178). Não obstante a diversidade étnica, constituiu-se desta forma uma geração de governantes composta por semitas ocidentais, cuja expressão acádia *amurrû* ou *a-mur-ri* designava a população do noroeste da Síria costeando o Mediterrâneo, não necessariamente uma etnia específica. Na base do poder estava a tradição tribalista:

> Um corolário dessa concepção foi a existência de uma relação juramentada de aliança e proteção, envolvendo os reis pessoalmente; depois que um rei morria, tinha que ser renovado por seu sucessor. Tendo concordado com os termos da aliança (às vezes enviando rascunhos do tratado proposto por mensageiro), os dois reis ou seus representantes faziam um juramento pelos deuses e se comprometiam em um ritual envolvendo banhos de sangue e gestos como "tocar na garganta" implicando um compromisso de vida pela aliança. (Reculeau, 2016, p. 180).

Uma tal concepção de poder amurrita em que o padrão patrimonial se estabelece pela presença de rei comprometido com a tradição de uma "Casa" (*bēt-*, *bīt-*, *bītum*), permite tratos externos em paridade apenas por meio das trocas de mulheres ou casamentos dinásticos, implicando a assinatura de um contrato. Na verdade, os tratos envolviam cidades e reinos, i.e, implicavam por parte dos pactuantes a posse do poder sobre cidade territorial, pessoas e bens, assim como o compromisso mútuo de disponibilizá-los em auxílio um ao outro. Eventos dessa natureza caraterizaram as relações diplomáticas no reinado do alepino de origem amurrita Yarim-lim, especialmente em relação ao casamento de sua filha Shibtu com Zimri-lim.

Localizada nas estepes sírias a noroeste, Alepo, transformada em cidade mais importante do reino amurrita de Yamhad, banhada pelo rio Kuweik ao sul do antigo Bashar, esteve no centro de rotas entre os rios Eufrates e Orontes. De sua localização geográfica montanhosa, testemunhos arqueológicos atestam assentamentos no sítio nos períodos Neolítico e Calcolítico. Mapograficamente a leste no rio Eufrates e a oeste, nas montanhas costeiras, divisa com o mar Mediterrâneo, com acesso ao norte para a Anatólia,[8] Alepo tornou-se um local em que a produção agrícola contribuiu para o

8 Sobre as ligações da cidade, cf. especialmente a pesquisa realizada por Roswitha del Fabbro (2012).

crescimento demográfico por meio do cultivo de oliveira, uva, trigo, algodão, embora com pouca precipitação de chuva, além do acesso ao cobre do Chipre e aos cedros da terra do Líbano (*la-ab-a-an*^{KI}).

A produção agrícola interessava bastante aos moradores das cidades eufratênias, particularmente à cidade-Estado de Mari. Em suma: especificamente sobre Alepo, "a cidade-Estado de Ḫa-la-ab estende-se do Mediterrâneo ao Eufrates e à Anatólia, concentrando relativamente a interação cultural, sobretudo na religião por sediar o culto templar a Haddu que encabeçará vários panteões nas cidades siro-eufratênias", de grande importância desde o BM porque foi a "capital do reino amurrita de Yamhad (nome do reino de Ḫa-la-ab no Período Paleobabilônio, *c.* 1894–1595)" (Santos, 2018b, p. 306, veja p. 304). Em região de estado predominantemente tribal[9] e de solo desértico, as atividades de longa distância eram realizadas tendo como meio de transporte os camelos; assim, com a qualificação para os meios de transporte aliada à produção de instrumentos de metal, os aramitas passaram a controlar as grandes rotas com a finalidade de alcançar regiões até então inexploradas.

Em território de baixa densidade e em terra desfavorável para a agricultura de subsistência, Alepo ocupava território central em relação às cidades vizinhas em

9 Para a definição de "tribo" nos contextos históricos da Idade do Bronze, especificamente os elementos das estepes sírias, i.e, no norte do Levante: grandezas sociais compostas por agricultores sedentários e pastoralistas seminômades. Ainda com relação a uma definição de tribo, uma das sínteses apresentadas por Eveline van der Steen (2009, p. 105) é particularmente elucidativa: "Estrutura social segmentar baseada em um sistema de linhagem patrilinear aceito, constituído por famílias e clãs ligados por um sistema de confrarias ou redes sociais que atravessam o sistema de clãs. Os diferentes clãs podem reconhecer um ancestral apical comunitário. Este sistema não representa tanto as relações de parentesco e descendência, mas pode ser reconstruído e manipulado para fins sociais e políticos com o consentimento dos membros". Para a definição de "cidade" e "cidade-Estado", considerando as estruturas existentes no Levante e na Síria-Anatólia e seus vários contatos egípcios e mesopotâmicos, para Leon Marfoe (2009, p. 33), na cidade do começo do terceiro milênio emerge "uma maquinaria estatal burocrática altamente elaborada que participa de um grande sistema de aquisição, mobilização e produção de recursos, e talvez se baseie diretamente nos conceitos mesopotâmicos de ordem mundial para sua estrutura cultural". Em relação ao Bronze Médio, a cidade-Estado passou por redução em seu perímetro a partir da Idade do Bronze Tardio e a ter seu controle disputado por pequenas elites urbanas que também disputavam seus recursos naturais e a mão de obra de membros de grupos sedentarizados. Sobre a condição de "cidade-Estado", Anne Porter (2013, p. 39) toma a antiga cidade-Estado eufratênia de Mari para apresentar a seguinte definição (baseada em Max Weber): "Monopólio do controle sobre os meios de violência; autoridade baseada na legalidade e não na tradição; um sistema administrativo, isto é, burocracia, para executar seus requisitos; fronteiras territoriais soberanas; e classe, em vez de parentesco, como base do funcionamento social e político". Em adição, à luz desses estudos (resultados da pesquisa da história, testemunhos artefatuais e antropologia) é que busco os artefatos e contextos desta pesquisa.

função do *Tel*.[10] A montanha do templo ou montanha sagrada transformou a cidadela de baixa densidade populacional, remanescente de cerca de 2500, segundo inscrições da vizinha cidade de Ebla, em importante capital de domicílio real agora com santuário central dedicado ao deus Haddu[11] (*hddḫ lb*, Haddu de Alepo). Esta realidade histórica alepina, trazida à luz pelos testemunhos arqueológicos eblaítas, revela a invulgar produção intelectual no território que viria a ser controlado pelos amurritas de Yamhad na contemporaneidade do reino de Mari, ambos no centro da difusão da escrita cuneiforme e fortemente associados com a Mesopotâmia.

O valor das fontes eblaítas, distante 55 quilômetros de Alepo no noroeste sírio, cresceu na medida da importância da cidade-Estado de Ebla: "o primeiro lugar onde uma língua semita foi manuscrita com letra cuneiforme", manteve o culto a Haddu juntamente com Enki, Ashtar e Reshep (Snell, 2011, p. 133) e foi o polo intelectual do Levante antes de Mari e Ugarit. Portanto, nos primeiros séculos da segunda metade do terceiro milênio, Ebla foi a mais importante cidade da Síria até a sua queda, provavelmente sob Sargon de Akkade, "rei de Kish" e "rei do mundo habitado" (LUGAL *ki-sár-ra*[12]). Assim, assimilando culturas em pedaços, Alepo se transformou por sua condição real numa metrópole referencial de rotas para o Mediterrâneo, Anatólia, Mesopotâmia e sul do Levante. Conquanto não seja portuária, tornou-se um marco para reis dos vales mesopotâmicos que desejavam estabelecer contato com o Mediterrâneo. Na avaliação de Daniel Knitter *et alii* (2014), a religião e o reino contribuíram para transformar a cidadela em grande produtora de alimentos, importante mercado para trocas e compras de bens de diferentes procedências e parque industrial têxtil.

Muitos documentos dos arquivos palaciais de Mari (ARM) e de Hammu-rabi, o primeiro rei da dinastia da Babilônia, no século XVIII, informam-nos sobre as condições dos recursos naturais em face do desenvolvimento da agricultura irrigada (cf.

10 "'*Tell* é um termo arábico e pode ser rastreado até *tilu*, a palavra acadiana para montículo. Ele é usado para descrever altiplanos estratificados de depósitos arqueológicos. *Tell* é sítio que cresce verticalmente como resultado de uma longa continuação de atividades de assentamento e um acúmulo de sedimentos devido à demolição repetida e renivelamento de casas de tijolos de barro' (Knitter *et al.*, 2014, p. 111, n. 30). Consideramos importante anotar que muitos pesquisadores usam o termo '*Tel*' para inscrições de todas as línguas semitas; mantemos a grafia com exceção para a língua hebraica: para esta grafamos *Tēl*, com o 'e' longo de som fechado *ṣērê / ṣērēy*" (Santos, 2018b, p. 38, n. 47).

11 No acádio, o substantivo *addû* tem significação de "trabalhadores diários", ligado a *ārum*, *arrum*, "arma", "instrumento" (CDA, 2000, p. 5, 24-25).

12 O título refere-se à cidade de Kiš, localizada na Mesopotâmia central, atual Uhaimir. Mark Chavalas (2007, p. 43) lembra que Sargon de Akkade, além do título de "rei de Kish", também era considerado "rei do mundo habitado" (LUGAL *ki-sár-ra*, LUGAL *kiš*[ki]). As datações sobre o reinado de Sargon de Akkade apresentam divergências em cronologias arqueológicas, talvez a data que mais se aproxime da cronologia de reis mesopotâmicos com maior adesão seja *c.* 2334–2279 (Bordreuil; Briquel-Chatonnet; Michel, 2014, p. 499); para Liverani (2007, p. 8-9): 2335–2279; Mieroop (2020, p. 415): 2288–2235; Kuhrt (2014, p. 63): 2340–2284. Sobre *kiššatu*, cf. CDA, 2000, p. 162.

Durand, 1988; Calvet, 2014). As fontes de recursos nas estepes sírias eram limitadas em comparação com a Mesopotâmia, em função da pequena quantidade de aluviões e precipitações de chuva na região central. Para dificultar a permanência dos grupos sociais migrantes por longos períodos, estava o controle real das fontes de água e a decisão de construção de canais de abastecimento público e privado. Nesse estado de precariedades nas estepes, os pequenos poços eram os únicos meios de irrigação da agricultura familial. Yves Calvet (2014, p. 26-27; cf. Liverani, 2016, p. 330-33) afirma que no final do terceiro milênio emergiram as pequenas cidades; dentre as mais importantes estão Hamat, Qatna, Ebla e Alepo, nas quais as árvores frutíferas cultivadas eram as mesmas espécies produzidas na Mesopotâmia;[13] a qualidade do solo e a produção forneceram as condições adequadas para a sedentarização de grupos nomádicos. O encontro com camponeses locais, no entanto, provocou intensos conflitos a partir do início do segundo milênio.

Neste contexto, a cidade-Estado de Mari tornou-se o local de encontros e passagem entre a Mesopotâmia e a Síria setentrional, e fazia parte da estrutura estatal amurrita que favoreceu a convivência entre pastorialistas e citadinos. Como destacado por Mario Liverani (2016, p. 318): baseada em "cidades palacianas com seu território agrícola (*mamlakatum*) e grupos tribais com seus espaços mais abertos (*nawûm*)", num quadro político em que um rei poderia governar sobre duas parcelas territoriais distintas. No mapa geográfico, as potências siro-eufratênias eram Yamhad, primeiro com Sumu-epuh (*c.* –1780) e em seguida com seu filho Yarim-lim ou Yarim-lim I, Mari sob Yahdun-lim, Babilônia sob Hammu-rabi e Larsa sob o rei divinizado Rim-Sin I. Na bacia do Tigre entre a Média e Baixa Mesopotâmia, Eshnunna sob o rei divinizado Naram-Sin, Assíria sob Shamshi-Addu I e Elam sob o grande regente (*sukkalmah*[14]) Siwe-palar-huhpak.

Por essa época, Zimri-lim reinava em Mari, sendo que esse reino fundado no noroeste da Síria com origem amurrita teve Yaggid-lim como seu primeiro governante e fundador dinástico, responsável por introduzir a linguagem babilônica, organizar um corpo diplomático e expandir o reino para além do Eufrates. Yahdun-lim foi mortalmente vitimado por uma conspiração palacial, sendo sucedido por seu filho Sumu-yaman que, logo em seguida, foi forçado a tornar-se vassalo (governante títere) da Assíria governada por Shamshi-Addu I e seu filho destacado em Mari, Yasmah-Addu (*c.* 1795–1776/1782–1775). Com a morte desse governante de Mari, Zimri-lim declarou-se filho do fundador da dinastia e reinou sobre a cidade; restabeleceu antigas relações diplomáticas e abriu as fronteiras sírias com Alepo e com a Babilônia de Hammu-rabi, na Baixa Mesopotâmia.

13 A vocação para a expansão de terras cultivadas, que influenciou as práticas agriculturais de cidades do Levante, foi mantida pela Assíria durante o segundo milênio, como se compreende sobre a sua importância dentre as atividades de Tiglat-pileser I (RIMA 2, p. 6).

14 Do assírio *sukkalmaḫḫu*, primeiro-ministro; cf. AEAD, 2007, p. 101.

Nessa reabertura de fronteiras,[15] Zimri-lim firmou uma aliança com Alepo ao casar-se com Shibtu, filha do rei (*sharrum*) Yarim-lim, segundo um selo produzido em Mari (RIME 4, p. 782), forjando o grande evento diplomático para fortalecer os dois reinos sírios com a singularidade consanguínea capaz de construir uma única linhagem dinástica.[16] Definitivamente, com esse casamento temos um testemunho de arquitetura conjuntural que visava construir condições de convivência entre reis e pastoralistas, grupos sedentários e nomádicos e suas culturas de mobilidade, tendo à frente Zimri-lim, originário de família nômade e contando com outras esposas e numerosos filhos.

Em seguida ao casamento com Shibtu, Zimri-lim se comprometeu com a veneração ao deus Haddu; consequentemente, a imagem divina da união entre as duas dinastias e vários panteões será a de Haddu. Antes que o rei realizasse uma visita oficial a Alepo, Asqudum, o mais importante diplomata *mariyanum*,[17] fez uma excursão de quinze dias pelo reino de Yamhad porque ele seria o representante do rei no "sacrifício de *hi'ārum*"[18] – uma celebração real com duração de cinco dias. Asqudum viajou para Alepo levando um *ālum*,[19] talvez um instrumento musical, como objeto votivo de Zimri-lim para Haddu. Para que se tenha uma ideia das dimensões dessa obra de arte, oito homens conseguiriam apenas movê-lo mas não carregar a média distância os cerca de 240 quilos ou 8 talentos de bronze com proteção de couro (Durand, 1988, p. 119; cf. Dossin, 1938, p. 109, n. 1). No contexto das relações diplomáticas com as cidades da Alta Mesopotâmia e do noroeste sírio envolvendo atividades cúlticas, registra-se que (Dossin, 1938, p. 115, n. 3):

---

15 Como modo de garantir o acesso a distantes territórios e avançar o seu reino, Zimri-lim empenha suas filhas, nascidas de seus vários casamentos, em alianças com os "reis de Ilansura, Ashlakka, Elakhut, Andariq, além de outros. Trata-se de uma verdadeira 'política matrimonial'" (Liverani, 2016, p. 325).

16 Muito mais que a descortesia pelo não envio de presentes por visita diplomática, incidente bilateral, um casamento envolvendo descendentes de casas reais era levado a tão alto grau de importância diplomática que o divórcio, quando ocorria, acabava provocando incidente diplomático de grande proporção na geografia dos grandes reinos. É o que acontece com o divórcio entre o rei de Ugarit 'Ammittamru II (*c.* 1260–1235) e a princesa hitita Gassuliyawiya, filha do rei de Amurru Benteshina (*c.* 1280–1275 [1260–1230]) e conhecida como "filha da Grande Dama", fato que envolveu várias potências reais da época (Devecchi, 2019, p. 123-24 ss.). Mas o pacto visa apoio mútuo, a possibilidade de unificação real entre as cidades deve ser descartada pela longa distância que as separa e as cidades desse itinerário.

17 Rishiya foi outro diplomata importante.

18 A expressão em transcrição acádia: *siskur*^{2}*-re hi-ia-ri-im*. *Hi-ia-ri-im* ou o termo hurrita *ḫiari*, refere-se a um festival; como *ḫâru* refere-se a cerimônia religiosa provavelmente de origem suméria, a variante *ḫariu* é transcrição assíria (CAD, v. 6, 1995, p. 116, 178).

19 O objeto votivo *ālum* tem diversos significados, em grande parte aparece prefixado a GIŠ.

> Zimri-lim testemunhou a veneração que tinha pelo deus de Alepo, dedicando sua estátua a ele, como testemunhado pelo nome de um de seus anos de reinado: *MU Zi-im-ri-li-im / ṣalam-šu a-na* ^{il}*Adad Ḫa-la ab*^{ki} *ù-še-lu-*[*ú*]. "O ano onde Zimri-lim dedicou sua estátua ao deus Adad de Alepo".

Foram enviados de Mari para Alepo muitos bens votivos, animais e objetos de luxo para a veneração de Haddu. Dominique Charpin (2019, p. 172) afirma que no Período Paleobabilônio, no caso de tratados e juramentos realizados à distância, os reis envolvidos enviavam uma delegação e seus deuses, desse modo poderiam firmar-se diante das divindades. Enquanto parte dos tratados, a divindade constitui-se como a garantia de êxito dos engajamentos no futuro, por isso ela faz parte da estrutura jurídica válida tanto para juramentos de casamentos dinásticos e uso da força militar quanto para punições pelo não cumprimento dos juramentos. Quanto às maldições, o poderio cósmico e a competência de Haddu faziam com que ele integrasse as fórmulas, como na inscrição preservada nos arquivos reais assírios (SAA 2 6 p. 440-43; Charpin, 2019, p. 183):

> Que Adad, o inspetor dos canais dos céus e da terra, faça cessar a inundação sazonal das vossas terras e prive os vossos campos de grãos; que ele submerja as vossas terras com um grande dilúvio.

Contudo, o pai da noiva – no caso de Shibtu pode-se dizer "rainha", mais do que "esposa chefe", por ser dotada e ter desempenhado tarefas que a qualificam como a mulher antico-oriental mais importante do seu tempo, inclusive comandando o reino na reação contra a tentativa de invasão das guarnições de Elam (Durand, 2000, p. 305-70; A. 2233, cf. Barstad, 2006, p. 35) –, que sustentava a aliança política, interferiu pessoalmente também no bem-estar da filha recém-casada, sua acomodação em novo palácio e as atividades religiosas. Pode parecer interferência, mas o cuidado correspondia ao fato de Shibtu ter patrimônio próprio por transmissão de herança paterna (*mulugu*) e dote ou retribuição enviada pelo noivo (*terhatum*), a ser usado quando em estado de viuvez ou no caso de abandono pelo marido (cf. Goody, 2008, p. 390-91; ARM 26: 1 13, cf. Charpin, 2019, p. 229-30). Olhando retrospetivamente, essa condição por si mostra que o sistema de organização político-econômico do reino de Mari passou a ter forte influência da mulher que chega de Yamhad.

No que diz respeito ao juramento, "Juro por (tal divindade)" não se fazia a qualquer vulgarmente. Em um tratado entre Till-Abnu (*c.* 1747–) de Apum – um dos quatro reinos ou Estados territoriais do norte da Síria juntamente com Qatna, Yamhad e Tuttul – e Yamsi-hadnu de Kahat, dentre as dezesseis divindades nomeadas cinco são deuses da Tempestade (Haddu dos céus, Haddu de Arrapha, Haddu de Alepo, Haddu de Nawali, Haddu de Kahat), em posição de superioridade ao proponente deus de Apum, Belet-Apim. Em um tratado de paz firmado com Zimri-lim, Hammu-rabi de Babilônia jura por Haddu dos céus, um igual do deus da justiça Shamash (cf. Charpin, 2019, p. 131 [M. 6435+ : 1-4], 173-74). Diante desta comprovação de difusão, parece que a seletividade por preeminência nas inscrições leva em conta o fato de as divindades invocadas não serem apenas testemunhas mas garantidoras, as verdadeiras "garantes do juramento" (cf. Charpin, 2019, p. 176), porquanto requerer-se poderio cósmico reconhecido.

Em um tratado entre Hatti e Egito, o rei hitita Murshili II (1321–1295) atribuiu a conclusão da aliança à intervenção de Haddu, o "mestre da História" (*ActSupp*, E³ iv 26-32; cf. Charpin, 2019, p. 180):

> Então o meu pai pediu novamente o tablete do tratado, (no qual se podia ler) como mais cedo o deus da Tempestade levou o povo de Kuruštama, "filhos" de Hatti, levou-os para território egípcio e tornou-os súditos egípcios, como o deus da Tempestade concluiu um tratado entre os países do Egipto e Hatti, e como eles permaneceram em termos amigáveis um com o outro.

Para os eventos envolvendo Hatti e Egito, um texto do Fragmento 34 dos anais de Shuppiluliuma I (*c.* 1355–1321) preservou evidenciação suficiente de que os agentes mais importantes dos juramentos foram as divindades, dividindo nas encenações o protagonismo com os grandes reis mas sem perder a proeminência (Fragmento 34, col. A. KUB 19. 13 + 19. 14 i; *CoS*, cf. Hoffner, 1997, p. 191):

> [...] antes [... e os deuses socorreram meu pai]: a deusa do sol de Ari[nna, o deus da Tempestade de Ḫatti, o deus da Tempestade do exército e Ištar do campo de batalha, (de modo que)] ele derrotou o inimigo. [...ele incendiou (as cidades de) ...] e [Pa]lḫuišša [...]. E [nova]mente [ele foi] para (a cidade de) Kamm[ama e] [incend]iou a cidade de [Kamm]ama.

Esses eventos hititas dos *ActSupp* servem a paralelos amurritas comparativamente quando sublinhado o quadro cronológico, mas em qualquer caso atestam a liderança divina. No caso amurrita, a aliança entre Alepo e Mari, uma relação juramentada de aliança e proteção por meio do casamento, foi uma inflexão do contexto de políticas externas expansionistas de Yamhad e Mari, mas que fazia todo o sentido, sobretudo internamente, porque as grandezas sociais de pastoralistas estavam sendo confrontadas como se fossem uma unidade invasora. No entanto, vários conflitos surgiam pela necessidade de acordos pelo fato de os poderes estatais não reconhecerem as diferenças sociais e a pertença de grupos populacionais a territórios ocupados; em vista disto, pastoralistas amurritas resistiam àqueles poderes e a seu processo de tributação e delimitação das parcelas de terra fora das cidades. Funcionalmente, a pactuação política acelerou o desenvolvimento de Alepo: a cidade passou a liderar a rede comercial com escalas no oeste levantino, nas rotas que ligavam o Mediterrâneo e as cidades do leste, no Médio Eufrates, protagonizando as tomadas de decisão políticas que cabiam às capitais reais.[20]

Zimri-lim rechaçou um pacto pela paz com o reino de Eshnunna, diferente da iniciativa que teve em relação a Alepo; aliás, por meio de uma carta, os tratos de lealdade para a construção da dinastia foram fortalecidos quando Zimri-lim enunciou o evento: ele escreveu ao rei de Alepo comunicando que havia recusado conversar por três vezes com os embaixadores de Eshnunna porque chegaram "sem o consentimento de Yarim-Lim" (Durand, 1997, p. 441-42). Para ter-se uma ideia da confiança demonstrada no rei alepino diante dos representantes de Eshnunna, será necessário refletir no plano de fundo a superação do bloqueio imposto por Babilônia e Elam na Baixa Mesopotâmia por parte desse reino do vale da Diyala; como potência econômica, Eshnunna era o grande explorador de minérios na região desde o século XX. Apesar do considerável grau de autoridade deferido pelo rei de Mari ao rei de Alepo, havia conflitos entre eles, como demonstra uma carta comercial (A. 1153: 3–12; cf. Sasson, 1998, p. 463):[21]

> Eu ouço dizer o seguinte: "Em Emar, há muitos grãos pertencentes aos mercadores; quanto ao transporte da cevada para Mari, Yarim-lim se opõe." Isso é o que ouvi.O que é isso? Por que meu senhor está encontrando prazer no fato de eu não ser forte? Isso corresponde ao que me foi dito para mim: "Quanto a Zimri-lim, eu mesmo o coloquei em seu trono. Quero fazer o que o fortalece e o que garante a fundação de seu trono"? Mas você se opõe ao transporte de grãos para Mari.

Em quaisquer questões de política externa fazia-se necessária a negociação, na ordem econômica regional e nas adoções religiosas. No entanto, a indignação por parte de Zimri-lim nessa carta não apaga o respeito que ele mantinha como "filho na lei" de Yarim-lim, diferente do que o rei de Mari transmitia em carta contra Eshnunna, bem como a constante falta de cordialidade que demonstrava em relação a Hammu-rabi de Babilônia. Ao mesmo tempo, a proteção do rei alepino era constante mesmo na forma de arbitragem por acordo de paz na região entre Zimri-lim, o povo zalmaqum e os yaminitas, como comprova uma carta enviada enquanto estava em viagem (A. 3030, cf. Durand, 2004, p. 140 – negrito no original):

20 Para este parágrafo e o que lhe precede sugiro ver: Greenberg, 2019; Mieroop, 2020.

21 Cf. a pesquisa epigráfica de cartas de Mari realizada por Jack M. Sasson (1998).

> Este meu tablete, estando em *mahanum* [*ṭup-pí an-né-e-em i-na ma-ha-nim*], eu o envio ao meu senhor. Além do mais, os beduínos [yaminitas] vão se reunir em Malahatum.

Como maior autoridade regional, a proteção podia ser direta, como nos problemas envolvendo refugiados. Tornou-se público que pessoas que lideraram revoltas contra Mari se refugiaram em Alepo após serem contidas, motivo pelo qual Zimri-lim enviou Darish-libur para negociar a extradição. Eis a resposta de Yarim-lim que o embaixador transmitiu ao rei de Mari:

> Zimri-Lim expulsou seus inimigos. (Mas) hoje perigosas são suas exigências! Sumu-epuh, meu pai, tendo respeitado a divindade, conseguiu as suas demandas. Nenhum rei o afrontou. [...] No entanto, até hoje, o coração de Addu não teve que se irar contra mim. (*FM* 7 8: 10–23, cf. Charpin, 2015, p. 9).

Próprio do sábio, o rei interpreta o passado acerca dos fundamentos do seu reino e até as antigas perdas territoriais para o assírio Shamshi-Addu I servem-lhe a propósito da resposta enviada a Mari. Charpin entende ser uma elaboração teológica a expressão-chave da mensagem, nela se comunica o comando de Haddu à frente das decisões administrativas: *a-di i*-[*na-an-na*] [*l*] *i-ib-bi* ^{d}IŠKUR *e-li-ia ú*-[*ul ša-b*]*u-ús*, "até hoje, o coração de Addu/Haddu não teve que se irar contra mim".

Os pedidos de extradição de prisioneiros por parte de Zimri-lim são, na verdade, pedidos de apoio militar, em nome do deus Haddu, como solução para as invasões dos yaminitas e de outras grandezas sociais rivais oriundas de Leilân, Terqa etc. (*FM* 7 7, cf. Sasson, 2007, p. 470-73; LAPO 16 249, cf. Charpin, 2019, p. 65-66). Em outra resposta, desta vez por uma carta de Nur-Sin, Yarim-lim mostrou a um só tempo quem lidera a região e as leis do Direito internacional do seu reino (*FM* 7 25–29; *FM* 7 8: 34–49; cf. Stökl, 2014, p. 56; Charpin, 2015, p. 10; 2019, p. 158-60):

> Tem Zimri-lim se esquecido da vontade de Haddu [*ṭêmum* ^{d}IŠKUR]? Na verdade, temo que Zimri-lim não saiba que na Terra de Haddu os refugiados não devem ser extraditados à força!

Sem dúvida, a codificação legal contém uma retórica teológica, mas sobretudo o que se deseja ressaltar no Direito internacional, no tocante ao direito de asilo em Yamhad, é que o deus Haddu é o mestre da História, e ele pune com morte a quem desrespeitar o direito de asilo.

As revoltas e os problemas envolvendo fugas e refúgio estão associados a disputas nas terras férteis, são questões econômicas. Mais tarde, uma coalizão entre Babilônia, Mari e Elam eliminou Eshnunna e fez emergir Elam como "grande reino" no quadro político mesopotâmico e autoridade mediadora dos conflitos em territórios sírios, como entre Qatna e Alepo. Em 1762/1761, Hammu-rabi guerreou contra Zimri-lim, agora sem a proteção de Yarim-lim, e, por derrotá-lo, incorporou a cidade-Estado de Mari aos domínios babilônicos.[22] Na avaliação de Marc van de Mieroop (2020, p. 149), o reino de Yamhad e Alepo, sua cidade mais importante, não foram alcançados pelas guarnições babilônicas por causa da distância geográfica. No entanto, a historização nos sugere ressalvas quanto a isso.

O fato de o reino de Yamhad ter controlado várias cidades, inclusive mencionadas por Mieroop, e que "muitas cidades que pertenciam a Mari passaram para o controle de Yamhad" (Whiting, 1995, p. 1237), testemunham que, para além do problema geográfico, esses eventos não ocorreriam se o rei Hammu-rabi I de Alepo (*c.* 1765–1760) não houvesse preservado o poderio de seu pai Yarim-lim, o suficiente para impedir que as guarnições babilônicas avançassem em direção às cidades do noroeste sírio. As fontes *mariyanum* e hititas apresentam informações nas quais indicam que a integração regional incluía o deus da Tempestade e que Abba-El, filho de Hammu-rabi I de Alepo, reinava em Alepo na década de 1750, época em que fez reinar a seu irmão ou filho Yarim-lim na cidade de Alalah, designando-o como Yarim-lim I de Alalah (cf. Liverani, 2016, p. 332-33; Lauinger, 2015, p. 2; Mieroop, 2020, p. 149; Ayali-Darshan, 2020, p. 209).

No plano de fundo dos detalhes da pactuação forjada por Zimri-lim está o seu projeto de participar do controle das estepes sírias juntamente com o reino de Yamhad, porque Alepo controlava o tráfego comercial do Alto Eufrates por meio do porto fluvial de Emar, e para conter o avanço babilônico em direção à Alta Mesopotâmia. Esse controle se dava porque Alepo era desde o século XIX a mais influente cidade-Estado síria, como informam duas fontes literárias (cf. Kuhrt, 2014, p. 121-22): uma carta do palácio de Yasmah-Addu menciona os tratos políticos firmados e conflitos travados pelos reis que lhe antecederam, seu avô Yaggid-lim e seu pai Yahdun-lim, que já tinham a intenção de expandir seus domínios para os territórios da Alta Mesopotâmia e para o noroeste da Síria em direção ao Mediterrâneo. Esta carta nos remete à segunda fonte, uma carta de um oficial de Zimri-lim; no documento, a lista das grandes potências da época destaca Alepo e o reino de Yamhad como os mais poderosos da região.

Mais de um século depois, testemunhos materiais indicam que por volta de 1650 as guarnições militares do rei hitita Hattushili I e de seu filho e sucessor Murshili I (*c.* 1620–1590) assediaram cidades do noroeste levantino, região onde se encontram Alepo e seus aliados – Karkamish, Usnu, Ugarit, Emar e Ebla –, a

22 Em cerca de 1758 ocorreu o colapso da cidade-Estado de Mari (Silva Castillo, 2007, p. 151).

fim de controlar a administração estatal e a produção agricultural de Yamhad. As capturas de populações e destruição de cidades de Yamhad, além da pilhagem da Babilônia, estiveram sob a liderança de Murshili I (Mouton, 2016, p. 12; Mieroop, 2020, p. 149). No entanto, apesar desse bem-sucedido avanço imperial para a divisão territorial e controle da região, Horst Klengel (2014, p. 91; cf. Fabbro, 2012, p. 203) afirma que as guarnições não haviam organizado nenhuma província militar até a primeira metade do século XIV. Por outro lado, a manutenção da independência política impulsionou o desenvolvimento socioeconômico que transformou Alepo em proeminente lugar levantino do culto ao deus da Tempestade – numa expressão semita: *Ḫaddu bēl Ḫalab*. Como mencionei acima, no século XVIII a região se transformou em um mosaico de pequenos reinos e cidades-Estado, e Alepo alcançou o que motivava cada reino independente quando fortificava seus limites, a saber, transformar-se numa entidade política com etnia cristalizada.

As pesquisas de Klengel (2014) têm demonstrado que os contextos políticos apresentam um revés às cidades e a favor do império hitita na segunda metade do século XIV, com o avanço das guarnições de Shuppiluliuma I. Por volta de 1350, o rei avançou pelo sul das montanhas do Taurus para dominar politicamente o norte da Síria, mas Alepo continuou como o principal polo difusor da veneração a Haddu e de sua consorte Hebat (Ha'abatu) – a grande deusa alepina adotada pelos hurritas –, além de marcante paisagem religiosa do noroeste do Levante, ao lado das cidades de Ebla, Alalah e, provavelmente, Qatna, baseado na designação venerável de Ishi-Haddu, um rei local.[23] Separadas cerca de 70 quilômetros, as relações entre Alepo e Alalah, estreitadas no BM II (*c*. 1800–1600) quando essa cidade se encontrava submetida politicamente a Alepo, contribuíram para a integração religiosa na região. Se, por um lado, é importante sublinhar a inexistência de protetorado imperial no Mediterrâneo, por outro é notável a disputa pelo protagonismo no norte do Levante durante todo o BT entre Hatti e o território de Mittani, sendo que os hurritas ocuparam os territórios perdidos pelo reino amurrita de Yamhad.

As pesquisas arqueológicas iniciadas nos anos 1990 da Era Comum em Alepo, em diferentes fases, realizaram o feito de escavar o espaço sagrado dedicado a Haddu, deus da Tempestade. Em uma parede no lado norte, descobriu-se um magnífico conjunto artístico de 26 pedras de basalto (ortóstatos) fincadas verticalmen-

23 O indício arqueológico do culto a Haddu em Qatna baseado no nome do rei Ishi-Haddu é apresentado por Daniele Morandi Bonacossi (2014). Pela importância de uma descoberta envolvendo o campo religioso das três cidades mencionadas, cito Morandi Bonacossi (2014, p. 426): "Particularmente difundido na Síria amurrita estava o culto das pedras, conhecido arqueologicamente e textualmente (por meio dos arquivos Mari), e o culto dos ancestrais, baseado no *kispum*, ritual em homenagem aos antepassados reais, que está bem documentado ao longo do Vale do Eufrates e evidenciado pela hipógea real de Alalah, Ebla e Qatna".

te com artes em relevo do período do império de Hatti. No local, "uma inscrição foi escavada em um desses relevos, que retratava o próprio deus da Tempestade em sua icônica carruagem-águia puxada por touros e seu adepto, o Deus-Cervo", relevo escavado entre 1997 e 1998 da Era Comum (Younger, 2016, p. 123; cf. Hawkins, 2011, p. 38-40; Sader, 2014; Dietz, 2019).[24] Posteriormente, em 2003 da Era Comum, foram encontrados, no centro de uma parede a leste do espaço, relevos com imagens de Haddu, à esquerda, e um rei, à direita; na inscrição hieroglífica luwita fragmentada, nas linhas 1 e 11–12, a figura real está identificada como Taita I (figura 19), o herói que dedicou o templo ao deus de Alepo.[25] Taita I, rei de origem filistita e nome hurrita que reinava em Padasatini ou Palistin, entidade política fundada sob cultura material mediterrânea, teria reconstruído o templo no século XI, após a destruição por incêndio do templo construído no BM (cf. Sader, 2014, p. 616; Ayali-Darshan, 2020, p. 210-11), ocorrido nos contextos dos conflitos que deram origem à crise no Levante que findou a periodização arqueológica do Bronze Tardio. As pesquisas estratigráficas têm sido conclusivas acerca do sítio:

> Três camadas de lajes de calcário áspero que repousam sobre o leito rochoso e que servem como fundamentos da parede norte do claustro como pertencentes ao templo da Idade do Bronze Antigo e reutilizados. Do templo da Idade do Bronze Médio (período do reino de Yamhad), a fachada interna da parede norte formada por ortóstatos de pedra calcária cuidadosamente vestida sobrevive *in situ* em ambos os lados do nicho de culto, que é alinhado axialmente com a entrada sul do claustro. Esta fase do templo foi destruída pelo fogo e reconstruída no período da dominação hitita. O antigo nicho de culto foi preenchido e escondido atrás de uma nova fachada: em um nível mais alto uma fileira de ortóstatos de pedra calcária recortados por cinzel (em vez de picareta) e na frente ao nível do chão do templo uma "parede de pedestal" de esculturas em relevo, três das quais sobrevivem *in situ* (um homem da montanha e duas mulas). O claustro foi reorientado no estilo hitita para uma abordagem de eixo dobrado pela colocação de uma figura do deus da Tempestade como o foco central da parede leste ladeada de ambos os lados por duas janelas falsas separadas por um homem-touro. (Hawkins, 2011, p. 38).

Os trabalhos artísticos – imagens em relevos e esculturas – têm sido atribuídos a Taita I e a seu sucessor, Taita II,[26] do século X, postulada uma finalização da restau-

24 Em um quadro cronológico, Albert Dietz (2019, p. 201) ilustra várias evidências por onde pode-se depreender que as fontes mais antigas de Haddu em sua carruagem foram escavadas na Anatólia, em Kanish (Bronze Médio), na época em que Alepo fazia parte do reino de Yamhad, e em Hattusha (Bronze Tardio), na época do rei hitita Shuppiluliuma I (*c.* 1344–1322).

25 Inscrição monumental e transliteração em: Hawkins, 2011, p. 42-49.

26 Na *BHS*, em *2Samuel* 8.9-10 e *1Crônicas* 18.9-10, esse rei de Hamat talvez corresponda a Toi (heb.:

ração do "muro pedestal" e do templo por volta do ano 900, ocorrendo em seguida a destruição final e o abandono do complexo religioso (Hawkins, 2011; Younger, 2016, p. 124-26; Mazzoni, 2016b, p. 301). Há uma agregação de locais – Alepo, Karkamish, Emar, Hamat – sob as três gerações dessa família dinástica que governou por cerca de um século, preservando consigo poder suficiente para avançar por tantas terras relacionadas com o império hitita e com os povos luwita-aramitas.

As fontes e suas historicidades: as pertinências político-religiosas

As atividades cúlticas na primeira metade do segundo milênio tinham lugar nos palácios de grandes capitais reais como Alepo, Mari e Qatna; essas atividades, cujos festivais representavam as celebrações nacionais, faziam parte da exposição pública do poder e prestígio políticos ao mesmo tempo em que demonstravam que os templos ou palácios das divindades funcionavam como estruturas extensivas do poder real. Esses festivais eram realizados em época de lua nova e ano novo ou em outra ocasião igualmente indicada por calendário lunissolar; regulados por tradições inventadas nas tribos ou cidades-Estado, conforme fosse o caso, tinham regulação estabelecida por memórias patriarcalistas e por elites governantes.

Peter Pfälzner (2015) realiza um estudo comparativo de festivais realizados em dois palácios sírios, o Palácio de Mari e o Palácio Real de Qatna, localizados respetivamente no leste e no oeste da Síria-Mesopotâmia e utilizados como sedes de poder real no BM IIA. Para Pfälzner (2015, p. 414, 416), o palácio de Mari é "um ponto focal do culto aos deuses", local em que se conectavam religião e política em festivais a divindades de panteões; um testemunho dessa conexão está presente na sala 132 do palácio real, na pintura mural da parede da sala vê-se uma "cena ritual com Ishtar e Sin". Assim como no templo central, "os textos de Mari também relatam atividades administrativas e econômicas no templo palaciano de Ishtar, como a metalurgia", além de dormitório e sala de armazenamento de materiais (Pfälzner, 2015, 414, 420). Nesta dinâmica, interagiam no palácio, com os pontos de vista ideológicos diversos – inevitáveis por conta da autonomia relativa nas decisões burocráticas exercidas por príncipes e diplomatas –, as inúmeras práticas religiosas, em virtude da regulação palacial do campo religioso e da posição ocupada nos panteões por divindades eletivas.

Seguindo os modos da plurirreligiosidade patrocinada pelas dinastias, juntamente com a veneração a Ishtar as autoridades de Mari conciliavam cultos a Belet-ekallim ou Nin-egal,[27] Dagan, Shamash, Itur-Mer e Adad (Pfälzner, 2015, p. 417; RIMA 1, p. 56 ss.). No palácio real de Qatna, depois de muitas etapas de pesquisas arqueoló-

Tōʿī) que, segundo fontes luwitas, teria reinado no final do século X (Simon, 2019, p. 138). Quanto ao que diz respeito às citações, remeto à *BHS* (Elliger; Rudolph, 1997).

27 A grafia depende do nome da deusa na tradição cúltica adotada, seja o acádio Belet-ekallim, seja o sumério Nin-egal; para Mari, comumente se adota o acádio.

gicas, iniciadas na década de 1920 da Era Comum e após as posteriores descobertas em 1999 e anos subsequentes, chegou-se à conclusão de que o palácio mantinha integrado às suas dependências um "Templo de Nin-egal". O prestígio dessa deusa pode ser dimensionado pelo número de importantes metrópoles e reinos que lhe dedicavam culto: Mari, Terqa, Emar, Kurda, Ebla, Lagash, Ur, Larsa, Dilbat, Nippur, Babilônia, Assíria, Elam, Ugarit, Qatna (cf. Pfälzner, 2015, 425; Frayne; Stuckey, 2021, p. 242-43). Em Qatna, onde também era conhecida como "Belet de Qatna", o seu templo "muito provavelmente funcionou como uma sala de audiências e banquetes"; a separação das atividades pode ser justificada porque o palácio "era um edifício puramente político e administrativo desprovido de quaisquer aspectos religiosos ou cúlticos" não obstante a integração arquitetônica, seguindo a concepção do sul do Levante e diferente da indistinção entre o político e o religioso praticada em Mari (Pfälzner, 2015, p. 421). Grande parte das ideias arquitetônicas e cúlticas praticadas nos primeiros centros urbanos do BA foi desenvolvida em novos complexos religiosos no segundo milênio.

Muitos dos elementos físicos, tais como símbolos artefatuais decorativos, animais, cenas artísticas em tecelagem e metais, que faziam parte do sistema econômico de Eanna, o complexo do templo da deusa Inanna (figuras 20 e 21) do início do quarto milênio na cidade-Estado de Uruk, permaneceram válidos na economia dos templos do segundo milênio no norte do Levante. Da mesma forma, o complexo arquitetural natural repleto de relevos parietais cúlticos nas câmaras do santuário de rocha de Yazılıkaya, na Anatólia, fornece a integração da arte monumental com a sociedade. Sistematicamente miniaturizado para o personalismo e portabilidades fora dos templos, o complexo permite a participação da população em geral. Em relação a Uruk, metrópole do sul da Babilônia, os sacerdotes que dirigiam a burocracia administrativa eram os responsáveis pelas fazendas de produção do complexo religioso (grãos, frutos, peixes, animais bovídeos, mão de obra) e pelo abastecimento, porquanto procediam a toda documentação contábil e alimentação dos trabalhadores e seus dependentes como se fora um cuidado da deusa para com o povo.

Na pesquisa realizada por Daniel T. Potts (2020, p. 19, 22), baseada em inscrições de tabletes de cerâmica que são atualmente considerados como "os primeiros exemplos de protocuneiformes conhecidos na Mesopotâmia e os primeiros exemplos de escrita encontrados em qualquer parte do mundo", a saber, atribuir a Inanna todas as terras e resultados do trabalho humano na cidade e nos entornos de Uruk, como consta naquelas fontes, foi o que "permitiu aos administradores da deusa inventar um sistema de gestão de recursos e compensação pelo esforço humano que persistiu, pouco alterado, pelos próximos 3.500 anos". Dois pontos da formação estatal dessa sociedade são compreensíveis: primeiro, a longevidade da técnica elaborada em meio a ficções religiosas aproxima-se do modelo aplicado em Alepo, onde a teocracia permaneceu num governo *templo-palácio* em benefício dos projetos reais, e segundo, as atribuições seculares dos sacerdotes praticadas nas cidades sírias.

Da antiguíssima linha organizacional à linhagem biológica, os poderes ficavam restritos aos domínios dinásticos locais; mas os avanços imperiais em que a finalidade das incursões militares era controlar territórios, quando bem-sucedidos, estabeleciam regimes de pertença. Não por acaso, portanto, dois milênios depois, diante de constantes sublevações, um documento estratégico hitita permitia aos governantes instituídos o autopertencimento dinástico. Esse documento é o Tratado de Alepo (cf. Devecchi, 2010), em escrita cuneiforme e cópia oficial preservada da época do rei Muwatalli II (1295–1272) – conhecido por participar da batalha de Qadesh (1274) na qual guerreou com o faraó Ramsés II (*c.* 1279–1212) – remete-nos a incontornável contexto imperial por lembrar as relações entre Zimri-lim de Mari e Yarim-lim de Alepo. Ainda sem prenúncio da dissolução do Estado territorial de Mittani, mas em acelerada extensão do controle de Hatti sobre as cidades do norte da Síria, o rei Murshili II, autor do documento e pai de Muwatalli II, escreveu para Talmi-Sharruma, rei de Alepo, propondo aquerenciar-se do rei alepino. Em artigo que teve origem em sua pesquisa doutoral, Elena Devecchi (2010, p. 3) informa que a cópia do manuscrito mais bem preservada encontra-se num tablete sob a curadoria do British Museum;[28] outros quatro manuscritos foram identificados como cópias do Tratado, sendo que apenas um deles tem recebido datação da época da campanha militar de Muwatalli II na Síria.

O manuscrito autêntico de Muwatalli II, por assim dizer em referência à sua antiguidade, é uma cópia do original enunciada para substituir o documento de Murshili II que fora roubado; essa cópia tem sido destacada por não trazer o título de legitimação do deus tutelar da realeza. Isso seria, para Devecchi (2010, p. 2-3; cf. Kuhrt, 2014, p. 293), um indício de que o escriba de Muwatalli II copiou antes de o rei anunciar o deus da Tempestade como seu deus pessoal.[29] Portanto, o título "Amado do Deus da Tempestade do Relâmpago" seria um epíteto real indicativo da transferência da capital do reino de Hattusha para Tarhuntašša, presente nos tratados editados nessa nova capital, ocasião na qual foi organizado um festival similar ao alepino, mas repleto de tradições externas, para o deus hurrita Teššub (figura 22).

Da natureza do documento – válido para o original e para o que denomino de cópia autêntica – é o caráter humano de que se define, por não arrolar uma lista de divindades, presentes nas inscrições de conquistas e golpes de Estado como vitórias proporcionadas pela divindade à maneira de legitimação. Por outro lado, parece inconteste que a possibilidade de subjugação forçada tenha dado lugar a uma proposição de relacionamento, muito embora a declaração de distintividade das linhas 15–16, "Eu fiz Talmi-Sharruma, filho de Telipinu, rei na terra de Alepo [^{m}*Talmi*-LUGAL-$^{man=ma}$ DUMU ^{m}*TELIPINU INA KUR* ^{URU}*ḪALAB*] e fiz a terra de Alepo jurar lealdade a ele" (De-

28 BM 140856.

29 A ideia ou conceito de "deus pessoal" é atestada no terceiro milênio (Snell, 2011, p. 28), tão antiga quanto a ideia da morte de divindades (cf. Snell, 2011, p. 17-19), sobre a qual enunciarei no quarto capítulo.

vecchi, 2010, p. 4), permita ser interpretada numa chave de superioridade de quem detém o poder. Não se menciona a servidão dos moradores de Alepo ao grande rei de Hatti, mas ao rei da cidade segundo a sucessão da família real local, o que nota Devecchi (2010, p. 6-7, 10; cf. Liverani, 2016, p. 421-23) ao destacar que na "seção normativa" da fonte, linhas 1–10, estão os "termos de absoluta paridade" entre Murshili II e Talmi-Sharruma. Além disso, neste contexto do Reino Novo hitita (*c.* 1450–1180), o rei recomenda aos moradores da cidade ajudarem-se e protegerem-se mutuamente porque "somos todos descendentes de Shuppiluliuma, Grande Rei".

Como pode-se notar, a jurisprudência de Murshili II teve longo alcance territorial e foi seguida por seu sucessor. No Tratado de Alepo, a narrativa acerca das relações internacionais apresenta caraterísticas de obra de escriba com perícia de historiógrafo que tem por incumbência editar um tratado de vassalagem. Nele, constam detalhes do que se pode chamar de política de assimilação empreendida pelo Reino Antigo hitita desde Hattushili I, o seu primeiro rei três séculos atrás, observando numa linha do tempo o protagonismo de Alepo nas relações memoriais com Hatti e em seguida com Mittani, o grande reino que lhe sucede por volta de 1500.

Apesar do critério de designação dos pequenos reis e governantes para as cidades que tiveram suas populações subalternizadas privilegiar quem teve por finalidade manter no poder a linhagem de parentesco dos grandes reis nas províncias, a restauração da tradição ideológica de soberanos ancestrais nesses locais resultou na manutenção do domínio da estrutura imperial em larga escala do Levante. Visa-se desestimular qualquer tentativa de expansão por parte dos pequenos reinos e suas elites governantes, e com isso processar a estabilização do poder hitita na região. Ao mesmo tempo, a garantia de sucessão real e sociabilidade do império para com a população local nesse século XIII, retroprojetada na tradição ancestral, coloca Alepo numa posição diametralmente oposta à condição de outras metrópoles sírias, considerando o quadro de predomínio regional do Reino Novo hitita, num período do BT de particular dificuldade para a permanência das pequenas estruturas estatais.

O grande rei Shuppiluliuma I, que tem a lhe ombrear em importância no antigo Oriente-Próximo apenas o rei assírio Aššur-uballit I, após conquistar Karkamish e anexar os demais territórios sírios, agregou ao sistema imperial hitita em cerca de 1340 as culturas repletas de elementos religiosos dos Estados ocidentais que chegaram no norte do Levante por infiltração migratória, a cultura hurrita pela curta conexão com a Mesopotâmia e a cultura luwita da permanente presença hitita na Anatólia. Em relação a Alepo, na avaliação de Sanna Aro (2010, p. 1), a mudança aconteceu na forma de governo, implantada pelo pessoal administrativo hitita. No entanto, o conjunto de fontes hititas dos sítios de Alepo e Karkamish – tabletes cuneiformes e selos, ainda carecendo de pesquisas conclusivas quanto às formas de vida dos grupos populacionais – revelou complexas trocas transculturais no contexto dos assentamentos daquelas cidades.

A complexidade pode ser ressaltada razoavelmente pela interação de várias culturas, especialmente porque Alepo se tornou capital do reino de Yamhad pela influência que exercia entre seus vizinhos, amurrita de modo de vida pastoralista, portanto não urbana, que passa a compor um quadro social com hititas, luwitas e hurritas. A decoração artística do templo de Haddu reflete esse diálogo linguístico plurissocial, com elementos estilísticos siro-hititas: "uma massa de motivos estilísticos e iconográficos criando uma mistura de repertórios conhecidos de outros centros artísticos do norte da Mesopotâmia, norte da Síria e Anatólia, tanto do BT quanto do início da Idade do Ferro" (Aro, 2010, p. 5-6; cf. Hawkins, 2011; Fabbro, 2012; Knitter *et al.*, 2014).

A consequência exitosa desse cruzamento cultural deve-se à inserção das práticas religiosas no cotidiano das políticas administrativas. Decisivo para a integridade do templo, a cidade manteve uma autonomia especial ao assegurar sua própria sucessão real, i.e, manteve uma dinastia local autônoma com funções combinadas entre as atividades militar e religiosa. Quanto ao que diz respeito a essa tradição ancestral da presidência do governante nas cerimônias religiosas, na tradição hitita ela foi inaugurada por Hattushili I na segunda metade do século XVII, após incursões militares por cidades sírias do reino de Yamhad (Alalah, Karkamish e Hashuwa), época na qual o rei estabeleceu o culto ao deus da Tempestade com templo e estátua cúltica em Hattusha, na Anatólia (veja a figura 23).

Para um registro historiográfico de herança traditada, a interpretação das fontes tem colocado Telipinu (*c.* 1525–1500) num quadro pragmático: um rei usurpador que, em seguida à tomada do poder, "tenta impor uma regra de sucessão, a fim de acabar com as lutas dinásticas sangrentas" (Mouton, 2016, p. 13). Mas não apenas entre os membros da elite governante, pois nos atos administrativos (§§ 35–50) do "Édito de Telipinu" (*CoS*, cf. Hout, 1997, p. 194-98) vemos que a regra promulgada abrangia toda a sociedade. O rei parece ter realizado uma reforma social: centralizou a administração através de um sistema de selos, construiu fortalezas e supriu de água as cidades e, como ele afirmou, "tornei o grão abundante novamente [...] os fazendeiros naqueles mesmos campos ... [...] eles devem selar" (*CoS*, cf. Hout, 1997, p. 198). Talvez visando a paz social, tenha buscado a assimilação cultural após conquistar Alepo, revestindo-se da autoridade de sacerdote de Haddu simultaneamente ao intitular-se "Tabarna, Telipinu, Grande Rei", um título dos grandes reis adotado de Tabarna I (*c.* –1650),[30] fundador do Estado territorial hitita ou Reino Antigo hitita. Além disso, ele enumerou as cidades anexadas, no qual demonstra que o reino de Hatti "possui uma formação estatal com dimensões regionais" (Liverani, 2016, p. 361), mas que não teve um desenvolvimento político posterior, como argui Amélie Kuhrt (2014, p. 263) quando observa que o lapso de tempo será rompido no "começo da fase do 'império' hitita com Tudhaliya I" (1430–1410/1420–1400).

Telipinu iniciou o seu longo édito, uma textualização em terceira pessoa, afir-

30 Sobre isto, cf. Mouton, 2016, p. 10-11.

mando que todos – filhos, irmãos, parentes de sua mulher, membros de sua estirpe e seus soldados – congregavam em torno dele, com a mencionada influência no édito de Murshili I. Em seguida, nos elogios do herói, diz: "Marchou contra Halpa (Alepo) e arrasou Halpa e a população cativa de Halpa e suas riquezas foram trazidas até aqui, até Hattusha. Porém, depois marchou (contra) Babilônia e arrasou Babilônia" (Kuhrt, 2014, p. 280). Em suma: Telipinu é um rei usurpador e, olvidando das tradições divinatórias, legitimou a natureza do seu golpe de Estado criticando os reis que lhe antecederam e enumerando seus êxitos, cujos maiores são as conquistas de Alepo e Babilônia, em política externa, e a destituição de Huzziya I (*c.* –1526), seu antecessor no poder (cf. Kuhrt, 2014, p. 283).

Com efeito, Alepo seguiu sendo uma grande capital, disputada pelos impérios rivais Mittani e Hatti. A natureza religiosa da cidade fez surgir o profetismo. Alepo foi uma das primeiras cidades do antigo Oriente-Próximo, na primeira metade do segundo milênio, a testemunhar o aparecimento da atividade e da mensagem proféticas. Nos ARM, foram encontradas "cerca de quarenta cartas redigidas por funcionários reais, reportando ao rei a atividade e as mensagens de profetas de diversas cidades do reino e Estados vizinhos, como Alepo ou Babilônia" (Lion; Sérandour, 2014, p. 454). Na segunda metade do segundo milênio, documentos mencionam atividades proféticas nas cidades sírias de Ugarit e Emar, cidades portuárias do Mediterrâneo e do Eufrates respetivamente. Nessa região de civilização luwita-aramita, as divindades maiorais dos panteões eram Haddu e, bem mais tarde, no primeiro milênio, Baalshamayin (*bu'ulšāmayin = ba'alšamin* ou *ba'l šamin*). Todavia, podia-se grafar *'Addu, Ba'lu* e *Teššub*, conforme a linguagem usada pelo grupo social para o deus da Tempestade. Supõe-se a submissão de Alepo, a cidade de difusão do culto a Haddu: "Está situada no centro do território governado pelo rei de Arpad" (Dušek, 2019, p. 192);[31] apesar de pouco explanatórias, as fontes acerca da submissão de Alepo ao rei de Arpad, também identificado territorialmente como Bit-Agusi,[32] possibilitam o debate em torno das inscrições luwitas. Em adição, a mudança da capital do reino de Bit-Agusi para Arpad foi um empreendimento tardio, de Attar-shumki I, portanto entre o final do século IX e início do século VIII (cf. Santos, 2022).

Localizada em meio a montanhas, em solo desfavorável para plantio e com baixa precipitação de chuva, Alepo foi o local ideal para o culto do deus da Tempestade e contou com avançada estratégia política, "a governança *templo-palácio*", que viabilizou o povoamento e o consequente desenvolvimento da atividade agricultural na cidade (Santos, 2018b, p. 305). Conta ainda a favor do desenvolvimento e da fama da cidade a origem de Haddu, venerado nos setores rurais

31 Para fontes e informações historiográficas sobre a organização política, sugiro Bunnens, 2016; Younger, 2016; Santos, 2018b.

32 A capital do reino de Arpad no século IX, na época de reinado do assírio Shalmanasar III, era Arnê, também conhecida por Arina ou Erin, com localização pouco clara na estrada que ligava Alepo a Sefire.

como o deus da fertilidade e da prosperidade. Com base em fontes de Alalah e nos ARM, em que Zimri-lim mencionou a divindade em correspondência com o alepino Yarim-lim, o culto ao deus da Tempestade como identificado na Síria teve início no Período Amurrita, quando Alepo se manteve estruturalmente como a capital de Yamhad. Em carta, o rei *mariyanum* chama Adad/Haddu de "deus da minha cidade", *i.e*, deus de Mari (Whiting, 1995, p. 1237). Há uma interpretação de fonte, apresentada por Albert Dietz (2019, p. 196),[33] afirmando que:

> Warad-ili-šu, servo de Zimri-Lim, envia seu relatório sobre a instalação de uma estátua de seu mestre como oferenda no templo do Deus da Tempestade em Alepo. Zimri-Lim queria que sua estátua fosse instalada no colo de Haddu, mas Yarim-Lim os lembra que neste lugar já existe uma estátua de prata de Šamaš.

A síntese numa frase: Haddu na sua plataforma ou no seu bezerro divino Buru[34] reinava no topo do panteão de Alepo. A composição semita aliterada de lugar de reinado divino seria *Ḫaddu bēl Ḫalab*, ou também "Halab, 'terra de Haddu'".

Haddu é um fenômeno político. Manteve-se como deus da Tempestade na invasão e presença dos hurritas no final do século XVII e interferiu nas decisões das dinastias hititas de Hattusha até por volta do ano 1000, tornando sua presença venerada como deus tutelar da cidade que passou a ser referencial. A translabilidade reflete, nesse caso, a imagem projetada de objeto familial por transferência de significância; assim os hurritas mantinham consigo a ideia do deus Teššub e os hititas, o deus Tarhunna (figuras 24 e 25). Cada qual edificara templos para o deus que conhecera, agora representante do ideal de expansão territorial e econômica de ambos em sua determinada época.

Este destaque político conferido a Alepo sobrepôs-se na imaginação religiosa por não se opor, mas por conferir essencialidade à divindade local em um mundo repleto de deusas e deuses congruentes. Isso considerado, na iconicidade do deus local elaborado sintagmática e esteticamente, a expressão é a sua instrumentalidade no exercício do poder: Haddu, deus da Tempestade. Seus instrumentos, mesmo aqueles que são utilizados pelos seres humanos para o trabalho social, fazem parte das suas manifestações guerreiras. Para efeito etnológico, Alepo é central por concentrar a interação; mas a centralidade é relativa uma vez que, perspectivamente, a tradição transformou a arte e a religião de diferentes conceptualizações linguísticas, com muitas locações que preservaram a

33 O interesse temático de Dietz (2019) é sobre a possibilidade de reconstruir o culto por uma estátua em Alepo; aqui, interessam as fontes apresentadas pelo pesquisador.

34 O bezerro divino de Haddu é designado pelo nome de Būru; pela localização, pode ser de origem asiática e da subespécie bovino zebuíno.

função cúltica visando preservar os marcos fundantes. A função mesma da circulação iconográfica do deus em meio a novos costumes é tornar esse mesmo deus maior. Logo, o lugar de que depende o culto à guisa de fundação estabelecida por autoridade real será adotado como parte da cultura de quem o adota, cabendo a todos que o fizerem construir os devidos contextos.

As inscrições luwitas (cf. Simon, 2019, p. 140-41) atestam o declínio de Alepo, em fontes da cidade-Estado de Hamat. Bem mais tarde, na segunda metade do século IX, inicialmente, a expansão do reino de Hamat estabeleceu seus limites na fronteira com o território de Alepo. Posteriormente, anexou à sua soberania as cidades de Alepo e Arpad, avançando para o Mediterrâneo por anexar terras rumo às montanhas do Líbano e ao norte, pelas montanhas inclinando em direção ao rio Eufrates. No século IX, o estado social continuava com estrutura tribal, mas a cidade ainda ostentava grande fama – isso é comprovado pela visita de Shalmanasar III (858–824) ao templo para presidir um culto sacrificial em 853.[35]

2. Territorialização e paisagens

Por passarem a acumular maior significância para as pesquisas sobre a identidade étnica, os conceitos de "cultura" e de "religião" acrescentaram maior abrangência à materialidade da cultura, sendo "culturas" uma adequação que possibilita distinções quanto às suas interações e disseminação operadas por agentes de determinada sociedade. Da perspectiva das culturas de mobilidade e de sociedades interétnicas em territórios heterogêneos, a materialidade auxilia na reconstrução dos contextos históricos; nas suas evidenciações apreende-se por qual razão "o comportamento humano ou a existência social não podem ser totalmente compreendidos sem levar em conta o papel dos objetos" (Knapp; Dommelen, 2010, p. 4). As significâncias, portanto, possibilitam a apreensão das potencialidades das agências que extrapolam inclusive as fronteiras políticas.

A própria ideia de fronteira ou borda e limite ou marco como ponto restritivo da ocupação da vida humana é estranha ao mundo antico-oriental anterior ao predomínio regional dos Estados territoriais no segundo milênio. Nesse sentido, como afirma Keith W. Whitelam (2018, p. 228-29), a sua espacialidade sofreu influência das cartografias concebidas pela "obsessão do Estado-nação com um território claramente demarcado e soberano" imposto por suas elites políticas. Nessas escalas ignora-se as evidências históricas de que "essas fronteiras são muitas vezes irrelevantes para o mundo antigo"; no primeiro milênio, elas são particularmente "irrelevantes para a grande maioria das comunidades agrícolas e pastoralistas da Palestina

35 Esse evento é amplamente historizado; veja, *e.g.*, Fabbro (2012, p. 214).

como ilustra o deslocamento na história demográfica e de assentamentos da região". Ainda que continuemos a falar das bordas, a natureza dos modos de ser levantinos requer que entendamos as possibilidades dos limites físicos: aqueles povos construíram universos semiautônomos e seus ambientes permitiam movimentos flexíveis porque as conexões entre si foram mantidas.

Essa apreensão necessária em nada é facilitada pelo fato de as realidades reproduzidas em artefatos não serem o fato puro. Como as linguagens são interpretações fáticas, as reconstruções historizadas perdem estágios precedentes às cenas objetificadas no artefato – as abrangências das ideias, tecnologias e ambientes – e do próprio *movimento vital* a que se deseja demonstrar. Acerca da conceptualização, Christoph Uehlinger (2015) procurou demonstrar a dificuldade em acomodar as realidades sociais recentes de um determinado local geográfico em suas políticas, considerando os princípios legais e valores que se tornaram básicos. Isso diz respeito às mudanças contextuais.

Na mapografia ampla do antigo Oriente-Próximo, temos por geodemografia regional o norte do Levante, onde as fontes deverão ser situadas.[36] Nessa região de predomínio amurrita e posteriormente luwiano-aramita, centro e borda importam bem mais para a visão de mundo europeia de Estado-Nação, uma vez que as bordas passavam por constantes deslocamentos conforme as migrações e os mecanismos do poder. A abrangência compreenderá as paisagens fronteiriças habitadas: ao norte no rio Eufrates e ao sul na zona fronteiriça de Damasco e Israel Norte. "O Levante é frequentemente incluído em grandes narrativas do Mediterrâneo, que enfatizam a conectividade marítima e a mistura de pessoas e culturas ao longo da costa leste do Mediterrâneo" (Greenberg, 2019, p. 272). Talvez por isso persista o risco dos usos de fontes com testemunhos improváveis, além da redução do Levante diante do grande interesse pela costa marítima desde pelo menos o BM, e principalmente com o protetorado egípcio na região no período do BT, assim como a difusão no final dos períodos da Idade do Ferro no Ocidente em que a atenção fora lançada sobre a presença da cultura helênica.

Entendo que nômades e sedentários são componentes da dinâmica engrenagem de assentamentos no Levante, ainda que distinguíveis, no mesmo sistema evolutivo de formas e espaços interativos. O escopo de atividades inclui a dieta alimentícia; neste e em outros casos, quando as atividades e os esforços conectaram com tradições de núcleo familial através da história ficou constatável a mudança na paisagem, mesmo naquelas paisagens em que fora mantida a rotina diária

36 Estou considerando a quase impossibilidade de traçar limites geográficos precisos, como bem sublinhou Wolfram von Soden em sua obra didática (1987, p. 9), em relação ao antigo Oriente-Próximo. Delimitando o Levante ao norte, acessa-se o Mediterrâneo nos limites de Hamat e nos limites sírios, até o rio Eufrates, por considerar os contatos entre as cidades e populações do norte levantino com cidades que faziam parte de sistemas regionais mesopotâmicos.

por gerações. Em uma pesquisa que trata de tradições e da paisagem do sul do Levante, Øystein Sakala LaBianca e Kristen R. Witzel (2007) colocam as grandes tradições como construídas pelos epicentros urbanos e grandes civilizações, enquanto as pequenas tradições seriam praticadas por autóctones aldeães. A existência das duas dimensões práticas em sociedades complexas é algo inconteste e torna as relações igualmente complexas; já as questões de diferenciação refletem bem acentuadamente o que diz respeito ao acesso e consumo de alimentos, pois permanência e valor são variáveis para ambos os modos de vida.

Pelo motivo da distinção de valor, entendo que as culturas praticadas nos campos religiosos deveriam fazer parte do quadro das grandes tradições. Nesse sentido, refiro-me tanto àquela cuja dimensão pode ser classificada de pequeno escopo agrário quanto ao pequeno grupo gregário urbano, ainda que deles pouco tenha sido preservado em termos de cultura material que possibilite uma avaliação comparativa em nosso tempo presente. Isso dificultará o assentimento a um tal conceito de civilização que requeira um conjunto de heranças contributivas assemelhado às "constelações" de componentes, em uma estrutura de "princípios normativos" postulada por LaBianca e Witzel (2007, p. 64-65).

Contra as grandes estruturas e o Estado, as pequenas tradições ou o que se nomeia de culturas periféricas extrapolam a conceituação daqueles pesquisadores (2007, p. 68), designadas como "herança e conhecimento indígena localizado". Nomeadas ou apenas indiciárias, no Levante as tradições participam dos processos universalizantes por terem valores civilizadores, tais como: a honra, a hospitalidade, a religião, a fala e os utensílios, a agricultura irrigada ou não, a forma de vida nas zonas desérticas e nos altiplanos, a liderança em favor do grupo, a produção de cisternas e grãos nas zonas semiáridas, a tecnologia de defesa, a transumância.

Possivelmente, a expressão "periferia" sequer tenha a ver com o aparecimento da economia síria em escala transregional, sistema com mecanismos para a comercialização de produtos de luxo que começou a operar em meados do terceiro milênio e que seguiu alinhando mercados dominados por Egito e Mesopotâmia, mormente na Anatólia.[37] De interesse acerca do conceito, muitas vezes aposto à guisa de uma categoria moderna, consiste na necessidade de analisar o sistema econômico. Sem a relação tributária que seria estabelecida com o assentado ou com o Estado vassalo escapando à coerção, a "periferia" interna passa a ser "fronteira" ou "borda" externa. Por resistência a regime político, só há periferia em termo de pecha.[38] Nas sociedades

37 Leon Marfoe (2009, p. 35) afirma que, apesar de as operações políticas terem sido altamente variáveis no Levante, a presença comercial da Síria estabelece novo sistema econômico na região.

38 Assim como os assírios cognominavam os povos que resistiam à submissão ao império de "nômades beligerantes" e "inimigos do deus Aššur", os egípcios usavam a pecha *'apīru* ou *'pr. w* para os proprietários de terras ou governantes que colaboravam ou empregavam os grupos sociais que resistiam à

de população com mobilidade regular, a pluralidade cultural é complexa; mesmo que dependa da trajetória histórica, o impacto das diversidades nem sempre fora externado em anais porque a autoctonia era um elemento essencial para a representação da forma de governo estatal.

Nesse sentido, os mecanismos adotados ganham legitimação. Concretamente, por vizinhança geográfica, migrantes do noroeste da Síria para a Mesopotâmia no final do terceiro milênio, as tribos amurritas se conectaram ao deus El, assim como aos hurritas, "um povo que entrou na Alta Mesopotâmia pelas montanhas Zagros", com as quais foram identificadas "duas divindades correspondentes a Baal e El, chamadas Teššub e Kumarbi, respetivamente" (Krebernik, 2017, p. 51). Manfred Krebernik (2017, p. 61) afirma terem sido encontrados nomes pessoais amurritas do final do terceiro ao início do segundo milênio contendo o signo do yahwismo na forma verbal *yaḥwī*; de meados do segundo milênio, também foram encontrados nomes pessoais babilônicos nos quais se reconhece a presença de Yhwh na composição, tais como *Ì-lí-ia-ú*, "Yau é meu deus" (*yau-ilī*), e *Ia-ú-ba-ni*, "Yau cria" (*yau-bānī*).

Recentemente enunciou-se que foi encontrado em Mari um documento referente a uma divindade *Yaḫwī-īlum* ("Yhwh é", "Yhwh está presente", "Yhwh se manifesta") da Idade do Bronze (Santos, 2013a, p. 35-36; 2016; 2018b, p. 277-78). Benjamin W. Porter (2019, p. 330) explana que as composições de nomes de pessoas com nomes de divindades em fontes epigráficas do sul do Levante atestam "a proeminência do deus na Idade do Ferro II e III" e, em relação à nominação pessoal, muitos com elementos teóforos indicando a variedade ritual, "a evidência sugere que pessoas de todos os setores econômicos e sociais implementaram essas práticas de nomenclatura, desde pessoas comuns até os reis e suas cortes reais". Esse é um fato comum na Mesopotâmia em diferentes épocas. Daniel Schwemer (2007, p. 131-32, 137) sublinha que, no período acadiano de Ur III, eram frequentes nomes pessoais de Sumer com o deus da Tempestade Ishkur, sendo que o alto número de atestação no reino de Ur reflete não a multiplicidade de documentos transmitidos mas a adoção do vocabulário acádico. No contexto literário, os elementos teóforos estão ligados a *Adda* ou *Anda* e os nomes divinos, a Hadda, Haddu, Adda e Adad. Schwemer aludiu a fontes do período sargônico em cujos registros de nomes pessoais sumérios consta o elemento teóforo Ishkur e nomes pessoais acádicos, com elemento teóforo correspondente a esse deus.

Esse uso do divino no ambiente familial predominou mesmo após o período sargônico ou após a queda de Akkade, que prevaleceu entre os séculos XXIV e XXII. Sobre isto, a fragmentação imperial em pequenos reinos no início do século XXI foi um conjunto de eventos que resultou da rebelião das cidades de Kish, Uruk e Ur contra Naram-Sin e seu sucessor, Shar-kali-sharri (2174–2150). O modelo de Estado universal fundado no norte/setentrional babilônico por Sargon de Akkade,

submissão física e taxação (Santos; Weber, 2018).

que teve Shu-Turul (2168–2154) como seu último rei, foi mantido para além da metade do segundo milênio e as memórias dos reis de Akkade jamais foram abandonadas. Reis assírios apresentaram-se como continuadores do "rei de Kish" e a imagem mítica de vencedor elaborada em torno de Sargon serviu como modelo matricial para representações de governantes e libertadores tanto na Mesopotâmia quanto na Anatólia e Levante (cf. Sanmartín, 1999, p. 273; Kuhrt, 2014, p. 66-74; Liverani, 2016, p. 205-30; Glassner, 2014a, p. 199; 2014b, p. 201-205).

Notou-se nos registros de recepção a prevalência pela preservação das culturas dos pequenos grupos; destacadamente, sobretudo no primeiro milênio, a força incontida das culturas nomádicas mesmo quando os migrantes se instalavam em grandes reinos. De outra forma, esses documentos nos informam acerca das trocas mantidas quando ocorrem inversões de rotas migratórias.[39] No analisar das descobertas, constatou-se que a mudança de epíteto afetava o espaço sagrado (teóforo), mas uma divindade em um mesmo lugar recebia várias designações ou potências funcionais. Isso fazia sentido igualmente para os reis assírios nos anais de suas campanhas militares, o epíteto antecede o nome do rei em inscrições reais de e de seus sucessores (cf. RIMA 2, p. 7). Tanto num caso quanto em outro, também ao contrário de caraterísticas similares, existiu um intenso processo de hibridização e translação de divindade preservando o nome próprio no novo epíteto compósito e o lugar identitário de origem no panteão da cidade para onde a divindade fora conduzida.

A construção das convicções em torno das divindades opera no longo curso das transições envolvendo os contatos pessoais. Mesmo quando se refere ao etnocentrismo tribalista, no qual ficou constatada a diferença entre tribos de poderes cultuados, embora esses poderes fizessem parte da mesma confederação de tribos por linhagem, a construção das escalas de divindades demonstrou peculiaridades internas. Um pequeno núcleo familial poderia adotar uma translação baseada em veneração desconhecida pelos demais núcleos que compõem a tribo. Poder-se-ia objetar o fato de a autoridade patrilocal ou matrilocal manter um santuário próprio. Sobre a dimensão dos conflitos, eles ficam evidentes quando as divergências em torno das divindades ocorrem nas esferas estatais, particularizados por assembleias eletivas, nisso considerando a produção da ideia de que as divindades são congruentes e, logo, circulam inter-regionalmente.

Natural a essa circulação, o santuário real ao ar livre construído num conjunto rochoso de Yazılıkaya testemunha, por meio de diversas linguagens rupestres artísticas e dos pináculos das rochas, a perfeição de um sistema arquitetural que objetiva o compartilhamento comunicativo entre seres divinos e humanos. Esse maravilhoso espaço sagrado hitita da Anatólia, contendo "possivelmente uma amálgama das an-

39 Dado significativo foi a instalação das culturas assírias no Levante no Ferro I–II que, não obstante, demonstrou a profundeza das mentalidades levantinas em circulação.

tigas tradições hitita, luwita, hurrita e do sul da Mesopotâmia com talvez alguns elementos retirados do Egito" (Zangger *et al.*, 2021, p. 67), era utilizado para festivais ao ar livre e revela uma mística fundada nas conclusões de observatório planetário.

O santuário está localizado 1.650 metros a nordeste do Grande Templo de Hattusha, capital do reino imperial hitita na Anatólia, nas proximidades da moderna Boğazkale no sul da província de Çorum, 150 quilômetros a leste de Ankara, capital da Turquia. A essas informações de acesso, Eberhard Zangger e Rita Gautschy (2019, p. 7) notam que o santuário "reflete como o Grande Rei de Ḫatti, Tudḫaliya IV, estava particularmente preocupado com o momento correto dos festivais religiosos". O rei Tudhaliya IV (*c.* 1236–1215) fez-se representar num relevo da Câmara B,[40] e os eventos foram teatralizados nos cortes dos relevos nas paredes de rocha em forma de "tribunais naturais", a que se chamam de "Câmara A" e "Câmara B":

> A Câmara A, na maior parte, um recinto interno natural, tem cerca de 30 m de comprimento. Ele contém relevos cortados na rocha de 64 divindades, todas voltadas para o norte. Com duas exceções, as divindades à esquerda são todas masculinas, enquanto as da direita são femininas. Eles parecem estar marchando em procissão de ambos os lados em direção ao planalto climático na extremidade norte, onde as divindades supremas se encontram. (Zangger; Gautschy, 2019, p. 8).

As divindades contêm uma espécie de sinal identitário e referencial em hieróglifos luwitas, como se fora parte de um catálogo museológico para visitantes e participantes dos festivais de Ano Novo e da primavera realizados no local. Dentre as divindades supremas, está o deus da Tempestade de origem hurrita Teššub, também reconhecidamente representado pelo deus hitita-luwita Tarhunna. No contexto cosmológico de um mundo totalmente divino no qual as divindades iconográficas exercem a agência por estarem em seu próprio mundo, Teššub, ou Tarhunna, tem uma performance própria. Ele é "o preservador da ordem no cosmos" e se encontra com sua consorte hurrita Hebat ladeando o deus Namni (Namnum), que aparece em tabletes de Nippur (centro religioso da Babilônia), e o deus hitita Hazzi, associado a ou o mesmo que Hashamili,[41] cuja estátua se encontra no altar do templo ao deus da Tem-

40 Em relação à representação em relevo desse rei "com uma tampa redonda", segundo Zangger e Gautschy (2019, p. 7), "alguns estudiosos interpretam isso como sendo parte de sua vestimenta sacerdotal usual, enquanto outros pensam que indica sua apoteose como um rei falecido"; caso esta última interpretação esteja correta, "este relevo particular foi construído durante o governo de seu filho e sucessor Šuppiluliuma II", que reinou entre *c.* 1200–1182.

41 No "Cântico do Mar" (*ŠA A*.AB.BA SÌR) da literatura hurro-hitita, em que é versejada a vitória do deus da Tempestade Tarhunna sobre o Mar, segundo Noga Ayali-Darshan (2020, p. 42), a celebração ou festival pelo triunfo é realizada no monte Hazi: "'[O festiv]al do Monte Ḫazzi' ([EZE]N ḪUR.SAG*Ḫazzi*)". Isso se deve ao fato de, "seguindo a tradição local, os hurritas e hititas considerarem o Monte Ḫazzi como um dos

pestade em Zippalanda, norte de Hattusha (cf. Snell, 2011, p. 15; Zangger; Gautschy, 2019, p. 8-10; Ayali-Darshan, 2020, p. 42-44; Frayne; Stuckey, 2021, p. 129).

Os artistas teriam iniciado seus trabalhos por volta do ano 1500 com a construção de muros e portão para acesso ao santuário da cidadela; com mais duas fases, no século XIII o trabalho foi concluído e abandonado em cerca de 1190,[42] sem enunciar informações sobre moradores e vivência comunitária do entorno que pudessem possibilitar atualmente a identificação fundante do local (Zangger; Gautschy, 2019, p. 8-9). O santuário foi um complexo religioso templar que, considerando o calendário cúltico hitita de cerca de 165 celebrações, aglutinava grande parte do aparato burocrático a serviço da realeza. Nesse sentido, é possível que a assembleia divina do solstício de inverno seguido da renovação do vínculo matrimonial da família real, juntamente com o festival de Ano Novo e festivais de primavera e outono, esteja entre as celebrações com apresentações reais mais concorridas. Isso em um quadro hitita relativo, no qual "os eventos mais importantes foram os dias críticos do ciclo da Lua (Lua Nova e Lua Cheia) e o circuito do Sol ao longo do ano, com quatro festivais trimestrais nos solstícios e próximos aos equinócios", sendo o festival mais importante realizado no Ano Novo[43] (Zangger; Gautschy, 2019, p. 10; Zangger *et al.*, 2021, p. 58, 63). Acessíveis, as pequenas (dia e noite) e grandes (verão e inverno) fases lunissolares sincronizadas e os níveis cosmológicos preexistentes (céus, terra e submundo, ou deuses, vida e morte) ficavam de alguma forma controlados, dentro do ritmo do universo, pelo rei entronizado no palácio de Hattusha.

Seria razoável acrescentar que a imponência cultural de Yazılıkaya requereria uma representação palacial de Hattusha no local. Pelo menos a partir do reinado do hitita Hattushili III (*c.* 1267–1237), quando fora construído o primeiro templo com compartimentos e esculpidos os primeiros relevos (Zangger; Gautschy, 2019, p. 23), a estrutura e suas funções políticas teriam dependido de liturgias oficiais, com o deus lunar hurrita Kushuh liderando o panteão no qual fazia parte o deus

---

assentos do deus da tempestade" (Ayali-Darshan, 2020, p. 43). O deus Hazzi ou Hashamili nomeia a sua montanha sagrada, logo, ela se torna o Ṣapānu de Jebel al-ˀAqraˁ, na costa do Levante ao norte de Ugarit.

42 É possível que ao mencionarem o colapso os autores se refiram aos acontecimentos que findaram o Bronze Tardio e consequente queda do império hitita, resultado de movimentos sociais que tomou grandes proporções entre 1250–1150, sobre o qual enunciei como data aproximada o ano de 1180. Os autores ora datam em 1180, no "Abstract", ora datam em 1190, na p. 9. Com a mudança do período arqueológico, colapsaram, dentre outras grandes estruturas reais e rotas inter-regionais, o reino hitita e o sistema político econômico das metrópoles da costa do Levante.

43 "Os principais festivais de Hattusha eram sazonais, em particular o Festival da Primavera ($^{\text{EZEN4}}$*hamešhandaš*) e o Festival do Outono ($^{\text{EZEN4}}$*zenandaš*), e também havia um Festival do Mês ($^{\text{EZEN4}}$*ITU.KAM*) e um Festival do Ano ($^{\text{EZEN4}}$MU-*ti*). Alguns festivais importantes eram celebrados em datas fixas na primavera e no outono ($^{\text{EZEN4}}$KI.LAM, $^{\text{EZEN4}}$*AN*. TAH.ŠUM^{SAR}, $^{\text{EZEN4}}$*nuntariyašha*, $^{\text{EZEN4}}$*purulli*, $^{\text{EZEN4}}$(*h*)*išuwa*) em áreas definidas dentro da cidade e seus arredores imediatos" (Zangger *et al.*, 2021, p. 63).

solar hurrita Shimegi (deus igual do mesopotâmico Shamash, com templos em Nuzi e Mittani). A última grande família dinástica hitita, iniciada por Hattushili III, representou os interesses imperiais com admirável articulação política. Como os espaços sagrados faziam parte da configuração política do território controlado pelo rei, as fontes revelam que Tudhaliya IV foi o que se pode considerar como um político orgânico, que projeta ao público a imagem de rei piedoso e amante de festivais religiosos enquanto faz avançar o seu império. As fontes luwitas o colocam como um fundador de mundos divinos em larga escala; ele está entre os construtores dos maravilhosos relevos nas rochas da montanha sagrada de Yalburt Yaylası (província de Konya, Turquia), monumento construído entre 1400–1000. Numa inscrição de Yalburt Yaylası, com datação do século XII, Haddu é chamado de "Deus da Tempestade celestial (e de) todo deus, (ele) que conquistou todos os países" (Harmanşah, 2017, p. 42).

Feito este destaque, o presentismo da realeza em Yazılıkaya, para além do conjunto artístico monumental com um templo, expressa-se nas evidências de sacerdotados partindo do exercício sacerdotal de Puduhepa, mulher de Hattushili III e mãe de Tudhaliya IV (Zangger *et al.*, 2021, p. 59), na aparência estética de Tudhaliya IV, ainda em debates interpretativos, mas muito mais decifrável na divisão atribuída às câmaras. Na Câmara A, as 64 divindades desempenham funções existencialmente terrenas lideradas por Teššub ou Tarhunna: preparações ritualísticas e prognósticos para a guerra, rituais de sucessão e coroação reais, assim como festivais e celebrações regulares, que colocam perspectivamente a ideia de sociedade num plano calendárico com tradições mesopotâmica e levantina do terceiro milênio, a partir da visão de mundo lunissolar integrativa de céus e terra. Sobre o comportamento humano, os hititas da Anatólia seguiam, com maior especialização pela análise que seus eruditos realizavam, algumas orientações elaboradas pelos povos siro-eufratênios do Período Protobabilônio: os casamentos e atributos divinos forneciam uma origem para as famílias reais, a divisão do trabalho social apreendida da hierarquia dos panteões e a consciência existencial espelhada nos movimentos astrais, com a compreensão matemática dos símbolos.

Com efeito, além da importância de Yazılıkaya no contexto das culturas siro-anatólicas, a materialidade de família divina hurrita liderando panteão em santuário onde as culturas hititas já se encontravam cristalizadas lança luz sobre um modelo de atuação divina raro. A presença de Teššub, sua consorte Hebat e seu filho Sharruma em santuário associado a famílias dinásticas de Hattusha testemunham a difusão do deus da Tempestade transmitido de Alepo e criado a partir do cruzamento de sistemas de crenças, preservando a preeminência da sua origem por entidades políticas tribais e citadinas fundantes das civilizações antico-orientais.

Sobre o comportamento divino proposto pelos artistas, interessa-me uma visão da Câmara B. Essa câmara, na interpretação de Zangger *et alii* (2021, p. 75), "é uma fenda estreita delimitada por um oeste vertical e paredes orientais" que "se elevam até 12 metros acima do atual nível do solo". Atentemo-nos para o lugar do deus da Tempestade no painel com relevos de 12 deuses (figura 26). Dentre os 12 deuses, um relevo que tem sido identificado como representação de Nergal, o deus soberano do submundo desde pelo menos a segunda metade do quarto milênio no sul da Babilônia,[44] talvez tenha a função de caraterizar a natureza divina daquele lugar. Nele está o relevo de Tudhaliya IV, que pode ser uma homenagem tumular, e o deus da Tempestade Sharruma, filho de Teššub e Hebat, que foi venerado como um touro e tinha montanhas sagradas na Síria e na Anatólia.[45] Baseado no calendário de festas, Zangger *et alii* (2021, p. 78-79) consideram que não apenas o painel, mas a câmara "incorpora todo o cosmos – mundo subterrâneo, mundo da superfície e mundo celestial – e simbolicamente conecta os três reinos primários de uma cosmologia tradicional em um ponto umbilical, talvez então também reconhecido como o centro do mundo". O fato de a Câmara A contar com seus deuses da Tempestade, Tashmishu[46] e o deus supremo Teššub com sua família, estilisticamente é comum por ser a locação dos céus, terra e planetas, alguns deles divinizados; inusual é o deus guerreiro Sharruma ser representado numa escala refigurada de forma redutora como um habitante do submundo e submetido a Nergal.

Além disso, para colocar as representações visuais de novo em contexto amplo será necessário lembrar das deusas e seus ciclos autônomos no antigo Oriente-Próximo, porque as influências externas siro-mesopotâmicas na religião hitita são numerosas: da cosmologia suméria aos mitos babilônicos da criação, da tradição de festivais de Yamhad à política citadina hurrita e suas divindades influenciadas pelo panteão divino com núcleo familial da realeza alepina, da posterior expansão territorial com mecanismos assírios aos sistemas de literatura luwita e redes de comércio mediterrâneas. A ausência de deusas ocorre não por escassez de imagens, mas porque os sistemas de crenças não foram empregados para a construção social do gênero feminino da divindade. As relações diplomáticas entre as grandes cidades-Estado desde o Período Dinástico inicial (*c.* 2900–), que contou com expedições de Akkade para a Anatólia – não obstante o período seguinte de centralização estatal, superado com a subsequente internacionalização das rotas comerciais do Período Paleobabilônio –, refletiram na política de unificação do reino de Hatti e ainda na expansão imperial ocorrida entre os séculos XIV e XIII, período em que foram monumentalizados os espaços de poder. Em relação ao sagrado, predominou o gênero masculino nas obras de arte.

44 Nergal é elogiado como "valente" e primogênito do deus Enlil e da deusa Kutushar em poemas nos quais se encontra ao lado de Marduk e Adad, sendo festejado na "Festa da Sementeira" realizada na cidade de Mari, conforme fonte literária de cerca de 1780 (Bottéro, 2001, p. 57, 81-82, 180-81). Em Zangger *et alii*, veja sobre a figura e debates em torno do painel (2021, p. 75 e seguintes) e sobre as influências religiosas do panteão hitita (2021, p. 85).

45 Especificamente sobre esse deus, veja: Frayne; Stuckey, 2021, p. 325.

46 Como dado sobre o deus Tashmishu, Douglas R. Frayne e Johanna H. Stuckey (2021, p. 342) consideram-no deus da tempestade do círculo de Teššub, por isso de origem hurrita.

Vários bustos de deusas foram escavados em pesquisas arqueológicas realizadas em territórios siro-mesopotâmicos, na Baixa Mesopotâmia (Babilônia: Sippar e Ur) e no Médio Eufrates[47] (Mari: Mari e Terga). Das obras de arte catalogadas por Isabelle Weygand, caso a caso, em imagens de Mari e Terga fazem sentido os detalhes distintivos como o formato dos rostos e acessórios decorativos. Nos relevos de Mari, os portais lembram fachadas de casas da época de reinado de Zimri-lim; em dois casos, os elementos justapostos dificultam o deciframento iconográfico do gênero; em outro, uma imagem remete ao caráter divino, talvez a Ishtar, por possuir templos em cidades de grande influência cultural como Mari e Ebla (cf. Weygand, 2006, p. 439-40, 442-44, 446-47). Comparativamente, em imagens iconográficas da Baixa Mesopotâmia os bustos das deusas estão cobertos por mantos, à moda de vestimentas e estampas reais, com rostos ornados, lábios e olhos expressivos e maior imponência em relação à forma *mariyanum* (cf. Weygand, 2006, p. 440, 448-49).

Em uma apreciação conjunta das obras, entre a arte *mariyanum* e a babilônica, noto que as criações dos escultores de Sippar são esteticamente mais cognoscitivas pelo volume de elementos apresentados; além disso, a possibilidade de mirar os corpos e a reprodução das joias de luxo usadas pela realeza integra imediatamente o público ao realismo das aparências palaciais, conquanto os estilos diferentes possam significar "uma qualidade diferente de fabricação, provavelmente dependendo da natureza do patrocinador e de seus usos" (Weygand, 2006, p. 441). Tanto como ideias estéticas para a decoração ambiental quanto como objetos protetivos pessoais e de culto público, os ícones divinos femininos, assim como os maravilhosos relevos da "mulher na janela"[48] e estatuetas femininas nuas ou adornadas de terracota,[49] fizeram parte mais da cultura material dos ambientes domésticos do que dos ambientes de burocracia estatal, apesar do seu poder revelado na verticalidade das imagens que em última instância alude a uma dignidade social inconteste. A esse respeito, assinalo a seguir o tratamento narrativo e artefatual de povos mais distantes de escalas espaçotemporais em relação a Yamhad.

---

47 O reino de Mari, localizado no Médio Eufrates, mantinha conexões com todos os reinos da Síria-Mesopotâmia no século XVIII, principalmente com Yamhad e Babilônia, mas também com Eshnunna, Assíria e povos hurritas (anatólicos) e amurritas (levantinos).

48 Sobre a construção iconográfica de literatura e relevo em que se aborda a narrativa sobre uma rainha e sua relação com a imagem da "mulher na janela", cf. Santos, 2019c.

49 As estatuetas femininas encontradas no Egito, Levante, Mesopotâmia e Anatólia recebem diversas identificações como objetos técnicos e estéticos nas escalas doméstica, religiosa e funerária – um ser divino, símbolo de beleza, fertilidade, oficial religiosa.

Viver de trocas das bordas ao centro, ou das culturas imateriais aos artefatos

Das culturas imateriais aos artefatos religiosos complexos, no primeiro milênio os territórios controlados por israelitas e aramitas tiveram a forte presença dos assírios nas afixações dos novos estratos sociais e culturais que construíram as estruturas de seus reinos, não obstante a cultura egípcia se encontrar na origem de um processo de longa duração no mapeamento geográfico da política de protetorado por onde a Assíria fincou seus poderes no Levante. Antes, porém, as transformações das paisagens do norte levantino chegaram com o avanço da escrita cuneiforme para além do sul da Mesopotâmia durante o terceiro e segundo milênio (cf. Krebernik, 2017, p. 45-46); enquanto no sul levantino o predomínio egípcio emergiu no mesmo terceiro milênio e diminuiu durante o século VIII – com maior duração em relação ao mesopotâmico, portanto.

Contextualmente, é um fator importante a natureza comunal das divindades. Krebernik (2017, p. 47-48) enumera uma série de fatores: conectam os seres com o cosmos; têm lugar no panteão e templo com a mesma estrutura do palácio real; são agentes culturais com identificação de gênero e época; estão presentes nas concepções humanas e manifestações sociais; participam dos tratos políticos com a mesma forma de organização da realeza, operação da justiça e produção econômica. Por força do conjunto desses fatores estruturantes de formas de governo, a existência de poderes rivais representados por divindades de mesma região passa a ser facilmente concebível pelos grupos sociais.

Herdando o dinamismo das manifestações sociais que mudaram tanto o meio ambiente quanto a periodização arqueológica, o Levante na Idade do Ferro II constituiu-se num território dividido por regiões contíguas para acomodar os fenícios[50] e seus Estados unificados. Sendo desta forma: povos aramitas, seus Estados unificados e pequenos reinos; povos israelitas e seus pequenos reinos; filistitas ou palistin e seus Estados mediterrâneos; ammonitas, moabitas e edomitas, Estados tribais que se tornaram pequenos reinos na segunda metade do século IX; além dos grandes reinos, Egito, Assíria e Babilônia, que tinham o controle relativamente demarcado de territórios como alvo estratégico. Esse novo mundo em processo de fundação já possuía geografia humana definida:

> Esse processo não apenas mudou a geografia das (já flexíveis) bordas políticas da área, mas também introduziu diferentes mecanismos de interação intercultural; circulação no exterior e transdesértica de mercadorias e comerciantes,

50 A essa denominação regional na costa do Levante observemos que os povos locais se consideravam, cada qual, identificados com suas cidades; *e.g.*, tírio, sidônio e outros. Como lembra Daniel C. Snell (2011, p. 136), "o termo 'fenício' era como os gregos chamavam os povos costeiros".

> ocupação militar e controle administrativo do império, e a deportação e realocação forçada de populações foram novos fatores que tiveram um tremendo impacto, aumentando a multiculturalidade e os processos simbióticos e estimulando diversas identidades nacionais e forças étnicas a desenvolver. Essas tendências atingiram seu clímax entre os séculos 10º e 8º AC, uma fase crucial, porque as sociedades então emergentes do Mediterrâneo ocidental se familiarizaram com esse cenário. (Mazzoni, 2014, p. 683).

Nesse cenário, o componente aramita encetou o desenvolvimento de políticas estatais e a herança cultural, que influenciou parte da Mesopotâmia – como arquitetura importante dessa cultura consta o templo de Haddu em Alepo, construído no século XI, *i.e*, no Ferro I. Mas não apenas: o século IX ficou marcado pela acelerada construção de templos e palácios em escala monumental – *e.g.*: o templo para o deus Kamash (figura 27) em Moab, construído pelo rei Mesha (Santos, 2019a), e o maior palácio levantino do período, construído em Samaria pela dinastia omrida (Santos, 2018b, p. 166-67) – e a seriada produção de obras de arte em marfim, ferro, bronze, pedra.

As distinções tanto de grandezas socioétnicas quanto de culturas podem ser aplicadas à religião que, objetivamente no norte do Levante, fez parte do multiculturalismo produzido pela interetnicidade em variadas perspectivas – mapografia geográfica, política, econômica. Quanto aos objetos estéticos,[51] pelo fato de na maioria das vezes refletir multiusos, eles deslocam a religião de uma população específica para o quadro da plurirreligiosidade regional. Por definição, no domínio da filosofia da estética "a noção de objeto continua a ser de origem técnica, assim como a de sujeito continua a ser de origem religiosa"; assim, nessas estruturas imagéticas o pensamento estético se insere entre a "objetivação religiosa e a objetivação técnica" para tornar afetiva a realidade estética como prolongamento do mundo humano (Simondon, 2020, p. 345, 267-96). A produção dos utensílios domésticos de pedras, a depender da disposição em cada região, desde o BA IA (*c.* 3800/3600), passando pelos períodos Protossumério (*c.* 3200) e Dinástico inicial, destinava-se profusamente aos meios de culto. Foram encontradas na Babilônia e na Assíria muitas listas em que fica atestado o uso de pedras nas práticas de magia (Soden, 1987, p. 146; Nissinen, 2017, p. 57-60). Especialmente, o lápis-lazúli (*qn'uym*[52]) seria a pedra mais empregada pelos divinadores por suas propriedades mágicas em forma de pérolas ou contas; Allison Thomason (2019, p. 107) argui que "na Mesopotâmia desde os primeiros períodos" essa pedra importada do Afeganistão era usada também "por sua capacidade de emanar um poder inspirador de radiância divina, *melammu*".

51 O ser humano não é proprietário dos objetos do espaço sagrado – parafernália cúltica ou coisas cúlticas, não meros utensílios –, com quem mantém constante relação de transdução (relações sociais); completamente autônomos, os objetos transmitem por meio dos processos afetivos as suas atividades.

52 Em acádio, temos as variações *qunû, uqnû, qunātā* (*CDA*, 2000, p. 291).

As mudanças são constatadas a partir da evolução das mentalidades presentes nas fontes artefatuais e literárias, podendo refletir também quadros compósitos de práticas assimiladas. Mesmo com esta postulação, tomo a fonte em si mesma ("o meio", a testemunha objetificada) por tornar visível, no sentido em que foram mencionadas as mentalidades, a comunalidade religiosa ou a religião praticada em ambientes domésticos. Em alguns casos, elas demonstram a existência de restrição a práticas de origem externa. O desenvolvimento social com suas novas marcas, principalmente quando ocorre o controle de algum império em determinada região, redesenha a geografia ainda que restem preservadas as fronteiras culturais mentais. Com o crescimento territorial e o aumento da adesão ao espaço sagrado, ocorria igualmente o crescimento do campo religioso no qual o alargamento da locação demandava a elaboração de mitos traditivos e tradições locais, também nesse caso a sociabilidade ocorria progressivamente.

Na busca pela presença do deus Haddu e seus lugares de culto no Levante, destacarei, com a materialidade do presentismo, o processo de elaboração. Desta forma poder-se-á descobrir muitas e divergentes religiões praticadas pelas várias grandezas socioétnicas, conquanto tenham a mesma imagem iconográfica matricial. Historiadores, baseados nos anais e inscrições monumentais, propõem frequentemente vocalizar a ideologia palacial expondo as diferentes caraterísticas culturais. Por esse motivo, a apreensão da religião a ser praticada pelos membros da sociedade (a distinção entre "monoteísmo", "henoteísmo" e "monolatria"; sem, no entanto, afixar a dicotomia "estatal" *versus* "popular" ou "doméstico") e da estrutura do panteão (assembleia divina e encenações ritualísticas anicônica e icônica; sem, todavia, dicotomizar as práticas) deve considerar a tríplice questão – tempo, espaço e realidade contextual ou *contexto vital*. Perspectivamente, para as diversidades levantinas seguem-se ainda os estágios evolutivos inicial e consolidado; nisso, existem também duas conceptualizações da estrutura e função das sociedades do Levante: historiográfica e teológica.

A contundência de determinada narrativa na qualificação da cultura a que o escriba pertence repercute, por vezes, a origem matricial tomada para povo destinatário do artefato ou documento literário; pode ocorrer que um escriba recém-assentado na borda de um território cujo centro já se encontra habitado tome para o seu povo a origem matricial da tradição antiga local. A apropriação e mesmo a troca geram uma narrativa ancestral legitimadora, impingindo ao outro um vilipêndio como "abominação". Constata-se em fontes literárias que essa assunção moral envolta a anacronismo histórico foi praticada pelo antigo Israel em relação aos canaanitas (cf. Uehlinger, 2015), pelos ugaritianos em relação aos mesopotâmicos e à cultura religiosa de Alepo, e pelos anatólicos em relação aos aramitas da Síria central.

A constatação, porém, requer reconstruções transdisciplinares porque as formas de organização sociopolítica são diferentes; inclusive quanto ao que diz respeito à religião, Uehlinger (2015, p. 8) sugere reconstruções alternativas que destaquem as tradições, as estruturas e formas de poder e o controle das fontes econômicas. Acrescento, com as representações ideológicas, os empregos das fontes econômicas (em caso estatal, a economia apropriada), as linguagens artísticas e os recursos agrários.

O reconhecimento das culturas extrapola qualquer pertença baseada em um cenário identitário semita ocidental, especialmente em virtude da percepção da distintividade religiosa de lugar a lugar no longo curso do BT ao Ferro II. Com efeito, defino a busca pelas elaborações de Haddu em pequenas escalas, não por definir a religião de uma grandeza socioétnica como *microrreligião* ou descobrir uma *macrorreligião* regional quando não a enuncio no plural, mas pelo fato de a metodologia favorecer a dispensabilidade de moldura panorâmica. Tendo em vista que os critérios para adotar e elaborar uma divindade local obedecem a fatores e especialidades utilizáveis, assim como uma estética da pessoalidade,[53] *i.e*, representativa do cotidiano, a pluralidade a que me refiro tem sido evidenciada nas fontes artefatuais como parte dos relacionamentos nas sociedades da Antiguidade Oriental. "Uma pesquisa de textos do Levante, todos datados no Ferro II, mostrará que a ideia de história nas inscrições reais estava centrada em torno do respetivo rei, formado na intersecção do tempo do rei com o ciclo da realeza" (Suriano, 2014, p. 97). Além disso, nesse período existem testemunhos de moradores sem nenhuma ligação com o palácio; no campo religioso, coisas cúlticas nomeadas com dedicatória – assim chamados "objetos votivos" –, assim como potes e depósitos de produtos comerciados.

A aporia quanto à datação se torna pouco relevante porque, ao contrário dos anais, os pequenos ícones e monumentos da realeza que têm como um dos elementos ideológicos a memória da realidade do rei – os artefatos em cuja manufatura não consta a identificação de utilização oficial, sejam utilitários votivos, sejam ícones representativos – comumente interpretam o momento histórico. São as condições de vida de que dispõem que levam as populações a descobrir soluções de sobrevivência e provisão para o bem-estar no culto à divindade; se no início o propósito essencial do culto não era exatamente esse, com a finalidade de preservação das memórias as famílias passaram a tomar conhecimento das potencialidades do relacionamento com as divindades. Com o alargamento da dimensão existencial, elevou-se a exigência dos cuidados com a vida e as precariedades naturais, como a falta de chuva no semiárido; portanto, juntaram-se aos cuidados pessoais, como o cuidado com a maternidade, a divisão do trabalho social no campo e a defesa ou proteção nas cidades. Reconhecendo as divindades como criadoras e controladoras das perigosas forças do universo, as pessoas passaram a apelar para elas; consequentemente, a construção de templos e santuários teve por finalidade regular o culto e referenciar o lugar axial da unidade entre céus e terra.

53 Segundo John van Seters (2008, p. 2), muitos documentos historiográficos refletem preocupações com a identidade pessoal.

Com os cultos livremente praticados em ambientes domésticos, mas sobrepondo-se até mesmo a regulamentos estatais, a concretização da presença divina dá-se pela imagem e a corporeidade supre a necessidade de visualização em uma sociedade do ver e do ouvir. Hundley (2015, p. 206) diz que a imagem cúltica pode ser uma manufatura com a forma antropomórfica, teriomórfica, híbrida ou simbólica. Na verdade, qualquer que seja a estética e o gênero da obra de arte, a representatividade transmite uma linguagem simbólica, sendo que no Levante a forma antropomórfica acentuou-se como superior. Na relação com a forma humana, consideram-se as vantagens distintivas para as encenações ritualísticas imaginadas para o corpo divino, quais sejam, o comportamento e as emoções humanas. No ritual, a teatralização dos corpos divino e humano conjuga uma espécie de simbiose extática em que o mana cobre o espaço sagrado.

Na identificação do deus Haddu nos espaços sagrados, as caraterísticas dos povos que estiveram à frente dos grandes deslocamentos demográficos – os amurritas no norte e canaanitas no sul (Canaan[54]) –, determinam os costumes das populações de cujas etnicidades serão estratificadas a partir do início do Ferro I em novas tribos assentadas na região costeira ao sul do Levante, com a nova ordem social imposta pelos assim chamados Povos do Mar. A veneração a Haddu por vezes aparece no desenvolvimento inicial de uma divindade local, como Yahweh no antigo Israel sendo incorporado aos espaços dos baalim e de El (Santos, 2017) e reconhecido no pequeno reino de Moab, onde quem lidera o panteão é Kamash, vinculação material revelada pelo monumento de Mesha (cf. Santos, 2018b; 2019a). Na verdade, a assimilação apresenta também um processo de desenvolvimento pelos nomes pessoais, desde *yhwꜣ* da terra dos shasu, *hwy* amurrita, ᵈ*ibašši* babilônico antigo, *yhsr* ug., *kwn* fenício e ug., *hyh* hebraico, *yhyy* aramaico.

A etnicidade é construída na medida necessária e de difícil particularização no quadro dos múltiplos assentamentos em que os grupos se avizinhavam; por um lado, o motivo principal está na tentativa de praticar o seminomadismo, e, por outro, o esforço em sedentarizar-se em terras do setor rural. A territorialização espacial seria

54 "A referência mais antiga aos canaanitas ocorre nas cartas de Mari (*c.* 1750 AEC), e a própria Canaan é mencionada pela primeira vez em *c.* 1500 AEC na inscrição na estátua do rei Idrimi de Alalah. Outras atestações derivam de inscrições egípcias, cartas de Hattusha e Ugarit e, acima de tudo, do arquivo do Tell el-Amarna. Com base em todos esses textos, uma certa circunscrição de Canaan torna-se visível. Parece que durante o Período de Amarna, Canaan compreendia a Palestina e o Líbano. Estendia-se da área de Gaza, no sudoeste, até a região ao norte de Biblos. Aqui, Canaan foi delimitada por Amurru, enquanto a leste estava contida pela província de Upe e o mar Morto" (Niehr, 2018, p. 25). De forma sumarizada, geograficamente a Palestina cobria "a área do sul da Síria (o vale de Beqa) ao Egito e o Sinai, e do Mediterrâneo ao deserto árabe" (Whitelam, 2018, p. 229). A partir do Ferro II, "canaanita" passou a designar um termo étnico; não devemos, no entanto, desconsiderar na leitura da BH as conotações sociológica e religiosa. Em termos de população, estão contidas várias grandezas sociais.

suficiente, pois muitos territórios permaneciam despovoados. Não obstante, os longos períodos de seca em algumas cidades e grandes áreas desérticas, tanto no norte sírio quanto no que viria a ser o reino edomita, desestimulavam os deslocamentos de famílias e consequentemente as desvinculações de linhagens de parentesco. As trocas motivadas pelas lutas de sobrevivência colocaram nas terras sírias grupos de migrantes fenícios; a cultura material os tem localizado em guerra com Shalmanasar III, no monumental Obelisco Negro (Santos, 2014; 2018b, p. 80-89; 2021b). Por essa época, século IX, eles transitaram pelo Mediterrâneo – Tiro, Sidon e Biblos –, e deixaram heranças no norte da Síria, em Israel Norte e na Anatólia. Como atesta um selo cilíndrico do período Médio Assírio escavado em Tiro (Younger, 2017, p. 206), podemos assinalar que os assírios retornam a locais de antigos acordos comerciais.

Uma observação de Maria Giulia Amadasi Guzzo (2019, p. 153) fornece-nos a dimensão da complexidade das bordas entre Estados territoriais e limites internos, em cuja análise historiográfica se "leva em consideração as trocas mútuas e a influência política temporária de um estado sobre o outro". Nesse contexto, até mesmo as bordas possuem marcos e a mobilidade natural de pastoralistas e comerciantes redesenha a paisagem, estabelecendo "inter-relações políticas e influência cultural". As inter-relações políticas foram bem preservadas pelos israelitas na época da dinastia omrida[55] (cf. Santos, 2018b). Amadasi Guzzo (2019) acrescenta os contatos dos fenícios com a dinastia fundada pelo rei Zakkur em Hamat e os conflitos com a expansão de Damasco – provavelmente a autora se refere às invasões e destruições por queimadas operadas pelas guarnições de Hazael no sul e na costa levantina, rei que governou Damasco nos anos 844/843–803/802 e que aproveitou-se da ausência temporária da Assíria na região. Não obstante, esse período do primeiro milênio faz parte da maior expansão imperial assíria no antigo Oriente-Próximo com, por um lado, a expansão da sua cultura por meio de produtos dispostos nas províncias e, por outro, a difusão das culturas orais aramitas (Novák, 2016, p. 133). Portanto, a linguagem fenícia fora estabelecida no quadro dos contatos com as linguagens luwita-aramita e acadiano-assíria, nisso constituindo seu virtuosismo linguístico interpretativo da história. Eis uma amostra de quão repleto de culturas cristalizadas foi o período que cobre o Ferro IA–IIB no Levante.

No abordar termos étnicos relacionados aos povos do Levante, Aaron A. Burke (2012, p. 896) demonstra que é impossível não vincular os pontos referenciais deles – fenícios, israelitas, ammonitas, moabitas e edomitas – entre si durante a Idade do Ferro, a saber, no contexto da continuidade das tradições canaanitas. Para ele, também as práticas cúlticas aramitas têm suas origens nos amurritas, sobre as quais nada se sabe. Aqui, a pesquisa de Burke mostra alguma limitação historiográfica. As culturas materiais escavadas nas cidades

55 Período da dinastia omrida: Omri reinou entre 884–873/885–874, Ahab reinou em *c.* 873–852/869–850 e Yehoram reinou em *c.* 850–845/848–842 (cf. Santos, 2018b, p. 153).

de territórios siro-eufratênios atestaram as interações aramitas de grande duração do Levante para a Mesopotâmia do BA ao BM, inclusive constituindo elites governantes, e da Mesopotâmia ao Levante, derrubando casas palaciais do final do BT II ao Ferro, com os assírios e posteriormente com os babilônicos.

Acerca disso, chamo a atenção para Alepo, para o fato de que os documentos ugaríticos são fontes primárias insuficientes para o entendimento da religião. Basta a evidência de que o Baal de Ugarit é uma translação das competências atribuídas ao Ba'al Ṣapōn (Olmo Lete, 1998) e uma reelaboração estética e de competência que tem sua origem em Haddu (Santos, 2018b), ambos associados a histórias de origens diferentes entre si, benefícios oferecidos para a prosperidade humana e em disputa com tradições de anterioridades. Muitos testemunhos arqueológicos, quando comparados, apresentam os mesmos eventos com divergência do ponto de vista, e esse conflito ocorre em maior parte com os artefatos literários. De maior circulação, a literatura nasce da linguagem falada e ganha interpretações diversas com novas narrativas. Por conseguinte, ao contrário de Burke (2012, p. 898), entendo que a utilidade das diferenças ou distintividades, mesmo quando categoriza as evidências, tende a ser redutora porque ambas limitam o contexto social ao Estado e às "necessidades societal e individual". Quando o autor incorre nas dicotomias "ritual e religião" e "culto do Estado ou tribal, por um lado, e piedade pessoal, por outro", para expressar a importância dos artefatos na cultura material da Idade do Bronze, ainda que reconheça os conflitos entre si, acaba por ignorar a vida cotidiana com sua plurirreligiosidade nos períodos a que se refere.

A memória divina traditiva recebe a adesão por meio dos benefícios que a própria cultura transfere aos moradores do local; as relações temporais entre vizinhos tornam-se duradouras quando os meios de vida e modos de ser passam a refletir ancestralidade; assim, como elementos integrantes, o culto é o dos pais e o templo tem suas bases em antigo santuário ou altar. Se os modos de vida visam a retroprojeções, os meios gregários seguem sempre o desenvolvimento econômico: a estética da divindade é a estética de quem adere a ela, enquanto a tecnologia das armas e outros instrumentos afigura-se aos benefícios do bem-estar – proteção, propriedades férteis e vida familiar –, em que a autoridade do Estado não é absoluta.

A interferência estatal na economia fica condicionada à liberdade das práticas cúlticas nos templos. Assim, o relacionamento de contrapartes baseia-se na religião e traz para a cultura a administração palacial da economia e do direito, pelo menos enquanto uma liderança não tomar para si a empreitada de implantar alguma *tradição* como motivo político (Santos, 2016; 2017). Este postulado leva-nos aos ambientes de culto em que a divindade, ou panteão, caso haja, preserva as caraterísticas distintivas de autoctonia, não necessariamente tribal com regime político de cacicado, mas ainda não capturadas pelo Estado, *i.e*, uma religião sem a mutação de divindade[56] operada no

56 Ainda que não citada diretamente, tenho como uma referência teórica para a mutação de divindades

âmbito da política de controle exercida pelo palácio.

Afora o presentismo estético, cuja aparência física nem sempre sugere identificação de divindade e local – a dinâmica da artesania segue os ideais fundadores –, uma questão com relevância de plano de fundo lembrada tem sido a significância do culto sempre considerando o templo como habitação das divindades. Isso lança à irrelevância parte dos altares por induzir a olhar para as culturas nos termos de centro e borda. Contudo, tais termos são equívocos metodológica e arqueologicamente, porque os ambientes domésticos podem estar localizados em um centro citadino e o lugar de culto, em um altiplano que poderia ser virtualmente considerado periférico, conforme comprovado em Alepo. Além disso, as encenações ritualísticas têm antes lugar social naqueles ambientes de moradia com regularidade calendárica regida ora pela produção pastoril influenciada pelo efeito lunar, ora pela produção agricultural influenciada pelo efeito solar.

No Levante, a pluralidade de linguagens das mais de três centenas de divindades objetivadas (Bottéro, 2001; Burke, 2012, p. 899; Santos, 2018b, p. 322) não apagou as matrizes fundantes localizáveis; pelo contrário, lançou luzes sobre os diversificados valores. Notemos que entre os amurritas destaca-se o deus Ba'al Hadad, herdeiro das tradições siro-mesopotâmicas do deus Adad adorado na "Casa das Grandes Tempestades" (é-u^4-gal-gal-la) e do deus da Tempestade alepino Haddu – a duplicação objetiva o controle de fenômenos naturais e necessidades contingentes de tecnologias para o trabalho social. Entre os ugaritianos, o deus Baal pode ser contado como epíteto para o deus Haddu e entre os fenícios, Ba'al Milqart (figura 28) e Ba'al Shamash; além de um deus identificado com os altiplanos canaanitas, o Ba'al Ṣapōn,[57] originário do norte.

Nos longos postulados enunciados por Mark S. Smith (2010, p. 37-90), nos quais consta pesquisa sobre a translabilidade nos âmbitos imperiais do antigo Oriente-Próximo, diz-se que a formação das grandezas tribais é baseada em cidades, tomando como desenvolvimento político representativo as identidades semitas ocidentais e seu engajamento multicultural (cf. 2010, p. 40-41). Em todo o caso, fica destacada a similaridade das ações sociais em relação às representações de divindades. Por outro lado, é alheio, ou de algum modo desligado, do ambiente vital daquela identidade religiosa com nova identidade fundada no espírito da atividade escribal desenvolvida no sul do Levante, com a inserção nos meios políticos levantinos de culturas materiais mesopotâmicas. Em epigrafias estão exemplares de listas de divindades, na primeira das três constam 160 divindades e as evidências que atestam ambientes multiculturais

a etnologia de Roger Bastide (2006), a leitura do seu texto "O sagrado selvagem" orientou alguma das minhas percepções.

57 Esse Baal seria um deus protetor do sol, para Izak Cornelius (2014, p. 143), a montanha então simbolizaria o lugar mais alto e próximo do sol.

(cf. 2010, p. 42-43). As paisagens híbridas, formadas muitas vezes pela nova agenda política do local de recepção, marcam a operação de ressignificação da religião.[58] Retomando a questão recém-formulada: as interações culturais, por recepção subversiva ou por relação encetada por trocas materiais, ligadas aos "contextos internacionais" com suas bases identitárias originadas na família e na tribo, como fenômeno das elites governantes das quais fazem parte os escribas, tendem à fluidez dos sistemas políticos e funções da sociedade urbana. Em adição, diferente de Smith, que postula sua tese em grande medida nas relações entre império e vassalos, interessa aqui mais do que as recepções nas bordas dos impérios por processos de colonização as interações mantidas entre os levantinos, projetadas pelos grupos socioétnicos móveis que não podem ser reduzidos àqueles que, com suas divindades, cruzam territórios onde vigem culturas.

No Levante, cada grupo passa a praticar uma religião monolátrica, mas a composição do nome divino sugere contatos:

> A translação e a mutação de divindades e, mais fortemente, a formação do campo religioso. Na linha da constatação das trocas materiais e imateriais, o conceito de translabilidade envolvendo as divindades no antigo Oriente-Próximo funda-se em torno da casa como unidade compartilhada. O aspecto transcultural está presente desde o tratamento entre os grandes reis na Idade do Bronze Tardio em que a noção de "irmão" dimensiona o pequeno núcleo familial e no âmbito da diplomacia, para uma *bēt/bīt/bitū* internacional. Portanto, sublinhemos o caráter antropomórfico do sistema religioso, ele coexiste com os interesses de política imperial expressados por cada rei, cujos dons nunca são exigidos, a não ser a retribuição de favor; diferente das correspondências entre grandes e pequenos reis, ou as relações de poder e submissão. (Santos, 2018b, p. 168).

Inicialmente, debato a teoria de Smith, mas em seguida questiono a metodologia aplicada por Flynn (2020, p. 18) por não ter abordado as formações das identidades e a intencionalidade das autoconstruções sociais, muitas delas ressignificadas por retroprojeções historizantes nas fontes, malgrado existirem marcos materializadores, estes apontados por Anne Porter (2013, p. 157): "Esses materiais são: a casa, porque a relação entre ancestral e casa é mais fundamental e mais íntima; alguma representação típica do ancestral, portanto elementos iconográficos; e a parafernália ritual empregada na celebração dele

58 "A translatabilidade é evidente na equação específica de divindades individuais entre as culturas. É ainda manifesto como o reconhecimento de várias divindades de outra cultura em conjunto com a sua própria ou o reconhecimento de um grupo de divindades de outra cultura" (Smith, 2010, p. 50). Por outras palavras: (1) uma sociedade sem escala no panteão e, portanto, sem uma divindade maioral para a prática cúltica diferenciada; e (2) uma sociedade plurirreligiosa, onde se pratica a monolatria.

(ou dela)". Isso quanto à materialidade identitária. Por outro lado, são interessantes os meios de recepção elaborados por Flynn (2020, p. 17-25), cuja perspectiva já fora debatida por mim antes da publicação de seu livro (cf. Santos, 2018b): interação entre pessoas, hibridização, translação de culturas, mutação de culturas, e "recepção subversiva". Potencialmente:

> A pronta disponibilidade de textos parece encorajar atalhos intelectuais na arqueologia levantina, indo além de conceitos difusos ou hibridizados (e.g., "um estrato da Décima Nona Dinastia", "cerâmica do Período de Amarna") e caixas-pretas (e.g., "cidades-Estado levantinas") que requerem desmontagem cuidadosa. Isso também carrega os perigos da tradução fácil: as associações culturais automáticas que podemos associar a conceitos como "fronteira", "terra", "cidade" ou ações como "destruído" ou "perdido", sem considerar a jornada tortuosa que eles fizeram, através de línguas antigas e modernas, sistema de valores e contingências históricas, antes de chegarem ao nosso prato. (Greenberg, 2019, p. 272, 274). [Na p. 273 há um mapa].

No Levante, o conceito de recepção subversiva pode ser destacado numa apropriação de lugar sagrado,[59] caso o invasor predomine e o seu deus venha a ser venerado no espaço sagrado em conflito. No entanto, notável é o fato de que mesmo Aššur, o deus tutelar assírio, mereceu apenas menção em alguns documentos dos pequenos reinos. Se no contexto da translação de culturas fez parte a interação cultural, pelos mesmos fatores os processos etnológicos estão presentes na idealização das estatuetas; moldadas conforme as encenações, seus testemunhos arqueológicos indicam a presença de atividades ritualísticas com alguma organização no Levante. Que as estatuetas com estética feminina indicam a presença de deusas (Burke, 2011, p. 903), não há dúvida, mas proponho questionar a teoria sem ignorar a agência social disseminada ou distribuída das deusas. Na Síria, a difusão dos pequenos templos e santuários elevava o manejo de pequenos objetos. Historicamente, "há várias formas de translação envolvendo a recognição das afecções imaginadas de divindades através de fronteiras culturais por meio das iconografias – fenômeno causado pela migração ou importação de cultura religiosa" (Santos, 2018b, p. 269). Na difusão ocorre a transmissão de poder da obra de arte ou artefato.[60] Na mesma região são encontrados altares com estatuetas de metal em sua base, indicando a veneração a Baal.

59 Pesquisei recentemente um conflito entre grupos sociais ocorrido em um santuário, sendo este motivado por tentativa de apropriação do lugar por grupo opositor às atividades cúlticas então praticadas (Santos, 2017).

60 Na interpretação de esculturas realizada por Alfred Gell (2020, p. 39-41, 324-31) isso seria uma operação cognitiva do agente sobre o índice.

Retomando a circulação de etnias, contra Burke e suas interpretações acima debatidas contam várias evidências históricas dos cruzamentos culturais interativos entre levantinos e mesopotâmicos que teriam contribuído tanto para a elaboração de divindades quanto para a construção de templos e ritos: na primeira metade do segundo milênio, as migrações de povos rumaram para o extremo norte do Mediterrâneo e em direção ao leste do rio Eufrates e na segunda metade, a região esteve sob a intervenção político-militar egípcia. Todavia, a presença assíria já era atestada desde a queda de Mittani operada por Shuppiluliuma I, fundador do Reino Novo hitita.[61] A partir do século XII (Idade do Ferro IA), com Tiglat-pileser I tirando proveito da retirada das guarnições egípcias, os assírios começaram a avançar; permaneceram durante todos os períodos da Idade do Ferro com alguma alternância de controle político-militar entre os impérios neoassírio e neobabilônico.[62]

As incursões imperiais são inicialmente de vistoria, não de assentamentos para estabelecimento de fronteiras nem de vínculos de vassalagem e protetorados. Com o acesso a regiões providas de terras férteis, os assírios implementaram sua política econômica; nos territórios levantinos, a projeção das guarnições diferiam, portanto, da política egípcia do Período de Amarna, baseado nos cerca de 382 documentos em tabletes de argila do arquivo das relações internacionais do faraó Akhenaton ou Amenhotep IV (*c.* 1353/1352–1336) e na construção da cidade de Akhetaton, o moderno Tell el-Amarna, a capital egípcia até a subida ao poder de Tutankhaton (Tutankhamon) em cerca de 1336.[63] Inexiste protetorado político, a expansão tem finalidade essencialmente econômica, as cidades da região mantinham a autonomia política; a operacionalização do comércio manteve vínculos com a religião por causa da influente presença do deus Adad/Haddu. Não fora assegurado a Aššur um lugar legitimado em panteão levantino, seja no Mediterrâneo, seja na terra de Canaan. Manteve-se o Haddu amurrita como igual do Adad acádio-babilônico, em cuja visibilidade os empreendimentos comerciais obtiveram êxito.

O sistema de iconografia religiosa, nesse caso, mais do que visibilizar as religiões, não raro vinculando-as ao comércio – ora interrompido pelos conflitos militares, ora facilitado pelos assentamentos multiétnicos –, seguiu as rotas terrestres de comunicação internacionais abertas por comerciantes e tráfegos de mercadorias, principalmente metais, por meio dos contatos estabelecidos pelos sírios em direção à Anatólia, de alguma forma ocupando os canais abertos pelos assírios com o comércio de tecelagem no início do BM. O escambo intercultural estabeleceu o processo de interação entre a cultura e a política, na maioria das

61 Abordarei este tema abaixo, em pesquisa contextual sobre a cidade de Ugarit.

62 Para detalhes, veja: Santos, 2018b, p. 199-202.

63 Sobre síntese dos acontecimentos dessa época e datação, cf. Grimal, 2012, p. 231-56.

vezes de longa distância, mas nem sempre de longa duração. Típico da política praticada, o enriquecimento que permitia a ostentação de bens de prestígios aos membros das elites governantes levou-os a transferir parte dessa ostentação às divindades. Todos esses fatores estão na base do incremento às culturas (Peyronel, 2008, p. 188-89):

> Um aspecto extraeconômico de grande importância para o desenvolvimento do comércio a longa distância é o da interação que acompanha o movimento de artefatos e matérias-primas entre diferentes sujeitos socioculturais. O surgimento de entidades com vocação predominantemente comercial na área de interface e parcial sobreposição cultural é pelo menos uma consequência indireta e, nesse sentido, a interação cultural, além de seu resultado como integração ou diferenciação, apoia e substancia o intercâmbio entre referentes "ampliados", que se consideram mutuamente estrangeiros.

Contextos e valores passaram a ser culturais; as interações que tinham por índice os artefatos adquiriam o estado de intercâmbio cerimonial pelo qual circularam as mercadorias. Essas interações eram mobilizadas por laços de natureza recíproca, relações que comportam obrigações mútuas. As obras de arte que essas pessoas ostentam passaram a ser bens dadivosos e o caráter da sociabilidade passou a ser mantido nas relações com as divindades, elas próprias transformadas em agência de reciprocidades.

Na circulação das linguagens, a barreira econômica, representada pelos estratos sociais elitistas envolvidos no sistema de dom e contradom, os símbolos do campo religioso que compõem o conjunto de bens e a informação de determinado sistema de intercâmbio chegam ao conhecimento das populações de outros estratos.[64] Assim, ao circularem como uma espécie de suporte para a crença na forma iconográfica – visual com portabilidade –, os símbolos introduzem as conceituações ideológicas dos agentes envolvidos. Não fica subvalorizada a função de agente do artefato iconográfico (o ícone divino: objeto estético; a parafernália cúltica ou coisas cúlticas: objetos técnicos concretos), mas nesse caso os símbolos são os móbiles que podem viajar e estabelecer conexões muito mais rapidamente. Com relação ao artefato, seu poder para influenciar as escolhas práticas culturais foi beneficiado na integração com os membros do ambiente doméstico pelo fato de a corporeidade da divindade ser moldada cada vez mais à semelhança do ser humano.

64 "A arqueologia espacial parte da premissa de que toda sociedade complexa envolve uma organização muito estruturada e diferenciada, com produção especializada, controle permanente e crenças complexas. Tudo isso, junto com a capacidade de processar e controlar informações e o estreito vínculo entre instituições religiosas e intercâmbio, favoreceriam a passagem da banda/tribo para a liderança e o Estado" (Aubet, 2007, p. 128).

A migração de divindades, assim como as viagens delas em procissão, já foram estudadas com minúcias (Bordreuil; Glassner, 2014, p. 430; Santos, 2018b; Ammann, 2019; Lewis, 2020, p. 136-41) e em pesquisa recente foram apresentadas evidências de construção de santuário tendo em vista um público divino para as cerimônias rituais e suas procissões (Zangger *et al.*, 2021).[65] No entanto, a socialização de cultos localmente centrais com deus tutelar (formalmente destacados, mas não necessariamente com estafe sacerdotal) e a elevação de divindade ao panteão são documentadas em anais como o resultado das viagens de escalas transregionais. Izak Cornelius (2014) apresenta uma consistente descoberta acerca da visibilidade da religião quando alude à dinâmica da transferência de antigos símbolos visuais. Para ele (2014, p. 145), o panorama histórico e detalhes tipológicos do ícone são suficientes para que compreendamos que o símbolo envolvido na rede de viagens não era adotado, mas adaptado, adquirindo novo significado no novo contexto. Dá-se o que compreendo por elaboração: tem-se um modelo imagético que é transformado até o estado de mutação para possibilitar a retroprojeção para a pertença ancestral, deixando claro assim que a migração da imagem ou da ideia mental de imagem traz consigo a vivência que antecede o *movimento vital* da população envolvida, significação representativa sem interrupção com as migrações geográficas.

"Mesmo no caso de deportação de imagens divinas, as pessoas derrotadas assumiram fundamentalmente que a divindade foi com sua estátua de bom grado, como um meio de punição e não como um prisioneiro indefeso" (Hundley, 2015, p. 207). Daí, a multidão cosmológica de divindades numa região; uma grande variedade de divindades representa um mesmo símbolo, *e.g.*, os céus, a lua, o mar, a montanha ou o sol, ou mesmo algum animal. Entretanto, na Mesopotâmia, onde foram catalogadas mais de 2.000 divindades e cerca de 400 panteões no Período Sumério (Bottéro, 2001, p. 67-82), as figuras de seres animais cósmicos ou astrais são reconhecidas em quantidade exígua para as necessidades nas quais os seres humanos requerem a intervenção das divindades.

A conexão material entre divindades e reis revela um forte simbolismo quando sua destinação era a exaltação das resistências de defesa e isolamento contra potenciais invasores; isso fica mais atestado nas inscrições monumentais, epigrafias e camadas literárias de documentos sacralizados,[66] nas quais a informação transmitida sobre o rei e as armas por ele utilizadas coincidem com as representações iconográficas presentes nos espaços sagrados. Cornelius (2014, p. 146), em sua pes-

65 Para exemplos na Anatólia, veja a arte rupestre do santuário ao ar livre de Yazılıkaya, sobre a qual abordou-se acima; em narrativas da BH, foram preservados resquícios da antiga tradição luwita-aramita presente em cidades levantinas no Bronze Tardio, veja *Amós* 5. 26; da tradição babilônica, veja *Isaías* 46. 1-7; na tradição do êxodo, evidência literária da viagem de deuses em *Êxodo* 32.1.

66 Refiro-me a rolos canônicos como o *Ciclo* e a *BHS*.

quisa das fontes matriciais e artefatuais egípcias, encontrou evidências de usos do disco solar entre vários povos do Levante, entre os hititas na Anatólia e assírios na Mesopotâmia; entre os anatólicos e sírios desde o BM. Na Anatólia, Tudhaliya IV era reconhecido pelo cognome "Meu Deus Sol"; os levantinos assimilaram a significação simbólica do disco, mas modificaram sua forma visual. Como o relevo tem relação com o governante, a arte conceitualiza a ideologia cósmica de cada elite governante e sua idealização de proteção; ademais, particularmente no Levante, testemunha a influência das memórias protetorais egípcias na região. Curiosamente, longos períodos de predomínio de culturas não autóctones em seguidas escalas de regimes políticos escravocratas, *i.e*, de submissão da gente e dos costumes locais, resultaram em hibridizações nas quais as significações ficaram retidas em uma única peça. Isso ocorreu em relevos aramitas do norte levantino e do sul anatólico entre os séculos X e VIII (Cornelius, 2014, p. 148), com escassez indiciária da identidade divina e do lugar de atuação. Diferentemente, a presença comercial assíria na Anatólia (*c.* 1970–1780) e a translabilidade de divindades da qual faz parte estão bem documentadas (Pongratz-Leisten, 2011, p. 94-97; Aubet, 2007, p. 293-333; Peyronel, 2008).

Na sagração dos espaços, envolve-se a apropriação de um ambiente ainda não sacralizado, quando se tornam espaços sacralizados passam a exercer entre as pessoas o sentido de pertença, mas também poderão sofrer o questionamento acerca da historicidade caso o lugar tenha sido sacralizado por arbítrio humano. Esta situação contém o problema da modificação do campo religioso, qualquer que seja a forma praticada. Ioanna Patera (2016), ao inquirir quanto aos traços materiais, conclui que eles marcam a paisagem de um espaço reconhecidamente sagrado. Apesar da pesquisadora referir-se a conceptualizações gregas, entendo que a sagração está ligada aos rituais celebrados no lugar; explanado por outras palavras, a reconstrução cênica de um rito ancestral ou retroprojetado para a ancestralidade reconhecida afirma uma reinauguração que delimita o espaço e os materiais invioláveis. Diferente quando o espaço é reconhecido como naturalmente sacralizado por um agente teóforo, algo que pode ser construído a partir da elaboração de uma tradição ancestral fundante, pois as operações envolvidas para resultar nesse efeito, segundo Patera (2016, p. 58, 66-67), requerem antes de tudo a presença da divindade mesma e, num conjunto, o complexo ambiental marcado por elementos arquiteturais cuja monumentalidade e atualização por meio da produção de signos definirão sua qualidade ou atributo. Com efeito, concordo que a investidura das divindades é garantida por seus epítetos, mas isso acontece após serem materializados esteticamente como agentes com existência própria num local de manifestação hierofânica e personagens míticos. Essa manifestação tem quase sempre ligação com a fertilidade: uma terra de cuja fartura da produção seja creditada a alguma divindade, uma parcela dela lhe será ofertada.

Em tudo constarão os rituais para que a pedra (*maṣṣēbāh*) ou a árvore (*'ṣ*) e principalmente o lugar alto ou a montanha tenham validade nas celebrações ao ar livre e o signo divino seja válido. No entanto, ainda não se consensualizou nem sobre a motivação do fechamento do espaço sagrado – onde tenham sido realizados os mais diversos rituais, inclusive sacrificiais –, nem o ofício final. Provavelmente seja por isso que Patera considere difícil saber quais operações são envolvidas nesse processo. Haverá distintividade para o que fora acreditado? Se a divindade se mostra por si mesma com a sua força, a arqueologia terá acertado por continuar questionando a continuidade de um determinado culto porque, como observou Jörg Rüpke (2016, p. 70), "o quadro geral é mais de uma descontinuidade do que de continuidade" pela melhor detecção de indício de abandono *ex eventu* do local e dos artefactos? No entanto, guardada a duração geográfica, Rüpke (2016, p. 71), ao contrário de lançar luz à pertinência das questões aqui colocadas, as confirma: "O fim de um santuário antes de sua destruição, seu uso museal, ou uma reutilização estética do símbolo arquitetônico são outras áreas vagas". Em adição, para a funcionalidade do modelo siro-mesopotâmico, Jean-Claude Margueron (2016, p. 35) descobriu que primeiro se estabelece o lugar da hierofania, o ponto onde se construirá a plataforma e o lugar santíssimo, a partir daí a presença de pessoas tende a reduzir continuadamente pela exigência de distanciamento humano do lugar santíssimo.

A respeito de todo o significante enunciado, acerca dos processos de sacralização e dessacralização, continuidade e descontinuidade, as camadas dos usos farão circunscrever as culturas envolvidas. O dado indubitável é que o sentido local se situa no seu uso ritual, na prática da atividade cúltica. Isso regula, sem funcionar como mecanismo redutor, o panteão de divindades, mas a exposição do panteão ou seu catálogo de epítetos depende do culto que lhe for dedicado. Como demonstraram Pierre Bordreuil e Jean-Jacques Glassner (2014, p. 428), em geral não existe um culto para uma deusa ou para um deus como "sujeito singular"; para além de um nome consagrado, o orante buscava uma divindade específica em seu lugar – um lugar especificamente localizável –, pois assim como o fenômeno, o culto também pode ser único.

É importante sublinhar a afirmação de Bordreuil e Glassner (2014, p. 430): "De acordo com um mito sumério, cada elemento constitutivo do cosmos, da natureza e da sociedade é atribuído pelo demiurgo a uma divindade diferente". Faz sentido dizer que a pluralidade concerne à mapografia, sabendo-se que um panteão pode reunir divindades dos mais diferentes horizontes geográficos: "As divindades orientais também sentem a necessidade de ter uma cidade na qual, poderes políades, elas degustam as honras devidas aos poderes supremos"; não fora isso, ainda realizam viagens, além de serem carregadas em procissões (Bordreuil; Glassner, 2014, p. 430; cf. Santos, 2018b, p. 302-13; Ammann, 2019). O tamanho dessas estátuas pode ser conferido num relevo em que militares assírios carregam divindades de cidades capturadas (figura 29). Isso é uma boa amostra justificadora das centenas de panteões e milhares de divindades catalogadas desde o Período Sumério.

O Levante segue por iguais horizontes culturais. A construção do quadro religioso dentro da sociedade permeando e extrapolando os contextos sociais diz sobre o pequeno número de divindades evocadas pelos mitos: a proeminência das cidades-Estado sobre as demais áreas de comunalidade social conjuga com os maiorais dos panteões daquelas cidades-Estado, *vice-versa*, no campo religioso as centenas de divindades compõem a assembleia divina. Na enunciação de Bordreuil e Glassner (2014, p. 432), "os textos mitológicos que colocam em cena divindades dentro do reino privilegiam o papel de Ilu, pai dos deuses, de Ba'al-Haddu, deus da Tempestade, de 'Anat, deusa das Fontes, e de Šapšu, deusa solar". Mas também privilegia a receptividade, *e.g.*, Shapshu (Šapšu) é igualmente a deusa solar hurrita Shimige.

Para um ponto adiante na periodização indicativa: a possibilidade de influência cultural pura e simples talvez seja provável apenas nas artes, ou melhor, nas transmissões técnicas. Consideremos, *e.g.*, a produção de discos solares com significados próprios pelo império neoassírio. Apesar de não ser comum na Mesopotâmia, há um tablete assírio com inscrição acadiana do deus Shamash recebendo oferenda diante do rei, datado entre os anos 888 e 855; mas agora o símbolo, que antes ficava restrito a relevos publicitários do rei guerreiro e à sua coroação, passa a ser utilizado inclusive para decorar carruagens de guerra nos séculos IX e VIII, acima de um rosto feminino envolto em flores simbolizando uma deusa (Cornelius, 2014, p. 150). Em contexto, a simbologia material divina passa por adaptações estéticas visando a inserção cultural; a finalidade consiste em mediar as novas relações estabelecidas entre antigos e novos moradores, além das caraterísticas do modo de vida que são aderidas por quem portar a divindade. Ora, o que garante a presença divina é o artefato, a obra de arte: é por meio dela que giram as evocações e divinações. Ademais, a objetificação do culto ganhou dinamismo no contexto da ritualização das coisas e dos desejos coletivos encenados, que transformaram o culto em uma celebração que passa a movimentar toda a produção do trabalho comunitário. Nesse quadro cultural, longe de serem os dons imateriais, as atividades que mais interessam às elites governantes são a compra, venda, troca e donativos das riquezas – essas empresas são transformadas em dons pelo Estado. A isso mencionei acima quando se abordou a cultura material das linguagens fenícias, indicando as inter-relações políticas em que a linguagem empregada passou por mudanças alternativamente, entre o luwita de herança neo-hitita e o aramita. Com relação aos processos traditivos, as práticas religiosas ganharam maior relevância à proporção em que a linguagem aramaica passou a ser empregada nas fontes documentárias. Dos fenícios, as novas tendências artísticas apareceram em relevos funerários (Amadasi Guzzo, 2019, p. 159); no entanto, essas trocas materiais demonstram que as culturas não ficavam nem dependentes do estabelecimento de tratos políticos nem embarreiradas em fronteiras regionais resultantes de guerras.[67]

67 Ao contrário de Amadasi Guzzo, entendo que no Levante foram produzidas culturas que, perspectivamente pelos segmentos envolvidos, não respondem aos tratos oficiais, mas circulam seguindo o curso

Reflexos das transposições culturais no campo religioso, conta-se a translação do deus tírio Milqart, o "rei da cidade"[68] de Tiro – que preferia o leão, ao contrário de Haddu, Yahweh e El, que preferiam bovídeos –, para o Baal venerado em Israel Norte na época do reinado do casal Ahab e 'Îzebel, filha do rei tírio Itto-Baal (*c.* 891–859) (Santos, 2018b, p. 167).[69] No campo do registro historiográfico, conta-se a "tradição escribal específica atestada em Damasco" e no reino unido de Hamat e Lu'ash (Hamat-Lu'ash), em fragmento do monumento de Zakkur (Amadasi Guzzo, 2019, p. 163).

Os efeitos da exigência por soluções nas constantes intempéries naturais, circunstanciados por assentamentos temporários, levaram a disputas pelas fontes de água nas planícies vizinhas. Na impossibilidade de apropriação da parcela de terra e solução das carências, mudaram-se as escalas do relacionamento humano-divino. Assim, "a ativação e a instalação rituais foram consideradas insuficientes para garantir a presença divina contínua e seus benefícios. O serviço regular, consistindo principalmente no cuidado e alimentação dos deuses na forma de suas imagens, era o complemento necessário" (Hundley, 2015, p. 209). Os dons passaram a ser recíprocos quando não recolhidos pelos sacerdotados responsáveis pela regulação oficial. No princípio, a sobrevivência pura e simples, mas a sobrevivência no Levante no primeiro milênio passou a exigir maior substância nutricional para possibilitar às pessoas suportarem as transformações ambientais com maior autonomia, mudanças que resultavam em novos esforços de defesa. Dessa forma, as possibilidades de recuperação de recursos passaram a depender, para além da divisão do trabalho social na linhagem de parentesco, do serviço divino. Assim sendo, a significação da coparticipação é satisfeita de um lado pela imagem iconográfica animada pelos festejos regulares e de outro, pela recuperação de bens antes escasseados.

A estrutura que regula as funcionalidades da religião como fenômeno intangível da prática cultural, sediada em um templo estatal funcionalmente à maneira de um pequeno mundo autônomo é uma forma de religião em um contexto de culturas. A construção de um templo não pode ser entendida apenas como benefício aos deuses,[70] será preciso alcançar historicamente o rei. Na paisagem do templo estará a figura real, a palavra e a imagem divinas; nesse conjunto de encenações participa o indivíduo eletivo, o fiel. Esse tablado cenográfico foi inaugurado no BM, porque

das próprias populações de lugar a lugar de vivências, mudanças de curta distância, deslocamentos forçados de clãs, viagens comerciais e até mesmo de êxodos de longa duração.

68 A tradição de designar o deus tutelar como "rei da cidade" vem de fontes do terceiro milênio da cidade-Estado de Ebla (Snell, 2011, p. 137).

69 John van Seters (2008, p. 210-14) analisa os *Anais de Tiro*, documentos que mencionam o rei tírio Itto-Baal.

70 Para postulação diferente, cf. Hundley, 2015, p. 212.

"depois do 2000, a investidura do rei por um deus" passou a ser representada em linguagens pictóricas (cf. Soden, 1987, p. 293). A duplicação imagética transferiu ao rei o elemento carismático de poder sobre o povo, bem como a uma cidade. É desta forma que no âmbito da religião icônica do deus da Tempestade, a cidade-Estado de Ugarit é o Outro em relação a Alepo – para evitar quaisquer arcaísmos, em relação às civilizações siro-eufratênias.

Essa competência geral relativa ao Mediterrâneo revela que a sua rica materialidade cultural tem origem nas "conexões de longa distância e prolongadas migrações, práticas híbridas e diásporas de objetos" (Knapp; Dommelen, 2010, p. 1-2). Do ponto de vista arqueológico, esses processos de copresença de agentes levaram ao desenvolvimento de identidades distintivas que transformaram a costa levantina num mundo. Esse mundo, que não pode ser tomado como uma unidade por ser repleto de universos semiautônomos, preservou testemunhos nos quais as suas tradições autóctones coexistiram com as culturas do vale do Nilo, siro-canaanita, siro-anatólia, egeia e mesopotâmica. As interações e períodos de estabilidade identitária ocorriam em meio a conflitos. Veremos que esses estratos históricos do tempo fizeram parte de Ugarit nos últimos séculos do segundo milênio.

CULTURAS COMO AGENTES ITINERANTES

1. (Ba'al-Haddu) Ugarit

O Levante com suas conexões siro-mesopotâmicas, portanto plurissociais, que não pode ser tomado como uma unidade por ser repleto de universos semiautônomos, projetou a cidade-Estado de Ugarit como o Outro em relação a Alepo num Mediterrâneo repleto da socioetnia amurrita e de elementos culturais do reino de Yamhad.[1] Antes, porém, as origens. As inscrições de Ebla datadas de cerca de 2400, na Idade do BA III, em que se menciona a cidade-Estado de Ugarit (Ras Shamra) (mapa 5) têm sido colocadas no âmbito das fontes isoladas em relação à vasta literatura do segundo milênio que tem a cidade como referência comercial do oeste do Levante. Destarte, notícias de políticas ugaríticas chegaram à Mesopotâmia, haja vista que correspondências diplomáticas de Mari informam acerca de relações do leste do Eufrates ao Egito, conforme as correspondências encontradas no sítio egípcio de Tell el-Amarna, e nos arquivos ugaríticos, documentados desde 1370. Por outro lado, o sítio apresenta atestação de assentamentos na montanha sagrada Ṣapānu[2] desde o Período Neolítico, por volta do oitavo milênio, quando era habitado por caçadores e pescadores e desde o sétimo milênio, habitado também por agricultores e artesãos beneficiados pelo desenvolvimento tecnológico na fabricação de ferramentas de bronze, utensílios domésticos de cerâmica e construção de casas.

1 Para além das estepes e vales da Síria e Mesopotâmia no Bronze Médio I–IIA, pelo menos desde o século XIV a compreensão geográfica de assírios e hititas identifica o Mediterrâneo como terra de Amurru. Eis inscrições dos anais de campanhas de Tiglat-pileser I: "Eu marchei para a terra do Líbano [KUR *lab-na-ni-lu*]. Eu cortei (e) levei vigas de cedro para o templo dos deuses Anu e Adad [^{d}*a-nim ù* ^{d}IŠKUR], os grandes deuses, meus senhores. Eu continuei até a terra de Amurru [KUR *a-mur-rí*] (e) conquistei toda a terra de Amurru [KUR *a-mur-rí*]. Eu recebi tributos das terras de Biblos [KUR *gu-bal*], Sidon [KUR *ṣi-du-ní*], (e) Arwad [KUR *ar-ma-da*]. Andei em barcos do povo de Arwad [KUR *ar-ma-da*] (e) percorri triunfante uma distância de três horas duplas da cidade de Arwad [KUR *ar-ma-da*], uma ilha, até a cidade de Samuru [URU *ṣa-mu-rí*] que fica na terra de Amurru [KUR *a-mur-rí*]. Eu matei no mar um *nāḫiru*, que é chamado de cavalo-marinho" (A.0. 87. 3, linhas 16–25; RIMA 2, 2002: 37 – trad. e transcrição do autor). Em A.0. 87. 4, linha 27, um texto paralelo, temos uma versão talvez complementar para "*nāḫiru*, que é chamado de cavalo-marinho": [*nam-s*]*u-ḫa pa-gu-ta* GAL-[*tí*] *ša a-aḫ*, "um crocodilo (e) um grande macaco fêmea do mar". Cf. também: Younger, 2017, p. 204-209; Charpin, 2019, p. 50.

2 A montanha sagrada Ṣapānu (ug.) tem correspondente siro-anatólio como Ḫazi ou Ḫazzi (hurr. e h.), a moderna Jebel al-ˀAqraˁ.

A sequência evolutiva do processo civilizatório da cidade ocorreu de forma sistemática a partir do Neolítico Cerâmico (LN 1 e LN 2), período no qual, segundo Marguerite Yon (2006, p. 15), apareceram novos sítios no Mediterrâneo e nas estepes da Síria com caraterísticas comuns a outras regiões do antigo Oriente-Próximo. Os fatores culturais processados contribuíram para a emergência da assim chamada "civilização Halaf", impulsionada pela cerâmica, com conexões mesopotâmicas e sírias no Período Calcolítico Antigo (*c.* 5500–4500). Isso indica trocas materiais externas, fora das fronteiras geográficas da costa do Levante, incipientes no conjunto dos escambos locais mas já entalhando a paisagem para a presença dos novos grupos sociais da Idade do Bronze, por vezes conflituantes e de variada etnicidade.

A urbanização na Idade do Bronze e a abertura das rotas de acesso inter-regionais acentuaram as conexões culturais com as cidades do Levante e, na geografia de longa duração, com a Mesopotâmia, impulsionando o comércio de produtos metalúrgicos – ferramentas e armas –, maior variedade de utensílios de cerâmica e objetos de luxo para as camadas abastadas das sociedades. A cidade se insere assim no pequeno vácuo histórico ocasionado pelo final do BA e o começo do BM entre os séculos XXI e XX, ainda com as marcas do Reino Antigo egípcio (2686–2181) e do colapso da dinastia mesopotâmica de Akkade no final do século XXII, propulsores de Ur III, entre os séculos XXII e XXI. Especificamente, entre 1900 e 1650 emergiram na cidade as socioetnias nomádicas amurritas.

Com efeito, os hurritas estão presentes na região desde o período de Akkade, possivelmente os grandes especialistas na fabricação de armas de guerra e que deram origem à configuração geográfica da acrópole,[3] com a arquitetura do "Templo Hurrita" como grande testemunho histórico. Mas são os amurritas que, processando sua sedentarização na costa, participam decisivamente dos empreendimentos arquitetônicos ugaríticos, especialmente na construção dos palácios localizados na acrópole, nomeada de "Zona Real", inclusive com a etnia deixando na história da cidade um tratado de vassalagem na época de Niqmaddu II (*c.* 1350–1315),[4] filho de 'Ammittamru I (*c.* –1370), no início da segunda metade do século XIV, submetido por rei de Amurru. De início, a cultura arquitetural dos templos, no período protossírio, conforme a análise de Liverani (2016), não diferia de uma casa residencial, com atividade cúltica realizada em espaço a céu aberto distinguida pelo culto sacrificial, essa grande celebração pública que contava com a participação de fiéis ofertantes e adoradores era realizada

3 Quanto a estas duas questões, sugiro ver Juan-Pablo Vita (1999, p. 490-91) e Jordi Vidal (2004, p. 146-48).

4 Esse rei foi considerado como o vassalo *par excellence* do império hitita e tem sido equivocadamente, por vezes, identificado como Niqmêpa' (*c.* 1313–1260), sucessor do efêmero Ar-Halba (*c.* 1315–1314). Sobre um rei chamado Niqmêpa' que reinou em Alalah no século XV, cf. uma tabela de Liverani (2016, p. 404).

dentro do templo e presidida por sacerdotes. As divindades mais conhecidas eram "Dagan (típico do Médio Eufrates), Ishtar/Ishkhara, Adad/Haddu (deus de Alepo), Shamash, Rashap, Kamish" (Liverani, 2016, p. 196). No plano paleográfico, o fato de as fontes documentárias mencionarem os nomes dos reis a partir do século XIV, desde 'Ammittamru I até 'Ammu-rabi (*c.* 1215/1200–1190/1185), o último rei, tem dificultado a localização temporal do legendário "Palácio Norte" da cidade. Após intensos debates acadêmicos, parece ser consensual que sua construção ocorreu na primeira fase do Bronze, BT I.

Em extensão territorial, a cidade alcançou cerca de 5.425 quilômetros quadrados quando passou a fazer parte dos territórios do Reino Novo hitita sob o poderio militar de Shuppiluliuma I, em torno de 1330; sem as parcelas hititas, a cidade media 2.200 quilômetros quadrados (cf. Vita, 1999, p. 455), sendo 22 hectares no topo com terrenos férteis e erodidos elevando-se a 20 metros acima do nível plano, com densidade demográfica relativa de 6.000 a 8.000 pessoas.[5] Nessa época, na qual o norte da Síria tornou-se território hitita e Niqmaddu II foi transformado em rei títere, as medições demográficas da cidade e dos seus limites periféricos chegaram a significativas 33.000 pessoas. Juan-Pablo Vita (1999, p. 455-56) apresenta os dados estatísticos sugerindo prudência quanto aos números; no entanto, com base na linguagem local e na fusão de tradições apresentada pelos usos alfabéticos (a sequência cuneiforme *abgḫ*, do norte, e a sequência cuneiforme do sul arábico, *hlḥ*), o pesquisador afirma que a cultura ugarítica é semita.

A meu ver, há aqui uma questão de culturas, no plural. Ugarit esteve sempre aberta às várias culturas que emergiram no antigo Oriente-Próximo em suas respetivas grandes regiões (civilizações do vale do Nilo, siro-canaanita, siro-anatólia, egeia e mesopotâmica), além dos reinos autônomos, que lhe possibilitaram elaborar tantas linguagens materializadas na arquitetura, documentos literários, utensílios de usos coletivos e objetos artísticos de uso pessoal. Ao mencionar que as culturas são comuns não se quer dizer que houve uma cristalização de influência. Assim, apresentando elementos básicos de várias tradições antigas por meio dos contatos políticos do Período Paleobabilônio, mesmo considerando a centralização étnica do poder de cidade a cidade e, posteriormente, a formação de seu próprio alfabeto, a população ugaritiana preservou a pluralidade amurrita, hurrita e luwita, nesta ordem.

A proeminência ugarítica no Mediterrâneo lançou luz sobre poderes que moldaram os tratos políticos e as práticas de culturas materiais reveladas pelos documentos dos arquivos e pelos artefatos utilitários da cidade. Então, faz-se necessário mencionar sequencialmente Mittani, Egito – talvez em preeminência administrativa – e Hatti – em aparente trato comercial de suserania no período do Reino Novo hitita – como potências circunstancialmente influentes. Cabem ressalvas pelos indícios

5 Para detalhes, ver a pesquisa realizada por Charles Gates (2011, p. 159-60).

de que as relações com os grandes Estados da costa (Biblos, Tiro e Sidon), norte do vale do Eufrates (principalmente Ebla, Karkamish, Alalah e Qatna) e com a Anatólia nunca fizeram da cidade um simples consumidor de produtos exportados.

A multietnicidade tanto citadina quanto no setor rural pode ser analisada pelas documentações jurídica e comercial. Elas informam acerca de chefes de profissionais (*rb ḥršm*), denotando a estratificação da sociedade por qualificação, assim como os *mariyannū*;[6] mas também informam sobre os assassinatos de membros de grupos sociais politicamente marginais (*habiru*, *shasu* e *ktkym*), povos nomádicos (*ummān-manda*) e mercadores estrangeiros. Em vista disso, com relação aos grupos marginais o problema não raro ficava insolucionável – com perseguições e raptos – e em relação aos dois últimos grupos, para solucionar o conflito que envolvia o comércio internacional como parte da diplomacia real, as autoridades locais pagavam pela perda material da cidade de origem e até de pessoas assassinadas, mantendo livre o assassino pelo fato de o crime não ser considerado grave. Sem dúvida, os jurisconsultos distanciaram-se do sistema jurídico inaugurado por Estados mesopotâmicos na segunda metade do terceiro milênio (cf. Molina, 2000; Bouzon, 2001), tais como UruKAgina (*c.* séc. XXIV), Ur-Namma (*c.* 2112–2095), fundador da III Dinastia de Ur, Lipit-Ishtar (*c.* 1934–1924) e Eshnunna (*c.* séc. XX).

Os conflitos internos ajudam-nos a compreender a complexa presença dos diferentes grupos sociais nos contextos da mobilidade populacional; em vista dessa mobilidade, no contexto externo, os conflitos envolvendo os ugaritianos em seus assentamentos fora dos limites da cidade dizem muito da natureza em que ocorriam as trocas materiais. Em um e outro caso, o sagrado não escapou à percepção, por isso os espaços sagrados transmitiam a sua afecção (*pathos*) a outros diferentes lugares e a paisagem sagrada tornou-se o meio ambiente no qual se estabeleciam as relações de vivências comunitárias. A presença divina, tradicionalmente buscada pelos fiéis na acrópole sacralizada por causa da objetificação iconográfica da divindade e da mitologização de árvores cúlticas em seus simbolismos da fertilidade, por suas próprias virtualidades transferia às estatuetas sacralidade; esse fenômeno está na origem da transformação da religião em cultura material portável. A conexão com as estatuetas do deus Haddu e suas elaborações a propósito do deus Baal e da deusa Asherah (figura 30) atestam a operação da translação de lugar sagrado. "Baal é o nome próprio do deus da Tempestade, bem como um apelativo na Síria-Palestina" (Kang, 1989, p. 77). Multiplicando as referências na esfera do sagrado (montanha,

6 *Mariyannū*, palavra hurrita que designava grandezas sociais que se ocupavam de cavalos e carros de guerra, membros de exército montado. Essas grandezas estavam presentes em Mittani, mas foram encontradas na "Anatólia hitita, na Babilônia casita, no Egito e em pequenos Estados do Levante" (Kuhrt, 2014, p. 334).

mar e rio, deserto, floresta, ambiente doméstico e templo),[7] a cidade e suas áreas limítrofes – meios ambientes com núcleos sociais ampliados e diversos – não conseguem reduzir a escala de manifestações dos fenômenos religiosos.

As fontes e suas historicidades: interações culturais estatais

Localizada no norte da costa do Levante e habitada por um povo semita da terra de Canaan, Ugarit destacava-se, dentre tantas linguagens, como uma cidade construída com bases funcionais. A tradição de identidades pode ser encontrada na textualização, porque as religiões, o comércio e a política inter-regionais, além das artes multiculturais, transformaram o centro cosmopolita mediterrâneo numa metrópole do antigo Oriente-Próximo. No quadro linguístico está o cruzamento das culturas; nos testemunhos documentários encontrados nos arquivos da cidade constam tabletes com inscrição acadiana, hitita, hurrita, cipro-minoico e semita ugarítico local, assim como os artefatos de tradição cultural egípcia e egeia. As fundamentações e fontes dessa cidade aberta serão buscadas e destinadas à pesquisa da história, pois a literatura ugarítica vem sendo colocada em debates mais pelo valor da épica do que pelas contribuições aos estudos político-econômicos. O motivo pelo qual menciono a literatura se justifica por sua relação linguística com alguns com documentos literários dos demais semitas ocidentais do primeiro milênio. John van Seters tem mencionado a dificuldade de confirmar uma cosmogonia nos mitos de Ugarit, entendendo que nos manuscritos ugaríticos "não há criação, desenvolvimento e nem sequer movimento de um estágio para o outro" (2008, p. 217-18). Essas referências à cosmogonia implicam movimento e transição, que envolvem as divindades e os elementos da natureza. Seters afirma que "nenhum texto hitita apresenta indícios de uma cosmogonia ou teogonia" (2008, p. 218-19) em que pudéssemos encontrar alguma relação com os elementos. Malgrado o gênero, mas considerando a existência de tratados envolvendo divindades no Levante, admite-se a possibilidade de os escribas ugaritianos terem utilizado tratados levantinos como fontes para o seu trabalho escribal. O fato de inexistir uma lista de deuses nos tratados levantinos torna razoável propor a elaboração dos *ba'alîm* e *'ēlîm* por vezes em individuações das agências culturais e sociais, os deuses e os lugares. A intenção passa a ser demonstrar a importância da cidade para os contextos culturais.

7 Pode-se traçar paralelos com a assimilação dos altiplanos canaanitas de antigos cultos ao ar livre e com a antiga tradição babilônica estabelecida pelas montanhas sagradas (*māšu*) mencionadas em Gilg. Enfim, para as antigas práticas cúlticas canaanitas nos altiplanos, sugiro a leitura da historiografia dos livros de *Samuel* e dos *Reis*, cf. *BHS* (Elliger; Rudolph, 1997); para a leitura de Gilg., cf. Brandão (2018; veja o canto em que são mencionadas as montanhas sagradas, nas p. 105-106).

As relações envolvendo as populações sírias e mesopotâmicas que, pela intensidade, foram capazes de fundar o processo civilizador assim chamado siro-mesopotâmico, sempre estiveram ligadas às cidades-Estado de Alepo e Ugarit a partir do BM. As duas cidades se desenvolveram por meios diferentes. A semiárida e montanhosa Alepo teve o seu desenvolvimento provido a partir de uma "estratégia de governança *templo-palácio*" (Santos, 2018b, p. 305), enquanto Ugarit sempre teve consigo as fortunas do mar Mediterrâneo e da fertilidade do solo. Mencionada nos documentos cuneiformes desde o início do BM, tem-se justificada a liderança marítima de Ugarit, que atraiu governantes de grandes reinos. Foi nesse politizado contexto que o rei babilônico Hammu-rabi enviou de Mari o carregamento de estanho para a produção de bronze em Alepo e Ugarit.

O reflexo da riqueza concentrada em grande escala está no palácio real. "Medindo *c.* 6.500 metros quadrados e contando com 100 cômodos, era parte de um largo complexo compreendendo um monumental portão a oeste, uma placa, um posto de guarda e um pequeno templo (formalmente chamado de Templo Hurrita)" (Luciani, 2014, p. 513; cf. Gates, 2011, p. 160). Construído entre os séculos XV e XIV e abastecido com água de canalização subterrânea, o palácio tinha revestimento de pedra lavrada em relevo, com vários cômodos com varanda, sendo um com jardim e pavilhão. No mesmo lugar citado, Marta Luciani nos fornece imagens da paisagem arquitetônica palacial: a luxuosidade do gabinete real tem um detalhe que nos ajuda a dimensionar a exclusividade do rei no palácio: "Enquanto a sala do trono era acessada pelos visitantes por meio de um pátio, o rei entrava por uma escada no andar superior. Em sua vizinhança havia um salão de banquetes". Em perspectiva, essa planta arquitetônica pertence a uma construção recente. Charpin (2019, p. 50) enuncia uma fórmula de automaldição ritualística pronunciada "entre dois chefes tribais, sendo um simalita e o outro yaminita" no templo de Haddu de Alepo em Ugarit; no tablete (A. 2094), notamos que a tradição amurrita de Yamhad fora preservada no Mediterrâneo: "(Que eu seja amaldiçoado) se eu esqueci nosso burro (*hayarum*) de Ugarit que nós imolamos diante de Haddu de Alepo".

Na montanha ou acrópole sagrada, Ṣapānu, estavam os dois principais *templos-palácios*. Beneficiados pela movimentação da cidade, eles tornaram-se dois dos mais imponentes palácios do Mediterrâneo: um, dedicado a Baal, com degraus monumentais, e outro, a Dagan, com paredes de fundação medindo extraordinários 4 a 5 metros de espessura. A terceira construção no local mantém a monumentalidade no mesmo nível dos templos, dedicada ao sacerdotado. A assim chamada "Casa dos Sumos Sacerdotes", localizada a oeste do palácio de Dagan, pela quantidade e qualidade dos tabletes encontrados em suas dependências – poemas de gênero mitológico, "rascunhos" e documentos bilíngues dentre outros — permite-nos dizer que uma escola de escribas funcionava no prédio (cf. Gates, 2011, p. 163). Os sacerdotes eram funcionários palaciais e, portanto, faziam parte do quadro administrativo; nos documentos oficiais constam dois grupos com funções especificadas como "sacerdotes administrativos" e "sacerdotes consagradores" (Vita, 1999, p. 474), sendo estes os que ministravam no santuário ao público, tendo estabelecida para ambos os grupos uma hierarquia arbitrada por uma espécie de diretoria ou *conselho curador* porta-voz do rei.

A elite governante mantinha um espaço sagrado de uso exclusivo: "O palácio não era apenas o lar da família real e do culto de seus ancestrais, mas também o centro administrativo do reino, como indicam os testemunhos escritos encontrados em seis partes diferentes do palácio" (Luciani, 2014, p. 513). Até aqui, os motivos da grandeza são muitos, mas penso ser razoável citar Klengel, para quem a fonte documentária, inclusive para a intervenção militar no Levante por causa do poderio econômico da região, está em que "textos de Mari, no Médio Eufrates, datados do século 18 A.E.C., apontam para a cidade portuária síria de Ugarit como um importante centro de comércio entre a região do Eufrates, Chipre, com sua produção de cobre, e Creta" (2014, p. 91).

Primeiro, a construção dos *palácios-templos* e, em seguida, a intervenção. As bases históricas das fontes acerca da construção dos palácios na acrópole de Ugarit ainda estão sendo debatidas em razão das incertezas na datação. O mais importante, o *Ciclo de Ba'l* (veja um tablete do *Ciclo* na figura 31) é uma textualidade do século XIII que, naquela ocasião, era considerada uma tradição religiosa antiga, mas em sua composição atual recebeu epigrafias que a atualizaram para a sociedade do BT II – procedimento escribal concernente à conservação de documento na qual o copista se considerava também escritor-autor e, portanto, atualiza com novas informações o documento que tem sob sua responsabilidade. Quanto à documentação da construção do palácio de Baal, Carole Roche-Hawley (2016, p. 85) confirma a existência de duas cópias: "uma primeira assinada pelo escriba 'Ilîmilku [Ilu-milku], provavelmente copiada durante o reinado de Niqmaddu IV, na segunda metade do século XIII; e uma segunda, muito fragmentária e não assinada".[8] Exames paleográficos revelaram que a autoria do texto atualmente fragmentado pertence ao escriba ou a membro da escola escribal em que ele fazia parte. A mitologização da reconstrução do templo integra composições episódicas tardias.

Em um tablete de inscrição cuneiforme ugarítica diz-se que Baal e Anat pediram permissão a El para construir um palácio; El permite e, após ser entronizado,

8 Na sua lista de reis ugaritianos, Marc van de Mieroop (2020, p. 421) não menciona Niqmaddu IV, assim como Elena Devecchi (2019, p. 125 ss.); ambos citam Niqmaddu III (*c.* 1225–1215), rei leal a Hatti, além do último rei da cidade-Estado, 'Ammu-rabi (*c.* 1215–1190).

Baal torna-se glorioso.[9] O palácio de Baal tem que ser diferente do palácio de El, afamado pela esbórnia. Existem outras fontes ugaríticas, mas também mesopotâmicas e veterotestamentárias, que apresentam o palácio como uma espécie de premiação ao deus por ter obtido vitória sobre Yammu, o deus do mar, e, a partir de então, Baal se tornou o deus da Tempestade (Ayali-Darshan, 2020). Na tradição das peças mitológicas ugaríticas, o roteiro da guerra e a posterior coroação são emblemáticos:

> Baal morreu lutando contra o Mar, mas as histórias mostram que ele então se levantou e lutou novamente. A resolução da batalha foi indecisa, mas o Mar estava em seus limites. Parece que só aqui se encontra de fato um deus moribundo e ascendente que pode refletir a mudança sazonal, mas a estação é o inverno do mar revolto, não o verão do calor escaldante. Baal é também o único deus moribundo que é chamado de salvador nos textos do antigo Oriente-Próximo e, portanto, parece prenunciar desenvolvimentos no judaísmo, embora, é claro, na Bíblia o Deus de Israel tenha confrontado Baal e sua religião. O deus moribundo e ascendente também persistiu no pensamento fenício (Snell, 2011, p. 135).

Em alguns aspectos, tem-se um enunciado poético refletindo a coroação do deus babilônico Marduk, o que mostra os níveis de interpretação do evento histórico em torno dos combates míticos e das justificações públicas deslocando antigas linguagens sumérias nas quais algumas divindades eram originariamente mortais.

A decisão de construir o *templo-palácio* foi celebrada com um banquete (Ayali-Darshan, 2020, p. 98; cf. Olmo Lete, 1998, p. 66-67):

> Começa com um banquete oferecido por Baal, inicialmente com a presença de apenas dois de seus protegidos, Pidray, filha de Ar (*Pdry bt ˀAr*), e Tallay, filha de Rab (*Ṭly bt Rb*). Esses nomes sendo associados à fertilidade e precipitações, se encaixam bem com o estado de Baal como o deus da Tempestade.

Tanto a posição de dignitário do banquete quanto o exercício dúplice do poder representado à mesa, atraindo a fertilidade e uma personagem associada à chuva ou à água, que talvez seja o verso da própria fertilidade, remetem aos novos estilos da atuação de Baal na costa e nos lugares de veneração das várzeas levantinas. A celebração de vitória é seguida por lamento, "Lamentando, ele (= Baal) chora para o touro, El, seu pai, para El, o rei, seu criador" (*Ciclo*, 1. 3 V, 35-40, cf. Olmo Lete, 1998, p. 75-76; Ayali-Darshan, 2020, p. 99), pela ausência de um palácio para o jovem príncipe vitorioso

9 Também na Anatólia do período imperial hitita, a construção do palácio divino servia a uma exigência simbólica de poder que tinha paralelo no palácio da elite dinástica governante (cf. Zangger *et al.*, 2021, p. 63).

que aspirava ao título de rei. Com a construção do palácio, o jovem Baal da fertilidade tornou-se Haddu, o deus da Tempestade com suas armas poderosas – a maior autoridade da cidade tornou-se enfim o mais poderoso dos guerreiros (*alu qardu*).

A atestação da reconstrução do *palácio-templo* de Baal consta também da carta enviada pelo faraó Marniptah Hatpamua em resposta à carta anteriormente enviada pelo rei de Ugarit. Na documentação e análise de Roche-Hawley (2016, p. 86; cf. Ayali-Darshan, 2020, p. 222-23), nessa carta lê-se que o rei ugaritiano teria solicitado ao faraó o envio de um artista a fim de esculpir uma imagem do faraó; a escultura harmonizaria o lugar, provavelmente o altar, diante da imagem de Baal no templo que estava sendo reconstruído na acrópole. A reconstrução, portanto, obedeceu a um reclamo do deus por um lugar para residir na terra entre os seres humanos, em um palácio como o de El. Outra questão ainda não devidamente elucidada diz respeito à construção. Seria uma reconstrução realizada no século XIII?

Em favor de uma construção está a tradição mesopotâmica da ocorrência de ordem divina apenas neste caso, como enunciou Roche-Hawley (2016, p. 89-90), que lembra que estudos arqueológicos mostram que o início histórico da construção deu-se "depois de um terremoto que teria ocorrido por volta de 1250. É nesse mesmo período que observa-se importantes contatos entre os eruditos ugaritianos e assírios e é nessa época que as narrações de construções assírias verdadeiramente tomam forma". Postulando diferente análise, Schwemer (2008, p. 10) propõe para a planta arquitetônica do templo de Baal do século XIII: "Provavelmente foi 'Ammu-rabi de Ugarit quem renovou o templo de Ba'lu e enviou uma mensagem ao Egito" com o pedido ao faraó. Bastante notável é que entre versos míticos e históricos os enunciados destinam-se à celebração, seja narrando a construção do palácio, seja elaborando a iconografia literária de Baal – em todo verso, o seu poderio situa-se acima.

Do ponto em que poderemos compreender a intervenção militar, ela ficou viabilizada quando guarnições comandadas por Hattushili I e Murshili I, reis de Hatti, desceram das montanhas Taurus em direção às planícies sírias apropriando-se do que encontravam pelo caminho. Nisso deu-se o controle de importantes centros como Alepo e Ugarit. O controle político amplo do Levante, precisamente de cidades do Mediterrâneo, foi um acontecimento de décadas depois liderado por Shuppiluliuma I, na segunda metade do século XIV, conforme contratos de vassalagem encontrados em Ugarit e Hattusha, e um édito de Murshili II no qual este rei se ocupa dos limites da cidade e do pagamento de tributos (Klengel, 2014, p. 91-93; Santos, 2018b, p. 306-307). Com efeito, a cidade continuou sendo a referência dentre os territórios controlados pelos reis hititas entre os séculos XIV e XIII.

Em uma carta de Mari, comerciantes informaram acerca de conflitos em localidades do Levante, "territórios em guerra e territórios em paz", nos quais lhes foram exigidos tributos para atravessar e acordo de compra e venda com uma parte de aprovisionamento ou vantagem para os líderes locais. Para Lætitia Graslin-Thomé (2014a,

p. 78; cf. Smith, 2010, p. 80), a garantia de manutenção do comércio inter-regional promovendo vantagens fazia parte de tratados reais como o selado entre Murshili II e o rei de Ugarit Niqmaddu II: "Muitos tratados diplomáticos indicam isso, como o celebrado entre Murshili II de Hatti e Niqmêpa' de Ugarit, que estipula a obrigação de permitir a circulação de mercadores e de proteger sua carga de pilhagens".

O trato era firmado nas cidades-Estado em conflito com efeito para quaisquer regiões (porque oficializavam relações diplomáticas), sem ignorar que as pilhagens de mercadorias e assassinatos ocorriam constantemente. Em suas pesquisas, Graslin-Thomé (2014a) e Sophie Démare-Lafont (2014) citam acordos de segurança pública desse modelo, *e.g.*, no segundo milênio entre Ugarit e Karkamish e entre Ugarit e os comerciantes de Larsa com os reis de origem amurrita da Babilônia, Hammu-rabi e seu filho e sucessor Samsu-iluna (*c.* 1749–1712). O mesmo procedimento fora praticado no terceiro milênio, nas cidades de Ebla e Lagash; no primeiro milênio, entre Damasco e Israel Norte e entre Hamat e Arpad/Bit-Agusi com arbitragem da Assíria (cf. Santos, 2022). A arbitragem podia ser sediada em uma terceira cidade por um grande rei e a intenção, concretamente, seria tanto para coibir as ações dos saqueadores contra os comerciantes e diplomatas nos territórios pactuados quanto para conquistar novos mercados, visando a venda do excedente dos produtos arrecadados no palácio e nos templos. Além dessas questões, outras arbitragens podiam dizer respeito à solução de litígios de terceiros e julgamento de soldados desertores. A esse respeito, as regulações no local favorecem Estados com estruturas dinásticas, portanto fora do restrito alcance dos anciãos autorizados a atuar como juízes.

O direito consagra simbolicamente o estado da relação estatal por meio do tratado e, semelhante à justiça forense, está associada à figura do rei – sendo ele transformado na justiça itinerante ou "rei da justiça" –, apesar de muitas vezes agir frente a delinquências como quem as acoberta, às vezes com cinismo (cf. Démare-Lafont, 2014, p. 305). Incrementado pelos tratos políticos e pela conexão marítima ao sul da Anatólia, com acesso ao centro da região e com o Egeu, o porto ugarítico era responsável pela distribuição da produção do setor agrário rural e pela movimentação em torno das obras de arte, atividade multicultural consequente das relações palaciais mantidas entre o Levante e o Egeu. O porto beneficiava-se das vias de acesso para as cidades do norte sírio pelo planalto em direção às montanhas. Para Klengel (2014, p. 93), a multiculturalidade tem testemunho em "cenas de touro saltando e certos motivos vegetais 'ocidentais' que foram descobertos em vários locais do Mediterrâneo oriental, como Alalah, Creta e Avaris/Tall Dab'a".

Em aproximação à historização de Mieroop (2020, p. 225-26), eis uma síntese de Ugarit: a cidade "tinha vários palácios, grandes residências e templos"; a importância regional das suas obras de arte explica a existência de guildas de artesãos de várias especialidades, entre eles ourives e escribas, numa demonstração da alta qualidade da artesania em ouro, prata e marfim. Em contextos artísticos, a cidade contou com especialistas em composição e conservação da literatura que representa no acervo literário a mais importante biblioteca do Levante, ao lado da BH, em sua diversidade de gênero literário e destinação, além de lugares, material e pessoal utilizados para a produção em língua ugarítica ou a escrita cuneiforme local. Havia, inclusive, um distrito no qual se destacava a presença de artesãos; prédios de residência particulares dividiam o espaço com lojas, onde se trabalhava com metais e tecelagens. As memórias culturais estão a sugerir que as artes visuais e as tradições literárias e religiosas do noroeste da Síria – principalmente em Ugarit e Emar – influenciaram as atividades escribais no leste da terra de Canaan.

Ademais, a imponência de Ugarit e o poderio do seu deus Baal-Haddu contribuíram para que a costa levantina viesse a constituir-se, numa condição de *estado social*, em região autônoma, além de tornar visível para o antigo Oriente-Próximo a cultura religiosa com caraterísticas próprias em construção naquele centro urbano. Por outras palavras, em Ugarit não se tem simples recepção colonial das religiões praticadas por egípcios, hititas e luwitas; o volume de cultura material é de grandes proporções e com tamanha originalidade, capaz de influenciar metrópoles como Biblos. Os templos serviam de farol, função facilitada pelo modelo arquitetónico. Construído no alto da montanha Ṣapānu, o palácio dedicado a Baal-Haddu, que na cidade era o deus da navegação e das forças da natureza, tinha por função proteger (a torre da cidade) e iluminar seus moradores (o farol do porto), por isso ficou conhecido como "templo-torre".

O efeito da junção da religião com a natureza da cidade, portanto dos seus moradores, foi materializado na obra de arte em forma de âncora de segurança. Pelo fato de as âncoras terem sido ambientes de dedicações votivas – promessas e cumprimentos –, utilizadas como os lugares reservados ao culto sacrificial no complexo do templo, María Eugenia Aubet (2007, p. 253) afirma que as âncoras têm sido associadas ao fogo, com seus cultos sacrificiais vinculados à navegação. Para esses rituais, a acrópole foi renomeada como Ṣapānu e o deus, Ba'al Ṣapānu, tudo objetivamente elaborado tomando como modelo o culto alepino de Haddu, mas alçando Baal a "rei dos deuses".[10]

No dinamismo do mito de Baal em Ugarit circulam dois deuses e duas deusas, El e, em torno dele, Baal, Anat e Athirat "do mar". Manifestando poderes e vidas independentes, essas divindades estão ligadas à chuva e tempestades e são destinadas aos combates; o dinamismo que as situa no mundo ugarítico é um produto do mar, este faz com que a vida orgânica transforme por meio do mito a vida técnica, *i.e*, a montanha e as representações visuais. Tal vinculação à proteção em terra e à sinalização no mar a mim parece-me razoável porque a especificidade do culto é que insere uma nova destinação, considerando que o

10 Explanou-se com minúcias os contextos referentes à montanha Ṣāpôn e a translação de lugar (Santos, 2018b; cf. Schwemer, 2008). Não olvidemos o fato de que El, assim como Baal, fora designado como "rei da cidade" em Ugarit (cf. Lewis, 2022).

mar possui uma representação divina, Yammu. Acerca da multiculturalidade que diz respeito às âncoras como obras de arte sacras presentes em Ugarit e Biblos, elas podem ter sido parte do conjunto de obras que tiveram como resultado o contexto das relações palaciais entre o Levante e o Egeu. Klengel (2014, p. 93) a isso confirma ao destacar a criatividade da elaboração artesanal de Baal-Haddu:

> Um motivo frequente é também o deus do tempo Ba'al (-Saphon), senhor da tempestade, do trovão e do relâmpago, localizado pela tradição literária de Ugarit sobre o Jabal al-Akra. As ofertas votivas a Ba'al escavadas em seu templo em Ugarit incluem as âncoras de pedra de navios mercantes, às vezes representando uma tonelagem considerável.

As movimentadas rotas comerciais inter-regionais colocavam em contato localidades por dependência. Como a que fez de Biblos uma rota que o Egito utilizou para explorar cobre em Kanish (*Kültepe*), na Anatólia, e outras minas da região. O sítio de Kanish preserva marcas de quando fornecia metais para a Assíria, numa época em que Chipre ainda não exportava o metal para o Egito, pois sua produção teve início por volta de 1700; na mesma época, entre os séculos XIX e XVIII, comerciantes de Creta chegavam a Ugarit em busca de tecido e estanho (cf. Aubet, 2007; Peyronel, 2008). A produção de metais, um dos maiores valores nas escalas comerciais, participou do estabelecimento das relações diplomáticas na mesma proporção de importância das divindades tutelares como partes envolvidas.

Apesar do fortalecimento da iniciativa privada à época, a diplomacia possibilitou o tríplice pacto comercial envolvendo a Assíria, por meio de Zimri-lim, rei de Mari, Alepo de Yarim-lim e Ugarit, por meio do qual, segundo Aubet (2007, p. 282-83), Zimri-lim "enviou ouro e lápis-lazúli para o reino de Ugarit e estanho para Creta" através do território de Alepo. Em outro caso, comerciantes sírios carregavam cobre do Chipre para Mari, valendo-se dos tratos entre Ugarit e Chipre. O porto de Ugarit – o mais movimentado do Mediterrâneo – operava, assim como o porto de Biblos, o transporte de produtos para o Egito, para as cidades do Egeu e da Mesopotâmia. Todavia, representantes comerciais de outras cidades subordinadas a Hatti podiam utilizar o porto para conexões com as cidades mediterrâneas. Nesse período, Ugarit liderava uma rede comercial em torno do mar Egeu, atestada pela presença de objetos selecionados importados, tais como utensílios de cerâmica cipriotas e vasos minoicos,[11] que faziam parte do comércio de pequena escala em que participavam as empresas privadas. Os donos das empresas obtinham benefícios por intermediar as

11 Em relação a questões arquitetônicas e demais testemunhos materiais, cf. Morandi Bonacossi, 2014; Luciani, 2014.

transações estatais como agentes comerciais da administração real.[12] Assim, comerciantes da cidade de Ura, localizada na costa mediterrânea da Cilícia, considerada o portão marítimo do império hitita no sul dos altiplanos centrais da Anatólia, tirando proveito de um acordo diplomático entre Shuppiluliuma I e Niqmaddu II, foram autorizados a permanecer em Ugarit, com a recomendação de que não se estabelecessem na cidade durante a estação do inverno (Briquel-Chatonnet, 2014a, p. 218; cf. Klengel, 2014, p. 94). Isso certamente lhes possibilitou comerciar, baseado nas listas mencionadas por Klengel, "gado, ovelhas, cavalos, mulas, burros, grãos e vinho, além de itens preciosos como prata, ouro, lápis-lazúli, cornalina, 'pedra da Babilônia', cristal da montanha, ferro, cobre, bronze e estanho".

Em adição, as conexões comerciais que abasteciam com os mais variados produtos as cidades levantinas, egípcias, anatólicas, egeias e eufratênias, além do transporte pessoal do pagamento de tributo ao grande rei do império hitita – "doze minas e vinte siclos de ouro, um copo igual a uma mina em peso, quatro peças de roupa menores de linho, uma grande vestimenta de linho, 500 siclos de lã azul-púrpura e 500 siclos de lã vermelho-púrpura", afora o pagamento de tributo dirigido à rainha consorte –, tinham Ugarit como porto central e mediador econômico. O aval para os palácios era dirigido por quem detinha o controle administrativo, a realeza sediada em Hattusha.

Participante desse sistema pelo estado privilegiado encontrava-se o "Palácio da Rainha Mãe". Localizado no lado norte da praça da cidade, o palácio era uma construção retangular medindo mais de 400 metros quadrados dividida em duas partes e muitos compartimentos divididos por portas, tendo contígua uma casa de cerca de 15 metros quadrados. Baseado em sua estrutura topográfica de várias fases e na descoberta dos lingotes de chumbo em sua estrutura com evidências de reutilização pelos construtores, o palácio foi provavelmente construído sobre restos de antigo assentamento, em constantes estágios de construção e restauração (cf. Yon, 2006, p. 55-58). Essa relativa autonomia domiciliar estava no contexto da participação da rainha na política internacional, o que lhe garantia independência financeira. Vita (1999, p. 470) afirma que "por meio de seus escribas e mensageiros, ela mantinha conexão direta com as principais cortes do período", sendo permanentemente informada pelo rei acerca das atividades externas dele.

Mais abordados na historiografia de Ugarit quando analisados os arquivos encontrados na cidade, os documentos da Média Babilônia datados entre 1400 e 1200 tornaram pública a importância do comércio em que os mercadores complementavam seus ganhos por meio das conexões com os palácios, *i.e*, o palácio do rei e os templos. Estas duas instituições, mantendo fortes relações com mercadores, se beneficiavam com mutualidade.

12 Greenberg (2019, p. 329-36) apõe várias evidências do comércio e produções partilhadas.

Sistema alfabético e escrituração

O maravilhoso acervo de artes visuais e obras literárias de língua ugarítica com matriz alfabética cuneiforme, por isso de influência babilônica mas também com matriz do sistema escritural egípcio, antecede e enceta a importante produção literária de tradições religiosas de Israel Norte e Judah. Seus textos foram talhados ou copiados em suportes de metal, pedra e cerâmica. A escritura religiosa e as iconografias de Baal estão entre as mais constantes referências locais – a primeira pela origem e difusão do alfabeto no Ocidente e a segunda, pela exposição museológica das iconografias do "rei da cidade" e demais obras de arte.

Os carateres alfabéticos, a escritura documentária e artística, a atividade escribal e sua utilização estão presentes no Levante desde o início do segundo milênio, seja pela presença das escrituras egípcias e mesopotâmicas, seja pelo nascente letramento alfabético e descoberta de materiais propícios à escrituração na cidade e também em Biblos. A transcrição de documentos tem sido considerada a grande incumbência operada pelos escribas após a aprendizagem do ofício. Briquel-Chatonnet (2014b, p. 278) argui que a escritura alfabética com atestação mais antiga foi encontrada na península do Sinai, no sítio de Serabit al-Khadim, em um planalto onde se explorava a pedra turquesa. Os faraós enviavam trabalhadores à região anualmente em dois períodos de longa duração – Império Médio (sécs. XXI–XIX) e Império Novo (sécs. XVI–XII) – para a exploração do mineral semiprecioso. A presença desses diplomatas do governo egípcio deixou como importante memória cultural na região sinaítica o culto à deusa Hathor, agora designada como "Senhora da turquesa", e o sistema alfabético egípcio por meio das inscrições deixadas no local. Em 1916 da Era Comum, o egiptólogo Alan Gardiner aventou a hipótese de que as inscrições egípcias foram transcritas para uma língua semita ocidental, cujo alfabeto era próximo do fenício ou hebraico. Como se poderia esperar, as escriturações realizadas por pessoas nativas do Sinai tiveram por base para o alfabeto o sistema utilizado no Egito, os hieróglifos. Eis a perícia do descobridor:

> Ele decifrou notavelmente uma sequência de cinco signos que interpretou como LB'LT, isso é, a preposição *li*, "em, para", e Ba'alat, feminino de Ba'al, "mestre": este sintagma corresponde ao título da deusa Hathor, patrona de Serabit al-Khadim, e atesta a presença de um culto levantino nesse lugar, porque Ba'alat é igualmente o título da deusa 'Aštart, que figura no topo do panteão da cidade fenícia de Biblos. A leitura desta sequência e de algumas outras mostra também que se trata de uma língua semítica, do tipo "canaanita", em que a escrita nota apenas consoantes, que permaneceu a regra nos alfabetos semíticos. (Briquel-Chatonnet, 2014b, p. 279).

As inscrições em rochas ainda sem datação encontradas em Serabit al-Khadim, no Sinai, permitem-nos aproximar de seus contextos. Por isso, o período postulado para a datação dos mais antigos testemunhos, segundo Briquel-Chatonnet (2014b), situa entre os séculos XXI–XIX e XVI–XII, sendo que os abecedários fenícios tardios de cerca do século XIII suplementaram mais letras, *e.g.*: ʾ, B, G, D etc. Por outro lado, os tabletes alfabéticos ugaríticos apresentam a sequência H, L, Ḥ, M etc. Tem-se a hipótese de que na origem da língua ugarítica, por um lado, e da língua hebraica, por outro, esteja a língua dos antigos amurritas, a *língua canaanita*.

Afora a pictografia que permite várias hipóteses, a invenção do alfabeto deu-se quando foram ligadas as consoantes do sistema alfabético para propiciar uma escrituração que, simplificado do sistema egípcio, passou a ser usado em notações comerciais. Em vista disso, a difusão ocorreu primeiramente no litoral, chegando a Ugarit, onde foi mantido o sistema utilizado no Sinai com cerca de 30 consoantes – há documentos provenientes do poder real nos arquivos privados de Ugarit do século XIII. Para maior precisão nos dados historiográficos, o assim chamado alfabeto ugarítico, uma linguagem oriunda de um dialeto do noroeste semita e também conhecido como "cuneiforme ugarítico", consistia inicialmente de 27 letras, com adição de mais 3 letras necessárias para a escrita da língua semita e do hurrita. Aí, a nova cultura sobrepôs-se a duas consideráveis dificuldades funcionais para a adesão e que colocam em partes opostas da questão a Mesopotâmia e o Egito. Ei-las: a presença sociopolítica de grandes reis mesopotâmicos utilizando sistemas comerciais próprios e a precificação do papiro em Ugarit. Ambas dificultavam os usos da matéria-prima do Nilo.

Esses contextos faziam parte do motivo pelo qual a escrita alfabética de Ugarit não fora adotada por nenhum pequeno reino do Levante como escrita oficial.[13] Naturalmente, as escolas escribais da Mesopotâmia e do Egito conservaram com os anais e a literatura em geral as formas linguísticas de milênios passados, e Ugarit dificilmente ficaria alheia às tradições predominantes.

Os testemunhos materiais começaram a ser escavados a partir de 1929 da Era Comum e foram encontrados milhares de tabletes de cerâmica com abecedário e inscrições. Esses documentos estão sendo datados entre o final do século XIII e o início do século XII, sendo que a natureza multicultural da cidade tem atestação também por meio dessas fontes. Utilizadas até a destruição da cidade, mais da metade das fontes foi escrita em cuneiforme babilônico silábico e outro tanto, em sinais cuneiformes desenvolvidos e adaptados para o novo alfabeto por escribas locais. As atividades escribais teriam iniciado no reinado de ʿAmmittamru III[14] (cf. Roche-Hawley, 2016, p. 85). Christopher A. Rollston (2019, p. 375) auxilia-nos nas localidades:

13 A contextualização sobre a origem do alfabeto proposta por Christopher A. Rollston (2019) contribui para a minha proposição.

14 Há problemas em relação à época de reinado de ʿAmmittamru III. Pode ter sido *c.* 1225–1220/1215 ou 1260–1235; no entanto, esta última datação tem sido atribuída a ʿAmmittamru II!

> A maioria desses textos datam do século treze, e a esmagadora maioria foi encontrada nos antigos sítios sírios de Ugarit, com um pequeno número encontrado nas proximidades de Ras Ibn Hani, mas alguns textos ugaríticos foram encontrados em locais como Kedesh, Chipre (e.g., Hala Sultan Tekke), Líbano (e.g., Kamid el-Loz e Sarepta) e Palestina (e.g., Ta'anak, Bet-Shemesh).

Após a destruição da cidade, no início do século XII, o alfabeto se tornou conhecido em todo o Levante por deslocamentos migratórios, com escribas adaptando os grandes sistemas alfabéticos às grafias locais até a quase indistinção gráfica ou estabilização no século VIII. Bordreuil (2014, p. 283) afirma que papiros com inscrições em fenício e aramaico foram encontrados apenas no Egito, particularmente em aramaico em Elefantina (Gazīrat Aswān). Contudo, muitos documentos antigos da vida cotidiana contendo transações comerciais e correspondências pessoais não estão entre os que foram conservados na região do mar Morto. Do século VIII, os ostraca (singular: *ostracon*) encontrados em sítios de Samaria, Arad e Lakish testemunham o desenvolvimento do sistema gráfico usado no segundo milênio e o caráter documentário empregado por israelitas. Antes, porém, a escrita alfabética linear fora encontrada nos sítios levantinos de Lakish, Qubur al-Walaydar e Gezer em vários períodos desde o início do segundo milênio (Rollston, 2019, p. 374). Para além das identificações comerciais de terras e objetos, dos selos palaciais e de assinaturas reais, assim como do desenvolvimento das literaturas mítica e ficcional, tudo foi praticado por membros das elites governantes.

Nos arquivos, foram preservados fragmentos lexicais e documentos administrativos, dentre os quais uma valiosa cópia de correspondência provavelmente enviada por um oficial em Ugarit ao diplomata do império real em Canaan, negociando o preço de um carregamento de grãos a ser transportado da cidade. Acerca do documento, sua forma e conteúdo fizeram com que o mesmo tenha sido colocado como um modelo de carta ensinado pelos mestres de escola de escribas aos seus discípulos que, conforme propõe Greenberg (2019, p. 306), compunha o estojo desses profissionais.

Poder-se-ia afirmar que os objetos técnicos no Levante tiraram da obscuridade as bordas e mostraram sua integração com os impérios:

> Admite-se que a inscrição bilíngue assiro-aramaica descoberta em 1979 no nordeste sírio em Tell Fekheriye, próximo da antiga Gûzâna [Guzana], data do final do século IX, quando esse reino já era controlado pelo império assírio. A versão alfabética é do aramaico, mas a escrita mesma ainda não apresenta nenhuma caraterística propriamente aramaica. O aramaico é atestado no reino de Qué [*Qu'e*], a leste da Cilícia, onde, também ali, a influência assíria é preponderante no final do século VIII. (Bordreuil, 2014, p. 285).

Essas fases do desenvolvimento da escrituração caminharam em parelha com a busca por condições adequadas de conservação dos manuscritos, pelo menos reflete o fato de que "em algumas casas, como a de Urtenu, em Ugarit, os documentos eram guardados em nichos cavados na parede" (Michel, 2014, p. 291). A isso pode-se acrescentar que "foram conservados cerca de 1.400 tabletes com escritura ugarítica" e que os escribas da cidade "escreviam com o sistema alfabético ugarítico" quando tratavam de assuntos locais e escreviam com cuneiforme babilônico "para os assuntos internacionais" (Mieroop, 2020, p. 265). Uma questão levantada por Bordreuil diz respeito à ausência de uma divindade da escrita no Levante; falta, portanto, um ou uma igual do Nabû mesopotâmico e do Thot egípcio. Talvez por causa da complexa engrenagem de transmissão realizada em estações de controle comercial – minas de exploração de minérios e pedras preciosas, oficinas de trabalho técnico de adaptação de vernáculos e seus sistemas –, cartas pessoais, anais e documentos tenham sido produzidos pelo poder real.

Isso evidenciou sobremaneira as atividades humanas, deixando pouco espaço para a mitologização dos inícios da nova atividade intelectual no Mediterrâneo. Não obstante os usos profanos na região, os reinos levantinos de Israel Norte e Judah associaram a profecia ao manuscrito do escriba e divulgaram a tradição em que as camadas redacionais passaram a ser obras proféticas, facilitando assim a sua sacralização. Em adição, Ugarit pode ser, com justeza, colocada no pequeno conjunto de cidades do segundo milênio responsáveis pela cristalização não apenas de identidades próprias, mas também de identidades étnicas, estados e, sobretudo, culturais levantinas, dentre as quais destaco a cultura religiosa. O *Ciclo* é uma obra que demonstra a imensa consciência de si do povo ugaritiano que, ao fazer uso de um sistema alfabético que lhe chegou inspirado nos hieróglifos – operou-se uma translabilidade literária e dos sinais vernaculares, na linha do que fora realizado com as divindades –, soube transcrevê-lo e então desenvolver com perícia o vernáculo para inventar o seu próprio sistema gráfico.

O declínio da cidade-Estado no contexto do colapso do sistema regional

Ugarit e Biblos concentravam as longas viagens para o Egito desde o início do BM e foram as primeiras metrópoles a difundir a escrita pelo Mediterrâneo. Ambas tiveram destinos semelhantes: foram destruídas por fortes incêndios entre os períodos arqueológicos do BA III e BA IV. Aubet (2007, p. 258-59, n. 15) apresenta uma teoria para essas destruições ainda não totalmente elucidadas: pode terem sido provocadas entre 2300 e 2200 no conjunto de metrópoles altamente produtivas, formado por Ebla, Mari, Ugarit, Tell Leilân (identificada como a antiga *Šubat-Enlil*), Hamat e Biblos; não por invasões dos nômades amurritas, mas por Sargon de Akkade e seus sucessores, como tentativa de coibir as ações do Egito no Mediterrâneo e desintegrá-lo naquela época da VI Dinastia pela escassez de produtos básicos, tais como resinas, cobre, azeite, vinho e madeira.

Além do que precede, por volta de 1340 Shuppiluliuma I submeteu a Mittani e avançou por terras com a influência egípcia na condução política; consequentemente, a cidade de Ugarit passou por processo de submissão por não mais contar com a proteção de Mittani, assim como importantes cidades-Estado sírias atacadas, tais como Alepo, Mukish, Qatna e a longínqua Damasco. Na primeira metade do século XIII, os sistemas de comunicação e de comércio por terra e mar no Mediterrâneo oriental começaram a entrar em colapso, a crise atingiu fortemente o sul do Levante. Essa crise foi atribuída aos Povos do Mar, mencionados em fontes egípcias do século XII e denominados em forma de vilipêndio para o ambiente ugarítico de "habiru", por Hattushili III. Visualmente atraentes, duas das teorias que ganharam destaque podem ser assim intituladas: migração lenta pela natureza móvel das populações e invasão que teria levado ao imediato conflito militar. Em síntese:

> Como muitas cidades, Ugarit suportou incêndios e terremotos, mas sempre conseguiu voltar. No início do século XII A.E.C., entretanto, as circunstâncias eram diferentes. A cidade foi completamente destruída *ca.* 1190–1180 A.E.C. pela invasão dos Povos do Mar, um evento em meio à turbulência e catástrofe que afligia a bacia do Mediterrâneo oriental nessa época. Essa destruição encerrou a grande era da cultura ugarítica local. (Gates, 2011, p. 158).

Entretanto, importaria fundamentar nas teorias as evidências da falta de suprimento de alimentos e os motivos da queda na produção agrícola como *praecipua ratio*, dados que pesquisas mais recentes têm colocado no centro dos movimentos sociais que tomaram impressionantes proporções ocorridos entre 1250 e 1150, responsáveis pelo colapso do império hitita e que findou consequentemente o período arqueológico do Bronze Tardio. Assim, "estudos paleoclimáticos provaram que o Mediterrâneo oriental passou por uma longa (até 300 anos) fase de seca iniciada nos últimos séculos do segundo milênio" (Pucci, 2020, p. 331-32), causando acentuada degradação nos setores produtivos das terras férteis banhadas pelo rio Orontes, desabastecimento generalizado de produtos alimentícios e consequente aumento da fome na região. A gravidade atingiu os territórios de 'Amuq, a planície e seus afluentes, e Mukish (Palistin) com suas cerca de duzentas aldeias; envolveu diretamente na crise as cidades costeiras da Cilícia, de Chipre e Ugarit, assim como fragilizou o sistema estatal sustentado por Karkamish e seu entorno de cidades politicamente subordinadas, Alalah, Alepo etc. (cf. Liverani, 2016, p. 517-27; Pucci, 2020, p. 329-38). Os acontecimentos da época estão ligados ao funcionamento das estruturas sociais e mecanismos políticos; pode-se apor a hipótese de que houve uma sucessão de controle baseada numa espécie de protetorado no norte com Hatti e no sul com o Egito, com guarnições e tributação na administração direta, mas tolerante em relação às elites governantes. A crise é econômica, portanto, no contexto da emergência de conflitos contra a exploração sistemática dos impérios e Estados territoriais na região.

O crescimento populacional, ocorrido pela chegada de imigrantes em busca de melhores condições de vida, fez aumentar desproporcionalmente à produção o consumo de grãos, levando estratos sociais à fome, conforme documentos hititas da Anatólia corroborados por correspondência trocada entre Hattushili III e seu genro, o faraó Ramsés II, na qual se menciona a situação de escassez de alimentos (Santos, 2012; Klengel, 2014, p. 95). Estou colocando a desintegração da política, tecnologia e da dinâmica econômica como os fatores internos e externos, o demográfico e processos migratórios, como os problemas que ocasionaram as tentativas de bloquear os contatos. Desde a origem, os dois amplos fatores ocasionaram efeitos multiplicadores na rede de interesses da qual faziam parte reis, altos funcionários ou diplomatas e responsáveis pelas empresas de comércio privado que exploravam as populações citadinas e do setor rural. Portanto, o quadro apresenta dois níveis na estrutura da sociedade: as elites interligadas que usufruíam das vilas residenciais, dos serviços estatais e objetos luxuosos, e as populações, por sua vez, escasseadas.

No plano de fundo estão os fatos econômicos comuns em sociedades estatais, a tributação e concentração da riqueza por parte das elites e a situação geral de degradação da população e culturas dos ambientes domésticos. Do que se pode destacar dos processos migratórios, eles foram superdimensionados pela degradação natural da terra e perdas de parcelas, levando os imigrantes a forçarem assentamentos nas zonas costeiras e lugares nos quais se tinha acesso a água irrigada. Ao considerar questões contextuais como estas, lembro que Liverani (2009, p. 69-70) afirmou que os grupos sociais nômades e seminômades que se deslocavam de suas terras se organizaram em aldeias, política e ideologicamente contrários ao palácio real, de quem se sentiam desprotegidos. Contra os assentamentos dos campesinos na cidade e suas organizações políticas, as elites governantes citadinas reagiram criando uma aristocracia militar a serviço do palácio.

Com efeito, esses fatos do século XIII devem ser mais profundamente contextualizados. Será preciso retomar a questão acerca do império sucessor de Mittani, o império hitita: dividido internamente, o império foi golpeado por pontos de rebelião regionais contra um sistema político que espoliava a população do setor rural. Nas fontes analisadas por Mieroop (2020, p. 226-27), os números produzidos pelo plano de fundo da escassez de alimentos em Ugarit são os seguintes:

> Seu número é difícil de estimar, mas os registros de Ugarit, por exemplo, sugerem que uma população rural entre 20.000 e 25.000 pessoas em cerca de 150 aldeias teve que abastecer uma população urbana entre 6.000 e 8.000 pessoas. Havia, portanto, uma escassez de mão de obra e as políticas do palácio exacerbaram essa situação.

Não subestimemos o papel da realeza no agravamento da crise. O último rei da cidade, 'Ammu-rabi, tinha contra o seu governo o agravamento das crises com os reis de Hatti produzidas ao longo do período do Reino Novo hitita. Ele recebeu uma carta do rei de Karkamish repreendendo-o "por não fazer uma visita ao Grande Rei e não enviar presentes suficientes" (Devecchi, 2019, 130). Sem dúvida, a falta de cortesias diplomáticas como a visita e os presentes a um grande rei se consignava falta grave à maneira de insubmissão; isso contribuiu para o isolamento da cidade, mas o quadro revelou o estado administrativo infausto a que a mesma se encontrava e prenunciou a catástrofe maior. Por outro lado, os insolúveis problemas políticos foram superagravados pela divisão excludente das identidades sociais que relegava à semiescravidão os aldeãos endividados. Esses aldeãos quando se alistaram em frentes de trabalho, visando obterem condição para o pagamento dos impostos acumulados, ficavam à mercê das elites urbanas, as elites que eram mantidas pelo palácio com salários e terras agriculturáveis. Da Anatólia, os números conduzem ao panorama da queda do império hitita no cenário mapográfico do colapso: com o império dividido e em vista à força das rebeliões, a elite governante fugiu da capital Hattusha, mas foi capturada pelos *kaška* (tribo não indo-europeia que mantinha membros nas guarnições militares hititas), que saquearam a cidade.

Gostaria de lançar um breve olhar ao ponto de virada de ambiente e relações de transdução na Síria-Anatólia. Isso aconteceu nessas imensas regiões no século XIV por motivos atualmente muito bem documentados: o declínio de Mittani, incursões das novas grandezas socioétnicas hititas e a implantação de províncias pela Assíria, sendo esta a principal causa do deslocamento de lugares de origem por grupos sociais com suas memórias culturais. A redistribuição em grande escala na Síria-Anatólia atingiu com maior gravidade os pastoralistas nômades, submetidos a uma administração central; os reis assírios "teriam despojado os povos móveis de sua autonomia relativa e impactado fundamentalmente seu modo de vida" (Szuchman, 2008, p. 402), agora sofrendo os efeitos da rápida urbanização. Na verdade, todos os grupos populacionais dessas regiões tiveram seus modos de vida alterados; a gravidade aqui se deve ao maior controle dos meios e produção e, com o controle, a emergência das novas elites – governantes, econômicas e militares.

Em síntese refletida da pesquisa de Szuchman (2008, p. 402-403), os drásticos efeitos da reestruturação administrativa e demográfica que culminaram no colapso de escala transregional: maior controle da população por política tributária e presença de militares; supressão da autonomia dos pastoralistas e suas culturas de mobilidade; mudanças de rotas locais e inter-regionais; sistematização dos usos do solo, sendo que a expansão das áreas destinadas ao plantio foi seguida pela expansão dos canais de irrigação. Estes fatores agravaram o sedentarismo das populações locais, a estruturação de relações de produção e a consequente dissolução do mundo significante, distintivo etnicamente.

Enfim, os governantes das cidades-Estado sobreviventes preservaram as linguagens escritas, estruturaram os campos religiosos e deixaram como herança a divisão do protagonismo urbano com os luwitas, as novas dinastias autodesignadas como neo-hititas e, posteriormente, com os aramitas constituídos no primeiro milênio. Indefensável, a crise nas cidades-Estado evoluiu; no centro, as elites participantes da rede de interesses comerciais foram incapazes de manter o funcionamento do palácio e a governança real, bem como incapazes de assegurar a estabilidade por meio do controle militar. Sem o palácio, alguns agentes comerciários de serviços e trocas privados tentaram sobreviver de diferentes formas organizativas, com os seus recursos acumulados. No entanto, os novos projetos foram inviabilizados:

> Os próprios protagonistas do comércio desapareceram (reis, escribas e embaixadores, comerciantes do palácio, especialistas do palácio etc.), e porque a organização política e jurídica do comércio foi destruída (garantias jurídicas, tratados de aliança, proteção militar, indenizações financeiras, passe livre e cartas de crédito etc.). Até o canal linguístico (letras na língua acadiana e escrita cuneiforme) que, na Idade do Bronze Tardio, era empregado em contatos interpalaciais na Mesopotâmia, Anatólia, Síria-Palestina, Egito e Chipre, chegou ao fim quando escribas e escolas de escribas (que faziam parte da administração do palácio) foram eliminados com o colapso final dos palácios. (Liverani, 2009, p. 70).

Posteriormente à destruição, a cidade de Ugarit voltou a receber assentamentos em pequenas escalas de afiliação cultural. Seu sistema alfabético foi adotado pelos fenícios e possibilitou o desenvolvimento das línguas semitas entre as populações do Levante, com acento especial no alfabeto aramaico adotado pelos impérios neoassírio e persa – este mais importante pela maior extensão territorial –, que predominou no antigo Oriente-Próximo no primeiro milênio. No espectro dos seguidos combates na costa mediterrânea que colapsaram o período arqueológico do BT, no qual Ugarit começa literalmente a imergir em cerca de 1180, entendo que devem ser colocadas no plano frontal dos acontecimentos as lutas de sobrevivência das grandezas socioétnicas autóctones e as citadinas imigradas.

2. As culturas objetificadas

A mobilidade dos grupos sociais, as conceptualizações materiais e as ideias aplicadas aos diferentes modos de vida de etnicidades nas cidades e setores rurais aparecem, relativamente à afinidade virtual de parentesco muito maior que às políticas de guerra, objetificadas na cultura religiosa. Em contraste, a natureza performativa ou cenográfica das representações transmite a noção de territorialidade que cabe a ambas concepções de relação. A percepção de elementos figurativos em cenas cotidianas, em movimento, dentro do contexto de mediação, ajuda-nos a entender a mensagem transmitida. Com a urbanização, o Levante transformou-se numa geografia de imensos territórios de entroncamentos, entrepostos comerciais, incursões militares, exploração de minérios, disputas estatais, resistências tribais, transmissões transregionais. Isso transformou as dimensões de mundo de reis mesopotâmicos, "cuja visão de mundo se confunde com a visão política" (Santos, 2018b, p. 35), para além dos rios Tigre e Eufrates. Desde Tiglat-pileser I, o Levante, particularmente o Mediterrâneo, tornou-se um horizonte a ser mantido sob controle para a exploração de riquezas. Aliás, "a partir do terceiro milênio, com a acelerada urbanização, essas comunidades viram-se modificadas com o aparecimento de pessoas que não exerciam funções propriamente agrícolas e pastoralistas, tais como os artesãos, sacerdotes e comerciantes" (Santos, 2018b, p. 201).

As culturas aramitas emergiram no início da Idade do Ferro em ambientes de competição promovida pela variedade de grandezas socioétnicas em processo de cristalização estatal.[15] Na etnografia, essas grandezas situam-se em dimensões de longos processos:

> A identidade aramita esteve em construção por um longo período de tempo em um processo complexo de confrontação e emulação que se cristalizou nos séculos 10º a 8º para formar uma combinação temporária e flutuante de características culturais heterogêneas, entre as quais apenas seu nome e seu(seus) idioma(s) têm desfrutado de algum tipo de durabilidade. (Bunnens, 2016, p. 275).

A cultura hitita foi mantida influente no início da Idade do Ferro nos modos de vida cultural, o que se pode chamar de "política de continuidade", com fundamento principalmente para a cultura escribal luwita que, antes da emergência das linguagens aramitas (escriturações, obras de arte, expressões familiais) nos contextos siro-mesopotâmicos, tornou-se a típica cultura itinerante dada a permanente mobilidade de funções daquelas sociedades. Em escalas proporcionais aos grupos sociais envolvidos, as religiões "estrangeiras" e as "conquistas" militares associadas num mesmo quadro político tinham a função de transferir representações ideológicas.

15 Bunnens (2016, p. 267) a isso enuncia como possibilidade e no singular: "a possible Aramaean culture".

As obras de arte têm períodos de movimento e de não movimento, seguindo as escalas e os itinerários humanos, que, por sua vez, seguiam a circulação das tecnologias trocadas ou modificadas para usos de suas propriedades a depender do ambiente, da temporalidade e da função. Os artefatos transmitem várias formas de vida, desde o acomodamento numa plataforma decorativa ou o carregamento de bens materiais e dons imateriais, às itinerâncias sociais, ou levam a vida como bens sepulcrais. Sua presença não apenas faz parte abstratamente como produto típico de cultura, mas constrói a sociedade porque sua vida – passado presente –, é biográfica. Os estágios de vida e itinerários de viagens, no dizer de Morag M. Kersel (2019), compõem a lista de atributos do artefato. Nas fases de vida em que participa como agente cultural na sociedade, o artefato acumula, conforme durabilidade e aplicações práticas, suas significações. A articulação da obra de arte ou artefato tornava-se tão ocasional que sua existência se associou a vários meios ambientes, eventos, temporalidades e agentes memoriais e em atividades; a estes, no caso dos grupos pastoralistas, incluo seus retornos sazonais.

É nesse sentido que examino a artesania e a jornada relacional das culturas biográficas e itinerantes; a capacidade de empreender antigas manufaturas artísticas, com a arte sendo desenvolvida com formas inovadoras, consolidou a cultura material. Não obstante, para Mazzoni (2016a, p. 282), no âmbito da continuidade é necessário não esquecer que os aramitas se "inter-relacionaram intensamente com os governantes luwitas e os conquistadores assírios ao longo de sua ascensão ao poder entre os séculos 10º–8º AEC".[16] Isso modificou em alguns aspectos, a partir do século X, a comunicação da cultura material por inserir mecanismos antes estranhos ou próprios de outra determinada região, notadamente artefatos com percepção individual tornados mais tarde linguagem representativa de lugar ou de comunidade. Fundadas nessa cultura, as grandes cidades que se coalizaram contra a Assíria – quais sejam, Hamat, Damasco, Samaria, Biblos, Irqata, além de Karkamish – destacam-se pela manutenção da tradição política e liderança regional num tempo de conflitos por vezes generalizados e campais; observada a particularidade de Alepo pelo prestígio da cultura religiosa, cuja tradição foi seguida por Ugarit e Karkamish.

Mesmo em terras não urbanizadas, ambientes agrários rurais, praticou-se a translação cultural; contudo, é razoável afirmar que essa translação esteve conectada às políticas dos centros urbanos assim como às expressões míticas. Seria o caso de sobreposição de programas religiosos, considerando que cada cidade estabelecia conexão com uma divindade ou panteão, influenciava a inscrição de teônimos pessoais, além da associação com a política e a industrialização locais, especialmente com a artesania e os êxitos reais.

16 A isso apresentei amostra, informando a versão assíria de alguns nomes e expressões aramitas mencionados.

A incorporação de elementos – guerreiros, criadores cósmicos, mortuários, fertilizantes – e a instrumentalidade guerreira no caso de Haddu, quando se tornam intrínsecas como vínculos inseparáveis da atuação divina transformam o caráter das memórias vivenciadas – as memórias que conferem consciência à prática cúltica regular –, associadas agora a tradições míticas. Também em relação a Haddu, os instrumentos associados carateristicamente à sua perícia guerreira, transformados em elementos estéticos corpóreos, têm maior importância do que a cidade, pois o lugar é múltiplo e, assim como suas culturas traditadas por mitologias, o deus único é itinerante. Para nos conceder um exemplo do primeiro milênio que diz respeito à Assíria, levemos em conta, como o faz Flynn (2020, p. 85), a sua visão política, com viagens por geografia de longa duração guiadas pelo intuito de alcance universal. A Assíria carregava nesse intuito a expansão em termos religiosos.[17] No entanto, no Ferro I–II continua sendo temerário afirmar a existência de algum conjunto arquitetônico que indique controle assírio sobre a religião em território subalternizado. Sem político real específico para substituir a elite governante local, apenas o controle militar temporário – seja como ocorreu com Damasco na época de Hazael, contra Shalmanasar III, seja como se passou em Hamat e Arpad, respetivamente na época de Adad-nerari III (810–783), Zakkur e Attar-shumki I (805–796)[18] – mostrou-se insuficiente para a mutação de divindade.

A grafia à parte. Várias inscrições testemunham em seu conteúdo a influência assíria (cf. Hafþórsson, 2006; Briquel-Chatonnet, 2014a; 2014b; Sass, 2016). Com registros do primeiro milênio, quando a região central foi acessada pela expedição de Shalmanasar III, a Anatólia, nomeadamente Tabal, foi redescoberta pelo império neoassírio cerca de três séculos e meio após o declínio do Reino Novo hitita em cerca de 1180. Documentos assírios testemunham a existência de governantes com nomes neo-hititas e de dinastias locais (Sams, 2016, p. 609). Afora extradições e reassentamentos, marcas das guarnições, os assírios não estabeleceram nem política nem religião na Anatólia, procedimento análogo e quase simultâneo no Levante. Não obstante, os contatos com os aramitas sírios deixaram herança cultural significativa.

Fontes históricas têm indicado que as relações siro-anatólicas foram estabelecidas entre o final do quarto e início do terceiro milênio, com a cristalização da urbanização beneficiando as relações comerciais promovidas no Levante. Com esses tratos

17 Sobre a "missão imperial" assíria, cf. Liverani, 2017, principalmente p. 33-54.

18 A datação para o período de reinado é baseada nas campanhas de Adad-nerari III, nos anos de 805–803 e 796, registradas nas "Crônicas Epônimas"; além disso, há dúvida quanto à identidade do governante, em relação à designação dinástica Attar-shumki I e Attar-shumki II (Attār-šumkī I e Attār-šumkī II; ass.: [m]*a-tar-šúm-qa*) (Younger, 2016, p. 524, 536; cf. Santos, 2022). Em adição, o nome do rei parece ser uma composição etiológica, pois Attār é nome de uma divindade síria, e a evocação seria "Attār é minha proteção".

intensificados entre as duas regiões, "houve uma profunda mudança qualitativa, à época, nos graus de distinções sociais, a divisão do trabalho, conceitos de ordem mundial e na ascensão do militarismo" (Marfoe, 2009, p. 32). As transformações motivaram a mudança de assentamentos para as estepes da Síria central, para além do norte do Crescente Fértil, onde os grupos familiais desenvolveram tradições identitárias longe do impacto causado pelo aglomerado de práticas religiosas e exigências comerciais das rotas marítimas. Nas estepes, os assentamentos preservaram as relações com a Anatólia e estabeleceram contatos com a Mesopotâmia a partir do BA, cerca de meado do terceiro milênio (Marfoe, 2009).

A reintegração dos "altiplanos anatólicos com o norte da região siro-mesopotâmica no começo do segundo milênio", segundo Ömür Harmanşah (2016, p. 631), fez com que a Anatólia "tivesse preparados os fundamentos geopolítico e econômico para o império hitita". O resultado desses contatos hitita-anatólicos nota-se nos ortóstatos (blocos de basalto ou calcário vertical) utilizados como relevos monumentais no palácio de Ebla, no templo de Haddu em Alepo e no muro e complexo palacial de Alalah (cf. Harmanşah, 2016, p. 632; Pucci, 2020, p. 328-30). Mesmo após a conquista hitita no século XIV, Alalah manteve os padrões de capital administrativa de Mukish permanecendo como concorrida sede de complexos religiosos, o que mais tarde veio a ocorrer com a revitalização de Alepo. Essas interações culturais estabeleceram uma tradição para a arte escultórica no Levante a partir do momento em que o ortóstato se tornou a matéria-prima para as formas iconográficas cúlticas e inscrições monumentais.

> Na paisagem urbana politizada das primeiras cidades da Idade do Ferro nos estados siro-hititas e na Assíria, os abrangentes programas narrativos pictóricos da elite governante introduziram superfícies de parede altamente animadas em todo o domínio público, misturando imagens rituais com inscrições comemorativas e narrativas ideológicas do Estado. Os espaços urbanos foram assim transformados em plataformas cerimoniais para os espetáculos do Estado e a construção de memórias sociais. (Harmanşah, 2016, p. 639).

Desta forma os espaços domésticos das tribos e vilas foram lenta e continuamente cedendo seus rituais para encenações nos espaços públicos; estes se tornaram, em muitos locais, lugares de culto; em outros, foram ocupados pela construção de santuários e templos oficiais. Em termos de linguagem, ao fazerem parte de uma rede de atividades, tanto os espaços quanto as cerimônias recebiam participação indistinta, ainda que a comunicação dos ritos para a sociedade panfletasse a política palacial: as elaborações de imagens e cultos ao Baal foram fenômenos gerados pela difusão do culto ao deus matricial Haddu de Alepo. Considerando os antigos e frequentes conflitos envolvendo de um lado os grandes reis de Estados territoriais e de outro, as diversas populações, coloco como fator de reestruturação que levou à cristalização de ambientes culturais da Idade do Ferro as pequenas revoltas que estão no centro das grandes transformações do BT II.

Após a época em que Liverani (2009, p. 71) designou de "eclipse das escolas escribais e administrações palaciais", as relações internacionais passaram por mudanças estruturais de longa duração, não principalmente porque as cidades-Estado e pequenos reinos sofreram constantes assédios da Assíria, mas porque grupos populacionais passaram progressivamente a ter acesso a terras irrigadas ou a obter condições para a escavação de cisternas em grande escala, nos vales ermos ou antes usados como pastagem: a sedentarização de elementos nomádicos possibilitava o aparecimento de tecnologias de defesa e irrigação, com a substituição do bronze pelo ferro e domesticação de animais.[19] O Levante passava a contar agora com sistemas palaciais de administração da justiça e com cidades e reinos com etnias distinguíveis – isto estabelece um novo poder. Do ponto de vista cultural, "a base dos Estados-nação que se desenvolveram ao longo de todo o cinturão siro-palestinense teve no primeiro milênio a.C. a sua fundação em estruturas de natureza nobre que vinculavam comunidades em referência a ancestrais comuns e elementos tribais" (Peyronel, 2008, p. 191). Neste ponto, as bordas acabavam por interromper as conexões imperiais por se desenvolverem com autonomia política; ao mesmo tempo, a Síria perdia a Fenícia (Tiro e Sidon, além da cidade-Estado de Biblos), mas ganhava parceiros peritos nas novas tecnologias.[20]

As culturas itinerantes foram impulsionadas pela sacralização da realeza, e isto fomentou práticas divinatórias. As atribuições e atividades, a estética, o palácio, a presença e a sucessão reais ganharam a condição divina, ainda que na Mesopotâmia suas atribuições alçadas à esfera divina sejam muito restritas no tempo e espaço. Este fenômeno ficou limitado aos reis do sul da Mesopotâmia do século XXII ao XII, iniciado com Naram-Sin de Akkade.[21] Conforme propõe Philip Jones (2007, p. 353), "possuímos inscrições nas quais os reis reivindicavam estado divino, documentos administrativos que registravam ofertas de culto à sua divindade e textos literários que apresentavam reis divinos, tanto lendários quanto históricos". Dois problemas sobressaem inicialmente na pesquisa de Jones. A questão do limite temporal: a isto entendo que a tradição é de longuíssima duração e, portanto, suficiente para alcançar outras regiões

19 A domesticação de camelos ocorre em torno do século X em áreas desértica e de cavalos, no Período Calcolítico.

20 Para detalhes específicos, sugiro com entusiasmo a pesquisa de Liverani (2009).

21 O nascimento da divinação ficou marcado quando Naram-Sin "no ato de coroação dele apresenta-se com as armas das divindades EN.LÍL (Enlil), Dagan e Nergal (bab.: ^{md}U.GUR; sum.: ^{d}NIN-E^{2}.GAL; bab.: ^{d}Be-el-te-ka^{l2}-lim); esses deuses também eram cultuados nas cidades de 'Īblā e Ú-ga-ri-it" (Santos, 2018b, p. 306). No entanto, Sargon de Akkade foi o modelo real adotado não apenas por Naram-Sin, mas também por outros reis e até na elaboração mítica de Moisés por escribas judaítas e judeus (cf. Glassner, 2014b, p. 201-205).

do antigo Oriente-Próximo por meio dos contatos comerciais e relações diplomáticas inter-regionais. Esse fenômeno fica evidenciado em vários dos assim chamados "salmos reais" da BH em contextos plurirreligiosos, reconhecendo sua redação de período tardio mas para apor exemplo simples. Em relação a outro limite, qual seja, a atribuição eletiva, em que muitos reis não eram considerados deuses, isso está no âmbito das divergências políticas envolvendo as elites da sociedade e, partidariamente, do grupo de eruditos locais – escribas e artistas – que nas fontes literárias refletem o seu posicionamento tanto em relação ao elogio, recíproco apenas quando se trata de uma mesma casa palacial,[22] quanto em relação à avaliação da casa ou da dinastia opositora.

Muitas vezes a narração reflete o estabelecimento de uma consonância pública dos escribas com membros da sociedade, ecoando submissão ou protesto contra o governante; outras vezes, o reaproveitamento do material posteriormente à primeira camada literária possibilita a enunciação dos pontos de vista do novo escriba. Em ambos os casos, o legado publicado passa por processo de indução até tornar-se institucional. Ao contrário do que ocorreu entre o BM e o BT, quando são encontrados testemunhos documentários produzidos por muitos segmentos da sociedade acerca dos reis, ao longo da Idade do Ferro destacam-se escolas de profissionais que realizam a operação historiográfica com cargos na administração estatal, com publicação em anais e inscrições monumentais. Jones argui que a população da Mesopotâmia parece saber dos problemas inerentes à governança e à legitimidade do poder; entretanto, a relação divino-humana passava por mudanças. No segundo milênio, a santidade do rei:

> Explicitamente, ele foi comparado ao deus Dumuzi e comparado ao deus sol. Dumuzi era o marido de Inana, a temida deusa do amor e da guerra. Seus encantos atraentes forneciam um meio de canalizar seu poder potencialmente destrutivo para usos mais construtivos. O deus sol era o patrono divino da justiça. Tão significativo quanto esses modelos positivos, no entanto, foi um contraste implícito com o deus da guerra Ninurta (Jones, 2007, p. 354).

No primeiro milênio, o caráter humano do rei: humanizado apesar de continuar beneficiando-se da manutenção do poder como dádiva divina, um dado legitimador da violência que era talvez a natureza que mais justificava a investidura posto que a sabedoria estava sempre envolta a lendas, predominando as lendas de grandes batalhas como as que representam os deuses Ninurta (figura 32) em imagens acadianas e Set (figura 33), em imagens egípcias. No Levante do primeiro milênio, o perspectivismo cosmológico afastou-se parcimoniosamente do rei, quando divindades foram sendo entronizadas nos céus. Nos pequenos reinos, essa mudança decorre de guerras com os

22 Desconsideremos o elogio do vassalo e pedinte, tão comum nos documentos do Tell el-Amarna; cf. Santos; Weber, 2018.

grandes reinos – derrotas militares, destruição de palácio, templo, morte de governantes, exílios, escravidão. Destarte, a este postulado deve ser acrescentada a mudança de atitude das populações em relação à ordem cósmica, atestada na literatura babilônica: é a divindade que regula a ordem cósmica e é ela própria que passa a representar o poder divino nas realizações humanas (Jones, 2007, p. 359). Então, temos uma mudança cultural com a preservação da forma estética artesanal! Esta mudança implica fortemente na composição pronominal para seres humanos – passa a ser uma homenagem à divindade – e a circulação das coisas cúlticas.

Esse saber-se outro torna as coisas pluridirecionais, nas quais a produção da presença propõe os momentos de intensidade dos *movimentos vitais* em que o imaterial divino é materializado pela intervenção do artista e do escriba, nela a possessão revela-se visivelmente mútua, interativa. Como lembram Beate Pongratz-Leisten e Karen Sonik (2015, p. 12), apenas o conhecimento cultural e os materiais a serem utilizados na construção da estátua não são suficientes para o objeto como manifestação completa do divino. A presentificação denota mais do que uma similitude do perfil físico aparente, a estética exterioriza instrumentalidades e as qualidades potenciais necessárias ao grupo social, a distinção está na imagem. No entanto, será preciso acrescentar a interação comunicativa para além do culto para a mutualidade prover a recognição da presença e do pertencimento. Com isso, a encenação material passa a ser entendida como divina, ainda que nem tudo lhe seja equivalente, como sublinham Pongratz-Leisten e Sonik (2015, p. 20), mas todas as artes envolvidas têm por fundamento as memórias culturais num conjunto composto por materiais aceitáveis para a sua constituição. Assim, as imagens mentais dos sentidos da memória processam as afecções articuladas nos e pelos eventos da sociedade – a matriz material das experiências encenadas no artefato –, sempre assemelhadas com as formas humanamente concebíveis.

Pelo menos, as linguagens continuavam circulando velozmente, por vezes entre conflitos políticos estatais e comunitários. Com efeito, Theodore J. Lewis (2005, p. 100) nos informa acerca das pilhagens de imagens divinas operadas por Tiglat-pileser III (*c.* 744–727) e Sargon II (*c.* 721–705) nas cidades conquistadas. Um relevo reproduz o carregamento de estátuas divinas por membros da guarnição de Tiglat-pileser III onde se testemunha também a pilhagem em templo de uma cidade capturada. Semelhante ao caso de pilhagem no final do século IX pelo rei moabita Mesha em templo israelita (cf. Santos, 2019a), Lewis (2020, p. 140) lembra o fato de que Hattushili I "se gabou de levar divindades das terras conquistadas" e Sargon II ter, após "sitiar e conquistar as cidades de Ashdod, Gi[mtu] (= Gat), e [Ashdod-Yam]", declarado como butim de guerra as imagens divinas expostas no seu palácio da cidade de Dur-Sharrukin. No BT I, esse tipo de pilhagem era praticado por egípcios e habiru na costa do Levante (EA 134 e 252; cf. Liverani, 1998, p. 118, 230-31).

Semelhante ao estabelecimento das relações siro-anatólicas, os testemunhos na linha desses contextos políticos antecedem a popularização da exposição das representações das divindades e outras obras de arte de cidades saqueadas em praça pública ou erguimento nos templos, como parte das ações de guerra e rituais de vitória. Há rupturas geográficas e de evoluções sociais; no entanto, é razoável atribuir às populações levantinas a descoberta de Beate Pongratz-Leisten (2011, p. 88) quanto à pertença formativa da comunidade: dificilmente "a filiação se baseava na fidelidade a um conjunto de proposições de crença ou escolha pessoal conectadas a um culto particular que ia além da adoração ao deus da família e ao panteão local da cidade". Justifico com base na natureza multicultural da região, mas mantenho a aporia. Vejamos: para os gregos em torno do Mediterrâneo, o ícone foi assimilado por causa da iconografia antropomórfica na primeira metade do primeiro milênio (Rüpke, 2016, p. 75); no Levante, o culto em memória dos ancestrais e, posteriormente, o culto à divindade em ambientes domésticos, ambos com predomínio iconográfico antropomórfico, são atestados no Período Calcolítico, e a antropomorfia talvez estivesse no âmbito da invenção artística inicial com modelo acessível. As relações vêm de longe, portanto, e os modos linguísticos antico-orientais evoluem a depender do ponto de vista porque uma pressuposição de influência carregará consigo sempre alguma mentalidade colonialista.

A antiguidade a que me refiro tem por atestação "algumas cartas de oração, escritas em sumério, que foram colocadas aos pés das estátuas para solicitar a ajuda ou o perdão das divindades" (Sérandour; Villard, 2014, p. 378), as estatuetas de orantes mesopotâmicos do BA – como a do príncipe Ginak (*c.* 2700), do "Adorador de Larsa" (*c.* início do II milênio), do rei Gudea de Lagash (*c.* 2120)[23] (figura 34) e outros –, das quais os deuses Shamash e Adad/Haddu participam das demandas, além dos incontáveis nomes compósitos pessoais que aludem a alguma divindade.[24] Uma das atribuições humanas à guisa de estabelecimento de relações é dirigir-se com clamor (*ikribu*[25]) sabendo-se que as ações divinas afetarão o orante, mas como uma tentativa de ser bendito. Este será o meio indicado pelos sábios, render homenagens e clamar por favor, entendendo que o ofertório prolonga o tempo de vida e o clamor garante perdão pelos malfeitos ou o que deixou a divindade irada. Pela abundância de testemunhos, parece ter

23 A cidade-Estado de Lagash é identificada como uma entidade ou terra de pastoralistas; no termo de identificação geográfica amurrita referente ao rei Gudea, *hur-sag Mar-dú-ta* (montanha da inscrição de Gudea), o amurrita *mardu* qualifica à maneira de *kur* acádio (Porter, 2013).

24 Para o caso de nomes pessoais compósitos, consultar a importante obra de Rainer Albertz e Rüdiger Schmitt (2012).

25 Do acádio *ikibu*, *ikribum*, "oração", "consagração", "bênção" (*CDA*, 2000, p. 126; *AEAD*, 2007, p. 40).

sido algo comum no sul do Levante e na Mesopotâmia.[26] Couberam como plano de fundo as orações e cantorias, poéticas muitas vezes atribuídas aos sacerdotes e aos mestres de corais, enquanto as práticas divinatórias eram atribuídas aos profetas; entretanto, as evidências nos têm indicado outra realidade:

> O rei, por causa de sua posição de intermediário entre os deuses e seu povo, aparece ele mesmo muitas vezes na posição de orante. As inscrições de fundações contêm frequentemente orações reais pedindo a proteção dos deuses e, nos anais neoassírios, vários imperadores dirigem súplicas aos grandes deuses antes de tomar uma decisão importante. Existem também composições independentes, em forma de louvores a divindades, supostamente pronunciadas pelo rei. (Sérandour; Villard, 2014, p. 380).

Com efeito, as escavações e reconstruções de memórias culturais ligadas ao culto, especialmente em ambientes domésticos, têm demonstrado que os artistas exploraram as encenações celebrativas em utensílios como motivo decorativo; para este caso particular, mas também baseado nas atribuições aos reis, pode-se anotar uma difusão da arte sacra de variadas linguagens. Recitações acadianas deixam-nos ao menos informados acerca das concorridas celebrações pela pluralidade dos agentes: práticas do "encantamento" ou exorcismo (*šiptu*[27]) e exorcista-médico (*âšipu*[28]) fazem parte dos rituais religiosos sumérios. Nessas atividades ritualísticas, os participantes se dirigiam ao sol (*šāmaš, šemeš*), apesar de as práticas exorcistas, segundo Arnaud Sérandour e Pierre Villard (2014, p. 378), serem atribuídas aos deuses Ea (*Enki*) e a seu filho Marduk, que era chamado de Asarluhi quando se encontra praticando a magia em seus rituais de exorcismo.[29]

Graças à diversidade, percebe-se quando os agentes iconográficos dos mais variados materiais (terracota, madeira, prata, ouro, bronze, calcário, marfim, porcelana, basalto, pele) se individuam e, assim, podem ser comparados no conjunto da sociedade que se tem em contexto. A coesão não faz parte do processo porque inexiste, neste caso, regionalização da religião posto ser identitária a função exercida por cada espaço sagrado. Na prática, os artesãos podiam criar, transferir sua imagem humana para a imagem divina, inventar por encomenda, para a própria veneração, comerciar ou presentear; sobretudo, sentiam-se integrados à divindade pelo dom.

---

26 Cf. as estatuetas de orantes de Larsa e Lagash, além do *Saltério* da *BHS* e orações atribuídas aos reis, tanto em aramaico quanto em hebraico.

27 Em acádio, essa palavra tem vários empregos e grafias: encantamento, exorcismo (*šiptu, šiptum*); julgamento, veredito; *šipṭu, šipṭum*, em acádio "tratado" (*CDA*, 2000, p. 376), em assírio "punição" (*AEAD*, 2007, p. 116).

28 Especificamente em assírio, *āšipu*, "exorcista", "mágico"; *rab āšipu*, "exorcista-chefe"; cf. *AEAD*, 2007, p. 11.

29 Especificamente sobre isto, cf. Bottéro, 2001, p. 71 e 230.

Eis amostragem do riquíssimo catálogo: altares portáteis; as formas femininas esculpidas geradoras de vida e sua função sexual; estelas votivas; medalhas; esculturas de pilares divinas e mágicas; figuras de piedosos; vasos; a mutação das armas do corpo masculino de Haddu em um corpo feminino da sagrada selvagem Anat[30] – deusa entre animais, guerreira na região do rio Nilo (que já tinha o seu deus da fertilidade, Amun-Ra, veja as figuras 35 e 36), secundando Baal-Haddu no panteão de Ugarit, ora como sua consorte, ora como consorte de El ou como uma virgem –, importante destacar que em Ugarit havia uma "Deusa mestra dos animais" (figura 37); uma caneca, como a encontrada no lado sul da acrópole ugarítica na qual se vê a imagem de um ser barbado entronizado; placas dinásticas ou com figuras de divindades; estatuetas de deuses entronizados – Baal, Yahweh, Haddu, El. As imagens operam a função social de fundar a comunidade em que os participantes se reconheçam em torno do artefato sacralizado. As viagens[31] das culturas objetificadas transformavam ritual e artisticamente as fronteiras da mapografia territorial e de pretensas aniconicidades em frisos fluidos por onde as cenas seguem sendo interpretadas por outras imagens e, por vezes, em inscrições.

Essas práticas culturais que cobrem várias civilizações envolvendo os mais diversos grupos populacionais, tornam-se fontes para a "eternidade" por um agente nem sempre bem-vindo nos ambientes domésticos do setor rural – a elite governante, servida pelos eruditos mantidos sob controle no palácio. Este destaque nos sugere o momento de lidar com as imagens simbólicas da monarquia, as armas. Elas não são replicadas nem diferem dos utensílios cúlticos e ícones divinos no modo de circulação, não são recipientes redutores de sentido, são incorporadas aos modos de vida religiosa dos reis. Da mesma forma, as armas de Haddu são artefatos adaptáveis aos serviços religiosos dos reis, são usadas, presenteadas e expostas por eles no palácio e no templo; não raro, são obras de joalheiros em ouro com incrustações de pedras preciosas. Posto que a religião é constitutiva do grupo social que utiliza seus meios de crença, as armas são meios de crença e de prática da magia.

Desta forma, as armas prestam-se às manifestações divinatórias de profetas palaciais e aos reis. As "armas divinas também foram usadas para testemunhar a criação e selagem de documentos, bem como para garantir a distribuição

30 A deusa-mãe Asherah (*'Ašērāh*; *atrt*; *a-ši-ir-t-*; *aš-ra-t-*; *ašar-t-*; *'Atiratu*), presente também na cidade--Estado de Tiro e em cidades israelitas, é diferente de Ashtart (*'Aštart*; *'ttrt*, *'Attarātu*), deusa do amor e da fertilidade (no Egito, desde o reinado de Thutmose III, ela era a deusa da guerra e da cura) que, assim como Ashtar ('Aštar; *'ttr*, *aš-ta-ru*, *'Attaru*; heb.: *'aštārōt*; akk.: *'ištarātu*), é divindade secundária em Ugarit (cf. Olmo Lete, 1998).

31 Dada a constituição desta pesquisa, é desnecessária uma lista de cidades que participam das interações culturais e das trocas de experiências de vivências materializadas, pelos inumeráveis testemunhos que cobrem todo o antigo Oriente-Próximo; apenas sugiro uma pesquisa Theodore J. Lewis (2005) pelo fato de abordar o tema territorialmente no Levante.

justa e armazenamento da colheita" (Töyräänvuori, 2012, p. 152, 163); acrescento os julgamentos, bandeira de comitiva e de guarnição, mediações, coroação e conselhos. O rei podia sentar-se ou posicionar-se diante das armas, mas não as tocava porque a manipulação e o cuidado das mesmas cabiam aos funcionários do templo. Em tudo, visa-se atender a corporação real. Certo acento geral faz-se necessário com base em que esses objetos de culto e de guerra eram o símbolo do poder cingido ao deus como uma espécie de identidade real. Com esta concepção, a imagem e a ideia do deus da Tempestade se propagaram por todo o antigo Oriente-Próximo como a estética de diferentes deusas e deuses. Essa espécie de processo transindividual pelo qual passaram as cidades e as divindades é notável nas armas. Ambas, cidades e divindades, foram forjadas por translabilidade, mas seus agentes conservaram propriamente suas constituições de sentido e de representação religiosas.

Os gestos múltiplos, reflexo das multiculturais sociedades que as colocam na mesma direção dos panteões, produziram agrupamentos associativos: as comunidades e as divindades inventam as relações entre si, aquele liame do pertencimento, por afecção. O *lance de dados* aqui são realmente as interdependências, as relações de competência, saberes e poderes diante dos fenômenos cosmológicos e de corporificações visuais.

O PRIMEIRO E MÚLTIPLO HADDU

1. As elaborações: dos limites das cidades às bordas dos impérios

Os processos históricos do presentismo divino de Haddu nos novos atributos estéticos e designativos de Baal vêm de longe por incontornáveis escalas e diferentes rotas que, portadoras de matérias perceptíveis, sempre indicaram as elaborações inventivas das representações. As estruturas a serem abordadas nos domínios das culturas vivenciadas no Levante – sem abstrair das invenções de religiosidades em cuja materialidade Haddu é a divindade matricial dos perfis iconográficos identificados como Baal – apresentam os conflitos entre governantes e profetas como mediadores autorizados das transmissões de linguagens divinatórias que se destacam na historiografia. Por isso é razoável trazer inicialmente essas relações que envolveram a forma icônica e a oralidade da divindade.

Comecemos pela etimologia. As encenações proféticas, expressas de maneira fortemente emocional e por vezes surpreendentes, foram verbalizadas no período do império neoassírio como *maḫḫû* (masculino) e *maḫḫūtu* (feminino) derivados do acádio *maḫû*.[1] A significância etimológica faz referência ao estado mental alterado dos agentes nas profecias extáticas e ao comportamento de xamãs desde períodos pré-históricos (Santos, 2018a). Aliás, Martti Nissinen (2017, p. 175, 177) lembra que a expressão babilônica *šanû ṭēmu*, "alguém com estado alterado de consciência", presente na Epopeia de Gilgameš (Gilg., cf. Brandão, 2018) e o mesmo que o acádio *muḫḫûm*, mostra a particularidade merecida pelo profeta. Apesar da existência de gênero profético em que a forma de transmissão não repercute necessariamente no nível de qualidade nem da vida cognitiva nem da vida emocional, mostra alguém com "equilíbrio mental", *šaqālum*.

No quadro social da presença da divindade como legitimadora de eventos que afetam toda a população de uma localidade, a ocorrência de rivalidade gerada por objetivos e interesses conflituantes entre governantes e profetas posiciona partidos dentro da sociedade e influencia o contexto do culto, seja no santuário, seja ao ar livre. Quando isso ocorria, a manifestação discursiva do profeta era dirigida ao governante

1 Raiz e variantes de termos acádios para profetas e pessoas em geral em estado extático (cf. *CDA*, 2000, p. 190-91). Uma variante gráfica assíria de *maḫḫūtu*, *maḫḫûtu*, significa "loucura", "louco", "maligno" (*AEAD*, 2007, p. 58).

alternativamente do portão do palácio ou na praça da cidade, podendo ser do portão da muralha, no caso de cidade murada e do agravamento da represália oficial.[2] Nissinen argui que o monumento de Zakkur é o único dentre os semitas ocidentais em que o escriba afirma literalmente que o rei recebeu oráculos proféticos (2017, p. 264);[3] entretanto, conhecemos vários testemunhos levantinos com evidências indiretas em artefatos e diretas, em camadas literárias da BH, nas quais os reis aparecem como destinatários de oráculos. Após a vitória sobre muitos inimigos, Zimri-lim recebeu um documento de um profeta da cidade-Estado de Mari com algumas ordenanças: o rei deve ofertar o *asakkum*, uma porção consagrada, ao deus Haddu de Alepo. Não nos faltam inscrições acerca do valor intrínseco da relação de Alepo com cidades de vales da Mesopotâmia, particularmente com Mari, sede do profetismo processual (Töyräänvuori, 2012, p. 148, 150; Lion; Sérandour, 2014, p. 454-57; Nissinen, 2017, p. 269-74; Santos, 2018a). Em suma, Zimri-lim mantinha um diplomata em Alepo, recebeu da cidade armas legendárias da vitória de Haddu contra Yammu, e teve ocasião de enviar uma equipe à cidade de Kallassu; para a primeira cidade, o rei destinava dons para Haddu; para a segunda, onde Haddu era "o Senhor", ele dedicava culto presencialmente.

No interior do poder o que se pretende com as escalas do sagrado são favorecimentos dos participantes dos tratos e para o rei a legitimidade do seu governo. A aceitação grupal, nesse caso uma articulação, estabelecia a ideologia oficial a ser divulgada, diplomacia na qual o próprio profeta fazia parte como membro designado do campo religioso. As estruturas de templos e santuários, quando investigadas levando em conta os agentes envolvidos em vários rituais individuais e coletivos, têm sugerido que esses são espaços que recusam a participação de ritos considerados profanos. Esta evidência não ignora a presença de objetos utilizados ou reutilizados em ambientes externos ao sagrado. A concepção relacional concernente ao palácio é de outra natureza, pois as plataformas que destacam a autoridade real nesses espaços de poder político são as mesmas utilizadas para as divindades, assim como a postura física do entronizado. Isso justifica a existência de compartimentos palaciais considerados profanos, destinados a atividades ordinárias por pessoal delas encarregado.

No cômputo geral, os templos e santuários são espaços sagrados e, portanto, são incorporados ao complexo palacial como lugares do culto público. Em densa pesquisa, Anne Porter afirma que os lugares sacros mais concorridos são dedicados ao deus lunar 'Adabal, deus de Darib, e que "não se deve conceber que os deuses estejam confinados ao templo ou que apenas possam ser abordados ali" (2013, p. 218-19), isso relativamente à cultura material da cidade de Ebla. Ora, essa ausência de predileção

2 Em busca dessas realidades históricas, pesquisei recentemente a atuação em Israel Norte do vidente judaíta Amós, em camadas redacionais do livro de Amós (Santos, 2021a).

3 Se o intuito for iniciar um debate sobre a questão, veja fontes em: Fleming, 2004; Barstad, 2006; Charpin, 2019; Lewis, 2020.

não convém ao estafe encarregado pelas atividades religiosas estatais, pois o lugar escolhido pelo governante precisa coincidir com o lugar escolhido pela divindade conforme a construção de uma etiologia; desta forma, os santuários ao ar livre localizados nos "lugares altos" (*bāmôt*) ficam propensos à marginalização oficial. A liberdade de manifestação divina tornava-se um problema quando as populações das bordas e províncias dependiam de um édito real e da periodização de um calendário anual para os encontros celebrativos, sem amortizar o alto custo econômico do abandono do lugar de culto ancestral.

De projeto estatal, mas possivelmente com inícios oriundos do culto ancestral da primeira metade do terceiro milênio, mencionemos o deus Kura; fontes literárias e artefatuais localizam esse deus do templo de Ebla. É importante mencionar a sua ampla rede de relações na cidade, a saber, a ideologia da elite governante e suas interpretações cosmológicas, a atividade marítima pela proximidade com o rio Orontes e com o mar Mediterrâneo e sua relação com os ancestrais dos eblaítas. Porter (2013, p. 219-20) apresenta descobertas num contexto de inconclusão quanto ao que diz respeito à identidade do deus, pois a mesma é apresentada sob indícios materiais de uma recepção local ao deus Haddu. O deus Kura de Ebla seria hipóstase do deus Haddu de Alepo, conquanto lhe serem associados, ainda que não literalmente dedicados, epítetos guerreiros que compunham o deus alepino. Porter mostra mais disposição em concordar que Kura é uma hipóstase do deus 'Adabal, "pois assim seria realizada a unidade e a integração da política de Ebla" (2013, p. 220). Não descartemos os riscos interpretativos! Toda relação palacial com quaisquer divindades é uma relação política. Assim como 'Adabal em relação a Ebla, o projeto *templo-palácio* de Alepo com Haddu; incide neste contexto a tentativa de resolver a ambivalência dos poderes por meio da hibridização dos índices. A significação dos palácios fora fincada nas bases da economia política, *vice-versa*, com as divindades.

Portanto, esse passado disponível no presente, como uma herança manejável, fez com que Alepo atraísse para si os poderosos. Quando no período Antigo Assírio a presença dos hurritas no oeste da Síria aumentou em relação ao terceiro milênio, difundindo para a Alta Mesopotâmia e Síria suas divindades e linguagens, Alepo se tornou motivo de disputa estrutural pelos reinos de Mittani e Hatti.[4] Nesse período em que o reino de Hatti tinha os hurritas por opositores, a destruição da cidade por Murshili I motivou "as cidades e a população da zona do Eufrates e da Alta Mesopotâmia a começarem a formar uma entidade política mais coerente e melhor estruturada, que acabaria cristalizando no estado de Mittani" (Kuhrt, 2014, p. 322). Evidência do declínio de Hatti nos é oferecida pela inscrição acádia da estátua do líder habiru Idrimi,[5]

4 Esse acontecimento é considerado por Kuhrt (2014, p. 321-22) como um incremento cultural, não sendo, portanto, um movimento de povos.

5 Kuhrt (2014, p. 322) data a estátua do rei Idrimi de Alalah em 1480/1470; Mieroop (2020, p. 207),

que se dizia filho do rei Ilim-ilimma de Alepo e divulgou o seu períplo até se tornar rei da cidade de Alalah, após abandonar o seu exílio nas vizinhas cidades-Estado de Alepo e Emar controladas pelos mittânios e vagar pela terra de Canaan.

Quando se fez rei em Alalah, Idrimi passou imediatamente do controle das cidades do entorno de Alalah aos pactos com Mittani porque este já superara a Hatti como potência no norte da Síria; no poder, prometeu apoiar os sútios (*sutû*).[6] Os sútios foram uma grandeza nômade com mobilidade em torno do deserto sírio sem ligação com os grandes reinos que se estendiam pelo Eufrates; atestada desde o BA IA, contavam com governantes (*abu*) em Uruk que reclamavam para si esta linhagem de parentesco (cf. Kuhrt, 2014, p. 322, 327; Whiting, 1995, p. 1238-39; Silva Castillo, 2007, p. 152; Mieroop, 2020, p. 207). Por oportuno, com isto acrescento mais uma fonte ao declínio do reino hitita após o reinado de Telipinu.[7]

Durante praticamente todo o BT ocuparam os territórios siro-eufratênios três reinos de grandezas socioétnicas locais: Mittani, Hatti e potencialmente as cidades controladas pelos hurritas; pode-se acrescentar a presença protetoral do Egito na costa e por vezes com tensas relações diplomáticas no centro-sul canaanita posto que os egípcios perdiam o controle do noroeste, enquanto a Assíria cedia cidades no norte. Isso facilitou a hibridização de elementos religiosos iniciada por volta do século XV entre hurritas e hititas, principalmente pelo declínio de grandes cidades-Estado da região, mas também pelo controle hurrita de algumas cidades mittânias. Aconteceu então a forte difusão das culturas que influenciariam em seguida os maiores centros religiosos anatólicos. O rei Idrimi, *e.g.*, se apresentou como "servo de Teššub e de Hebat", o deus da Tempestade e sua consorte, venerados pelos hititas por assimilação da cultura hurrita (cf. Kuhrt, 2014, p. 322-27; Silva Castillo, 2007, p. 151-52; Mouton, 2016, p. 24-25; Mieroop, 2020, p. 208; Zangger *et al.*, 2021).

Na costa levantina – no litoral libanês –, Biblos passou por idealização cultural semelhante a Alepo, mas o avançado processo de translação em que a cultura local foi subvertida esteve sob a política egípcia. A cidade habitada desde o período Calcolítico

no século XVI; há quem prefira datar o reinado de Idrimi no século XV (Bordreuil; Briquel-Chatonnet; Michel, 2014, p. 497). Idrimi, em sua inscrição, talvez uma pseudepigrafia por se tratar de fonte elaborada mais de trezentos anos depois do seu reinado, afirma ser filho de Ilimilimma (Ilim-ilimma) rei de Alepo (Kuhrt, 2014, p. 327); Liverani (cf. 2016, p. 354, 404) não menciona Ilim-ilimma em suas tabelas cronológicas, mas em uma delas menciona Ilim-ilimma II, de reinado posterior a Idrimi.

6 Entre os aramitas, nômades das estepes que nas inscrições acádicas eram chamados de *sutû* (sútios ou suteus); numa descrição: grandeza socioétnica com mobilidade social das regiões desérticas siro-palestinenses que não era considerada parte das sociedades da Mesopotâmia, mas cujos membros transitavam pela região do rio Eufrates (cf. Liverani, 2008, p. 51; Silva Castillo, 2007, p. 151-52; Fleming, 2009, p. 230).

7 Sobre o reinado de Telipinu, me referi no Capítulo II como lapso de tempo só rompido com a emergência do reino neo-hitita.

tinha no maioral canaanita El o seu deus tutelar; testemunhou a sua deusa protetora Ba'alat-Gebal ser "epitomizada pela personificação da deusa egípcia Hathor", processo no qual "as relações estreitas entre a longa tradição do reinado bibliano e as instituições teocráticas com transações comerciais egípcias persistiram por mais de 2.000 anos" (Marfoe, 2009, p. 32). Nesse processo de trocas culturais, o deus siro-canaanita Reshep foi adotado no Egito pelo faraó Thutmose III (*c.* 1479–1425) num conjunto em que contavam outras divindades levantinas, mais tarde Amenhotep II (*c.* 1427/1425–1400) designava a si mesmo de "Amado de Reshep" (Ayali-Darshan, 2020, p. 24, 28). Ideológica e perceptualmente, as viagens comerciais dos impérios exerceram a agência política para os marcos das culturas materiais, mas revelaram as antigas tradições transculturais das estepes sírias que estabeleceram trocas com a Mesopotâmia, particularmente as mantidas na costa levantina, pela forma e efeitos das intervenções.

Estas viagens da materialidade das culturas colocam-me em quadros sociais fundantes no Levante, especificamente o desenvolvimento das religiosidades que possuíam um deus matricial para símbolos e encenações. Os ambientes preservados da Idade do Bronze fornecem os eventos que, ora concretamente abertos, ora indiciários, conduzam às elaborações dos baalim como instalações das tradições do deus Haddu em várias cidades. No Karmel – local da costa libanesa que manteve pelo menos até o século IX um antigo santuário de cultura fenícia muito disputado, sobre quem uma epigrafia indica que era um espaço sagrado de Baal (Santos, 2017) – foi descoberta numa cratera do BM uma plataforma construída no BT como estrutura para "um santuário de 5 x 10 metros, provavelmente do lado sul, com piso, bancos, plataformas e paredes revestidas com uma espessa camada de gesso" (Greenberg, 2019, p. 280). Por meio de pesquisas de estratos de prospecção arqueológica pode-se constatar as seguidas reutilizações do local com a mesma finalidade disposta no século IX, conforme demonstraram os objetos escavados, cipriotas inclusive.

Pelo amplo panorama territorial proposto – Karmel, Lakish, costa libanesa, vale do Jordão, Megiddo, Bet Shean e reinos tribais da Transjordânia –, entendo que o esvaziamento das celebrações dedicadas a divindades da fertilidade nos lugares de plantio e colheita não decorria apenas pela manutenção dos templos nas cidades que funcionavam "presumivelmente como fonte de poder, legitimação e receita para a elite política" (Greenberg, 2019, p. 285). A construção de templos nos centros urbanizados integrava o processo de crescimento demográfico e os usos políticos da religião, assim como dos divinadores. Nesse contexto estão as campanhas de deslegitimação oficial dos santuários ao ar livre; tanto o trânsito populacional quanto a divindade a ser venerada eram deslocados quando o rei passava a administrar a demanda religiosa como empreendimento de economia produtiva local, uma operação de transferência das rotas de celebrações que tinham origem agrícola que redecorou paisagens citadinas. No caso do Karmel, o sítio foi preservado; permaneceria mesmo se o santuário estivesse sobre um ziqqurrat isolado.

Como vemos, antes mesmo do final BT as tradições religiosas egípcias tiveram influência relativa nas culturas aramitas. Eis um registro de sentido: "Uma pequena estela votiva egípcia dedicada por um certo Pa-ra-em-heb a seu pai, 'o construtor' Amen-em-apt" (Greenberg, 2019, p. 293; cf. Santos, 2018b, p. 288-89; Levy, 2018) atesta a virada cultural em curso no Levante, especificamente no importante vale de Bet Shean (Israel Norte) – os dois personagens do relevo veneram o deus canaanita "Mekal, o [grande] deus, [senhor de] Bet Shean" (figura 38). Outra estela escavada na mesma localidade mostra uma mulher venerando uma deusa, possivelmente Asherah, que no panteão egípcio da época do faraó Ramsés III (*c.* 1186–1154) corresponderia a Hathor. Uma dúvida se justificaria porque a distintividade envolvendo as deusas é muito mais complexa do que quando se trata dos deuses.[8]

Esse perspectivismo operacional que visava projetar a divindade sem inibir a translação de lugar teve o seu processo facilitado quando o aparato imperial egípcio direcionou as suas incursões para o comércio, fazendo com que a identidade cultural ficasse flexível (cf. Greenberg, 2019, p. 308-309, 310-21). O fato de "a percepção da montanha como um lugar sagrado não estava limitada ao monte Saphon" (Vidal, 2004, p. 146) permitia a cada grupo social preservar suas memórias e manter ativas suas tradições. Nota: foi encontrado em Hazor um santuário com elementos icônicos que indicavam a transferência de locação de culto sacrificial de ancestral de tradição canaanita; na mesma cidade, no santuário do templo, havia uma inscrição de Baal entronizado.[9] Empiricamente, os cruzamentos de diferentes tradições, dada a fluidez religiosa, nem sempre se refletiam na prática, pelo menos na Mesopotâmia. É o que se depreende do fato de Ishtar nas cidades de Nínive e Arbela receber diferentes manifestações cúlticas como se o entendimento coletivo fosse de culto a "diferentes divindades juntas" (Hundley, 2013, p. 96). Se a difusão do culto para diversos locais disseminava ou distribuía a experiência religiosa coletiva, a atribuição da competência divina singularizava o lugar ao mesmo tempo em que era reificada a forma da divindade. Em lugares onde a mutação não acontece nem a potência seja de espaço específico, ocorre a disputa entre campos religiosos, divindades e público.

Por outro lado, a riqueza dos contatos de culturas reflete-se na medida da sua complexidade. No Levante, alguns elementos passam a ser associados às divindades entre o Ferro I e II. Greenberg (2019, p. 324-25) alude ao fato de ter sido encontrada em Bet Shean uma placa de ouro com uma deusa nua que tem na cabeça um cocar de

8 A partir da tradução publicada por Gregorio del Olmo Lete (1998), elucido um problema envolvendo a identificação de deusas: "Destaquemos que a deusa-mãe 'Ašērāh é diferente de 'Aštart (*'ṯtrt, 'Aṯtarātu*), deusa do amor e da fertilidade que, assim como 'Aštar (*'ṯtr, aš-ta-ru, 'Aṯtaru*), é divindade secundária em Ú-ga-ri-it". Em detalhes: Ashtoret / Ashtarot (*'Aštōret / 'Aštārōt*) é fenício-canaanita e Ashtar (*'Aštar*), ugaritiano; em Ugarit, Asherah (*'Ašērāh; aṯrt, a-ši-ir-t-, aš-ra-t-, ašar-t-* e *'Aṯiratu*) é a deusa-mãe e consorte do deus supremo El (*'Ēl*) no *Ciclo* (*Ba'al* ou *Ba'l*) (Santos, 2018b, p. 176 e n. 365).

9 No *Ciclo* o lugar da divindade é um palácio, entronizado e venerado como um rei.

penas e está de pé em um cavalo de guerra – aliás, o cavalo é o seu pedestal. Dada a sua dimensão e proximidade com o deus da guerra representado sobre um touro, fica-nos impossível reduzir a importância da flexibilidade das memórias no encontro de culturas presentes no relevo. Sem estabelecer critérios de identidade religiosa, Haddu foi venerado por Taita I no século XI, segundo a identificação pessoal enunciada na linha 11 de uma estela escavada no lado leste do muro de Alepo.[10] O rei de origem filistita de Canaan e nome hurrita, seguiu o rito cerimonial hitita de adoração ao deus, segundo as inscrições em hieróglifos luwitas nos relevos reais. Aqui, tem-se um evento com duas marcas históricas: primeiro, a veneração a Haddu por pessoas de todas as localidades do Levante, como evento comum ao deus da guerra; segundo, a estela tem escrita identitária de lugar, essa identidade fica mais explicitada por emoldurar a imagem do rei diante da imagem divina – o novo monarca na refundação da cidade se apresenta diante de deus como patrocinador da reconstrução do templo, *i.e*, da parede oriental do templo (cf. Hawkins, 2011; Mazzoni, 2016a, p. 284-85; Younger, 2016; Pucci, 2020, p. 339-40). A adoração explicita também uma manifestação diplomática: o rei dedicou a reconstrução de parte do templo incendiado externamente ao Egito e internamente a Yammu, deus do seu povo.

A cidade síria fortemente murada de Tell Afis, localizada a sudeste de Alepo num cruzamento com Alalah, manteve a continuidade cultural evidenciada desde o Ferro I por meio da materialidade das memórias e em relação à dinastia neo-hitita, procedida por Irhuleni (*c.* 860–840), um dos reis da coalizão levantina na guerra de Qarqar, realizada em 853/852. Stefania Mazzoni (2016b, p. 311) propõe a possibilidade de a cidade ter estado sob o controle político de Ebla no BM; da multicultura dessa importante cidade foram encontrados, dentre outros, "fragmentos de esculturas mostrando elementos figurativos de estilo local siro-hitita, junto com um fragmento de uma estela síria antiga" (Mazzoni, 2016a, p. 295). No campo religioso, a cidade seguiu a tradição alepina ao preservar a sacralidade de sua montanha piramidal a noroeste da cidade; nessa linha, no norte de Ugarit a população manteve a celebração traditiva de carregar em procissão o deus Haddu sobre o seu touro. As coisas cúlticas descobertas na cidade têm revelado o uso de materiais de várias procedências conforme o ritual encenado; desta natureza é um selo cúltico siro-hitita representando o deus da Tempestade, datável entre o final do BT e o início do Ferro I. No selo escavado num templo que teria funcionado entre os séculos XIII e VII, "o adorador está diante do deus da Tempestade com seu estandarte encimado pelos símbolos astrais em gesto de adoração e respeito" (Mazzoni, 2016b, p. 308).

A cidade-Estado siro-hitita de Sam'al, localizada no nordeste da Anatólia, também um dos doze pequenos reinos da coalizão de Qarqar e, portanto, um dos sete a pagar tributo para Shalmanasar III, preservava a estrutura tribal e Hayanu, o gover-

10 Stefania Mazzoni enuncia sem dar detalhes acerca do rei, o que faz Younger ao informar nomeadamente a existência de dois reis: Taita I e Taita II, que teriam governado entre os séculos XI e X, respetivamente.

nante local, mantinha em atividade na cidade um templo dedicado a deuses guerreiros. Nas linhas 15–16 da estela multicultural também designada como "Inscrição de Kulamuwa", rei de Sam'al em cerca de 840–815/810, constata-se a plurirreligiosidade do panteão local, sendo que pelo menos um deus está identificado com o lugar alto (*bāmāh*) e ambos, com nomes compósitos do panteão de *ba'alîm* / *'ēlîm* de caraterísticas guerreiras (Younger, 2016, p. 389; cf. Mazzoni, 2016a):

> *yšḥt. r'š. b'l. ṣmd. 'š. lgbr*
>
> *wyšḥt. r'š. b'lḥmn. 'š. lbmh. wrkb'l. b'l. bt.*
>
> Que Ba'al Ṣemed, de Gabbār, golpeie sua cabeça;
>
> e que Ba'al Ḥammon, de Bamah, e Rākib-El, o senhor da casa, golpeiam sua cabeça.

Na cidade de Hamat as tradições luwita-aramitas foram mantidas e, em relação a Sam'al, apresentou como novidade Ba'alat (cf. Younger, 2016, p. 425), a mesma deusa que era adorada em Biblos. No entanto, conforme inscrição no monumento de Zakkur, o panteão hamatita contava com quatro outros deuses: Baalshamayin e as divindades de representações religiosas associadas à Mesopotâmia, Ilu-wer,[11] Shamash e Shahar. Provavelmente, todas essas divindades são variações do deus da Tempestade (cf. Mazzoni, 2016b, p. 312). Fica posta a semelhança potencial entre El e Baalshamayin, além do fato de as atribuições a Baalshamayin preservarem algumas caraterísticas do deus Haddu de Alepo. A composição nominativa de dois deuses *Ba'al-šāmayin* ou *Ba'alšamīn* ocorre com atestação na primeira metade do primeiro milênio com a aproximação de linguagens escritas nos cruzamentos siro-mesopotâmico e siro-fenício em que se nota em ambos a influência cultural aramita.

Como destacada, a tradição religiosa alepina contou com manifestação na cidade de Karkamish, baseada em indício literário na inscrição hieroglífica luwita do rei Yariri, governante do final do século IX e início do VIII. Atualmente no Museu das Civilizações da Anatólia,[12] em Ankara, o artefato tem em relevo Yariri que, numa inscrição, ao apresentar seu filho Kamani acima das figuras esculpidas, informa que pegou Kamani quando ele era ainda criança e o colocou no templo. Por terras a leste, em Nuzi, cidade mesopotâmica transtigrina, o deus venerado era Teššub, o deus que em Emar e Ugarit era referido como Baal de Alepo.

Essas tradições chegaram ao que seria Israel Norte no início da Idade do Ferro e foram praticadas em Dan e no vale de Yizreel, onde apresentam evidência da co-

11 *Wer*, ^{d}*we-er* (deus relacionado a Adad/Haddu entre os amurritas).

12 Museu das Civilizações da Anatólia (Anadolu Medeniyetleri Müzesi), com acesso digital: https://muze.gov.tr/ [Acesso em 11/02/2022].

nexão com Damasco por rotas que ligavam outros grandes centros, principalmente vales, altiplanos e a costa libanesa. Os resultados dos contatos podem ser encontrados na multietnicidade das populações que moldaram as culturas materiais e foram assentadas nesse período – evidência de egípcios, canaanitas (sul), aramitas (norte) e Povos do Mar (Mediterrâneo). Um modelo arquitetônico encontra-se no santuário escavado em Dan numa das áreas do complexo do templo (Área T), o mesmo que tem sido designado como um santuário aramita, tendo em vista que o local esteve inicialmente sob o controle ou influência aramita (cf. Greer, 2017, p. 9-10). Jonathan Greer (2017, p. 9-10, 12-13) expõe a possibilidade de Hazael ser o construtor de templo nesses locais israelitas pelas comprovações de culto a Hadad/Haddu; a proposição faz pouco sentido caso consideremos a antiguidade da atividade no local e os pontos de destruição por fogo deixados pelas guarnições de Hazael em terras israelitas e edomitas. Por outro lado, a favor de Greer tem a incorporação no complexo do templo de elementos israelitas, fenícios e aramitas, a começar pela presença de Hadad/Haddu na inscrição de Tel Dan; esse monumento, na verdade três fragmentos encontrados em pesquisas arqueológicas realizadas em 1993 e 1994 da Era Comum no norte de Israel Norte, celebra a vitória dos aramitas na guerra contra os israelitas (cf. Santos, 2018b; 2019b). Mas as divindades também crescem, assim como suas influências:

> O deus líder do grande reino de Alepo no início do segundo milênio era o deus da tempestade Addu, e a principal divindade do reino hitita na Anatólia também era definida pelo poder da tempestade. Após a transformação do norte da Síria e do sul da Anatólia no final da Idade do Bronze, os reinos da região geralmente reverenciavam um deus da tempestade como divindade primária. No primeiro milênio, quando os domínios ocidentais menores da Síria e o Levante eram frequentemente identificados com divindades representativas específicas como Yahweh de Israel e Kamosh de Moab, o reino de Aram centralizado em Damasco deu ao deus da tempestade Hadad este lugar especial (Fleming, 2020, p. 263-64).

As ocorrências de formação e estabelecimento de cultos a uma divindade repercutem também nos entornos, causando conflitos entre poderes. A BH conservou em uma narrativa acerca do território de Dan, o conflito por causa do estabelecimento de espaço sagrado para a veneração ao deus Haddu, na época do rei Jeroboam II (787–747).[13] Possivelmente o lugar já possuísse um altar destinado a culto ancestral desde

13 Israel Finkelstein (2016) tem estudado a historicidade de acontecimentos no Israel Norte, sendo que em muitos deles os testemunhos arqueológicos evidenciam a necessidade de recontextualizar os agentes e as épocas – é o caso desse evento em Dan mencionado em *1Reis* 12.28-29 e atribuído a Jeroboam I. Para Finkelstein (2016, p. 33), os anacronismos e confusões presentes na *BHS* têm a ver com o acúmulo de memórias e tradições por parte dos autores. Em relação às retroprojeções, a meu

o século X, porque testemunhos materiais de Dan apresentam similaridades com as culturas não israelitas dos altiplanos do final do segundo milênio, mais tardar do Ferro I.[14] Na mesma região de domínio estatal israelita, mas abaixo e a leste do rio Jordão, foi encontrado um selo em Tall Zira'a em que um homem está de pé sobre um touro, o que, para Jutta Häser, Katja Soennecken e Dieter Vieweger (2016, p. 131), seria uma representação do deus Baal, algo considerado comum na região pelo fato de os selos refletirem a manufatura de estilos associados ao deus da Tempestade.

2. As elaborações: múltiplos, invenções e o antigo Israel em tradições originárias

Com a multiplicidade das imagens verbais, situarei grandezas socioétnicas subalternizadas e autóctones que, assediados, resistem por manter algum controle de terra e produção. O templo de Haddu em Alepo é arqueologicamente atestado desde o terceiro milênio, na Idade do Bronze IV entre os anos 2300 e 2200, com registro nos arquivos de Ebla, onde obtém-se a informação de que no conjunto dos objetos técnicos estavam metais preciosos para a decoração de estátuas, um pedestal e vasos, uma carruagem de duas rodas, uma estátua composta com cabeça de lápis-lazúli e bastões revestidos de prata e ouro, sendo votivas ou oferendas algumas das peças (Dietz, 2019, p. 195-196). As tradições nas estepes da Síria central ganharam maior relevância quando o poder divino fora reconhecido pelo rei de Mari; nessa ocasião, Zimri-lim estabeleceu relações diplomáticas com Yarim-lim por meio do casamento com a filha do alepino. A esse fato já historizado no Capítulo II, cabe ainda elucidação da natureza de adesão a tradições em torno do deus da Tempestade.

Baseado na correspondência trocada entre os dois reis do século XVIII, havia uma memória mítica de um conflito envolvendo o deus da Tempestade com o Mar (*yammu*, *yām*); a referência de narrativa teológica consta numa carta enviada a Yarim-lim pelo diplomata de Mari em Alepo, Nur-Sin. A descrição epistolar faz referência a um oráculo de Abiya, *apilum*[15] de Haddu, e trata em termos de atribuições

ver, elas são em grande parte deliberadas, seja o plano de fundo cenográfico historizante, sejam os agentes, em qualquer caso legitimadores.

14 Observemos: na *BHS* o deus tírio Milqart, o deus alepino Haddu e as divindades canaanitas reconhecidas, assim como os dois deuses aramitas – como guerreiros ou em contextos de guerra –, são chamados de Baal, possivelmente por desconhecimento dos nomes e epítetos singulares por parte dos historiógrafos e escribas judaítas e judeus.

15 Nas fontes acadianas, o *āpilum* é o principal agente social das manifestações divinatórias. "O *āpilum* tem sido frequentemente interpretado como um 'respondedor', embora não tenhamos evidências diretas para provar essa etimologia acadiana. [...] O segundo título principal, *muḫḫûm*, é derivado de um verbo que descreve algum tipo de comportamento descontrolado que foi comparado à performance 'extática' de alguma profecia bíblica. Nas cartas de Mari, pode-se dizer que os profetas sem

do âmbito da soberania real: Haddu afirma que foi ele quem fez de Yahdun-lim, rei de Mari, vitorioso nas guerras em que tomou parte ao emprestar ao rei as suas armas e o fará igualmente ao seu sucessor, Zimri-lim (Ayali-Darshan, 2020, p. 205-206). Há vários tratos políticos, nos quais são feitas alusões à guerra, firmados com o endosso das armas de Haddu, meios de outorga de vitória;[16] particularmente, nisso consiste o motivo pelo qual Zimri-lim tornou-se um adorador de Haddu, consagrando-lhe suas armas de guerra e prestando-lhe culto sacrificial. Tornou-se conhecido por meio de muitas cartas que Zimri-lim estimulava o culto ao deus de Alepo; em bem planejadas viagens, seguia para cultos sacrificiais com grandes caravanas e carregamento de animais (ovelhas e cabras principalmente).[17]

As constantes andanças de Haddu por entre os *movimentos vitais* transculturais permitem alcance por iconografias literárias e artefatuais de longos itinerários. Sua translabilidade crescia em quantidade na medida da evolução demográfica por linhagens locais e migratórias, por alargamentos citadinos e fundiários, por empreendimentos comerciais externos e avanços militares. Desta forma, as fontes são encontradas em várias tipologias e os nomes, inicialmente associados aos espaços sagrados, afixam-se à identidade social das pessoas. A combinação de sinais tem atestação nos sumerogramas de nome de divindade particular, refletindo tipologicamente nas inscrições de nomes pessoais pela ligação com as tradições escribais. Descobertos em 2003 da Era Comum, os relevos da parede leste do complexo do templo, obras de arte atribuídas aos reis de Taita I e Taita II, reinados respetivos nos séculos XI e X, numa presentificação objetiva situam-se estilisticamente como obras de arte hititas (cf. Hawkins, 2011, p. 38). Entendo que a definição autoral propõe a contextualização política, por isso a presentificação iconográfica funciona como *mana* na translabilidade itinerante dos contatos regionais; faz com que a arte ocupe um lugar e ao mesmo tempo exceda o sistema comercial; assim, a forma de existência da arte conduz os diferentes nomes e epítetos, num contexto em que linhas aramitas e hititas polarizadas passam por definição em relação a formas imagéticas a serem erigidas nas celebrações. Mas os cenários artísticos vêm de longe! Schwemer (2007) enuncia as tipologias do deus da Tempestade de forma a demonstrar a possibilidade de buscar as ambientações no antigo Oriente-Próximo: os semitismos ocidentais Hadda, Haddu e Hadad atestados ao norte e ao sul do Levante e na Alta Mesopotâmia; os acádicos Adad e Addu atestados na Babilônia e Assíria; o siro-canaanita Ba'lu; o hurr. Teššub; o urartiano Teisheba

identificação entregam suas mensagens por meio dessa ação" (Fleming, 2004, p. 51). Mas o *āpilum* tem sido considerado também como "intérprete" e como "porta-voz", mais aproximado dos usos veterotestamentários de *nābî'*, que traduzo por "anunciador"; o *muḫḫûm* acádio pode ser, com alguma ressalva, comparado ao hebraico *ḥōzeh*, o visionário que profetiza e também anuncia, *tinnābē'*.

16 Sobre isso, cf. Ayali-Darshan, 2020, p. 209-11.

17 Para a leitura de um grande conjunto de anais dos arquivos reais de Mari, cf. Durand, 1988.

atestado na Síria, Mesopotâmia e Anatólia; o hitita Taru e o hitita-luwita Tarhunna ou Tarhunt atestados na Anatólia. A Babilônia mantinha um templo denominado "Casa das Grandes Tempestade" e na Assíria existia uma "Casa das Orações", ambos do Período Amurrita e dedicados ao culto a Adad/Haddu. Nessa espécie de reprodução religiosa, o deus corpora uma conjunção de poderes sem polarizar os projetos de cada Estado territorial, mantendo-os materialmente divergentes.

Essa capacidade conjuntiva pode ser seguida nos indícios das primeiras manifestações de Haddu em meados do terceiro milênio, as fontes literárias cuneiformes localizam o lugar inaugural em Ebla, atestado como ^{d}*'à-da*, uma antiga grafia para *Ḫadda*. De acordo com Schwemer (2007, p. 135-36, 155), a etimologia conecta com a raiz semita para "trovejar", *hdd*, por várias formas linguísticas, sendo que "o nome Hadda representa a experiência numinosa do trovão e da tempestade que ruge". Dependendo do estado acádico, temos a construção consonântica para a nominação, respetivamente *'Adad* e *'Addu*, sendo este último nominativo significando "tempestade". Portanto, a forma antiga *Ḫaddu*, usada na Alta Mesopotâmia e na Síria até o final do segundo milênio, teria *ḫ* ou ' numa grafia alternativa; esse "h" não gutural corresponde a */ha/* figurado em um selo hieroglífico luwita do século XIII. Atesta-se uma mudança quando o assírio *Hadad / 'Adad* passou por uma translação onomástica na escrita aramaica antiga, pela qual agora lê-se *Hadda* e *Haddu*.

Na Mesopotâmia, localizo na cidade-Estado de Ur, no período da III Dinastia, o início da veneração ao deus da Tempestade. Entretanto, foi no período sargônico, entre os séculos XXIV e XXII (Glassner, 2014a; 2014b), que ocorreu o deslocamento do predomínio palacial do culto de Adad para a população da cidade. Houve um movimento social em torno do deus que indica práticas parelhas ao palácio nos ambientes domésticos - a difusão ocorre nas famílias pelos registros dos nomes pessoais. No entanto, a translação de divindades no panteão do sul da Babilônia apresenta sua expressão mais significativa na caraterização em que Ishkur e Adad se tornam um único deus (cf. Schwemer, 2007, p. 137-38). Aconteceu então a celebração cúltica de Ishkur-Adad no Médio Eufrates e na Babilônia, onde surgiram iconografias do deus da Tempestade acompanhado de animal - leão, touro ou bezerro -, sem apagar as origens do seu surgimento no terceiro milênio na Síria.

No círculo das grandes divindades que extrapolaram a territorialização da Baixa Mesopotâmia e a sua própria instrumentalidade, o deus Adad atuou como guardião de pactuações e das leis na Alta Mesopotâmia, inicialmente no norte da Babilônia. Como efeito inevitável da circulação das culturas que lhe envolviam, aparece no conjunto da translabilidade a hibridização de espaço no qual Adad dividiu o altar com Shamash na cidade de Sippar conectando em si a função de Sin, o deus da lua. Nessa evolução ocorrida no período Antigo Assírio, Adad foi venerado na capital do deus Aššur assentando-se no panteão da cidade (Schwemer, 2007, p. 140); a sua importância disso é considerável, pois comerciantes assírios transportam-no com as manufaturas, predominantemente têxteis, para a Anatólia. Nas proximidades do Alto Eufrates, arquivos sírios de antigas inscrições semitas justificam a importância pela qual enfatizo a presença de Haddu na cidade de Ebla, como Hadda, em documentos de operações administrativas, o que podem indicar também o público de adesão. Schwemer (2007, p. 153) afirma que o templo de Ebla manteve parceria com o templo de Alepo; a meu ver, não será estranho se se constatar que a parceria tinha por finalidade o acesso a especialidades administrativas. Por longa duração no segundo milênio os ambientes favoreceram as interações do âmbito do político nos campos religiosos, parece mesmo envolvimentos normais, como vemos nos anais de Arik-dīn-ili (1307–1296); em cada introdução de seus anais, o leitor toma conhecimento de que esse governante assírio foi um "rei forte" e "construtor do templo do deus Shamash, o santuário exaltado" (RIMA 1, p. 120-22), isto na terra de Aššur e com a ressalva de que em alguns anais ele se apresenta como "vice-regente do deus Aššur", *iššak* ^{d}*a-šur* (cf. RIMA 1, p. 123-25).

Nos contextos das translabilidades divinas siro-mesopotâmicas, fontes sobre Marduk,[18] deus da mais alta designação da cidade de Babilônia, onde era o maioral e rei das divindades, atestam a mudança ou deslocamento da sua presença. No terceiro milênio, Marduk foi o maioral do panteão e, no segundo, a incorporação do seu presentismo mostrou-se na forma de um rei jovem das divindades que vai ganhando formas míticas aproximativas do deus da Tempestade. Com referência temporal nos últimos séculos do segundo milênio, Mazzoni (2016b, p. 301) alude a um Baal sírio segurando as rédeas de um touro, um Adad/Haddu carateristicamente babilônico e um selo de Ini-Teššub produzido em Karkamish encontrado em Ugarit.

No panteão ugarítico, a imagem de Haddu revestiu esteticamente o deus Baal, o jovem rei da cidade, e conferiu-lhe uma identidade guerreira, não obstante tenha continuado a ser mantido em subordinação a El, o seu pai,[19] aliás, o "deus dos pais". Especificamente no segundo e primeiro milênios, as interpretações teológicas do deus alepino o associaram a Marduk; lembrando que no épico *Enūma eliš* Marduk é o senhor dos ventos e Haddu, outro rei das divindades, supera o Mar, um poder com alguma relação com o vento (Schwemer, 2007, p. 128; 2008, p. 10). Outro fenômeno da translabilidade do deus da Tempestade está

18 Tenho em estudo as pesquisas das fontes realizadas por Daniel Schwemer (2007; 2008), mas não só; quando os enunciados e postulados dizerem respeito a questões específicas e no caso de citação, mencionarei uma nota específica.

19 Smith (2010, p. 88) afirma que "os deuses da terra de Alepo foram reconstruídos" em textos litúrgicos (ritual e oração) de Ugarit, numa evidente translabilidade do deus Haddu para o deus Baal.

ligado à manutenção de seu ambiente agrícola, por ser venerado com determinativo divino na esfera da fertilidade na Síria, Mesopotâmia, Anatólia e mais tarde no sul do Levante. Na verdade, o lugar de Haddu é na agricultura; foi sua força destrutiva com o manejo de armas de guerra que lhe conceptualizou como deus guerreiro. Considerada uma terra de povo campesino, na Anatólia temos um exemplo marcante pela magnitude da produção agrícola no sistema econômico:

> Em um esforço administrativo para centralizar os dados, os escribas de Hattusha procuraram agrupar os diferentes deuses locais em categorias amplas: deuses da tempestade, as divindades solares, os deuses tutelares, os deuses da guerra etc. Essa categorização, alcançada pelo uso de logogramas genéricos, como ^{D}U/^{D}IM "deus da Tempestade", ^{D}UTU "divindade Solar" etc., possibilitou criar uma aparência de coerência no sistema religioso estatal. Notemos que, embora classificadas pelos escribas em categorias, todas essas divindades parecem ter retido, mesmo que apenas em parte, sua individualidade: as longas listas de testemunhos divinas nos tratados diplomáticos são uma boa ilustração disso, que enumeram numerosos deuses da tempestade, todos diferentes como protetores de diferentes cidades. (Mouton, 2016, p. 24).

A questão de plano de fundo não se reduz às translabilidades de divindades e de cidades nas quais a esfera de influência divina depende das circunstâncias socioeconômicas, nem mesmo das centenas de divindades nomeadas com equivalência local para orgulho dos hititas. Atenho-me diante da categorização técnica dos diferentes dons e dádivas para o mesmo agente primordial, o deus da Tempestade. Nesse mesmo sentido, com sua influência, Haddu ocupou a lacuna deixada por uma divindade associada às fontes de água doce controladas por reis humanos. Nas cidades portuárias ocorria concretamente a busca pela proteção do deus da Tempestade, contra os perigos no mar e nos rios; por outro lado, na Assíria sua presença na esfera da fertilidade tinha por efeito igualá-lo ao poderio do Ishkur-Adad babilônico. Além de Aššur e Enlil como grandes deuses, os assírios mantinham veneração a inúmeras divindades; entre os deuses com destaque está Adad. Entretanto, foi no período do império neoassírio que Ishkur-Adad, aqui designado com sua translação alepina Haddu, ganhou autoridade como deus da Tempestade *par excellence*. Nesse período, Haddu foi constantemente enunciado nas inscrições reais assírias, com a designação *Adad ša bēlūte*, "Adad é senhor", acrescentada ao léxico real das divindades e às invocações como protetor divino nas inscrições e anais dos contextos de guerra de Aššurnasirpal II (*c.* 883–859) e de seu filho e sucessor Shalmanasar III, autoridade interrompida quando da subida ao poder de Tiglat-pileser III.

Na administração de Tiglat-pileser III, os projetos de construção civil e de guerra de expansão foram submetidos aos atos de divinação; ainda assim, Adad seguiu sendo invocado como deus protetor nos reinados de Shalmanasar V (*c.* 726–722), Sargon II e Senaquerib (*c.* 705/704–681), época na qual fora interrompida, segundo Shana Zaia (2018, p. 236), a longa tradição do reinado do deus Adad iniciada na época de Sargon de Akkade e seguida fortemente por Erishum I (*c.* 1974–1935), rei que vinculou a atuação do deus ao centro político quando lhe dedicou um templo. Com a aparente descontinuidade, retomou-se a proeminência de Aššur e suas caraterísticas guerreiras, mas em reinados posteriores a deusa Ishtar recebeu a designação de "rainha" e, em alguma medida, ocupou dimensão política ao lado de Aššur. Após o período vinculado ao profetismo divinatório, Adad saiu das bases subordinadas e emergiu novamente nas plataformas reais. Esse processo foi entendido por Zaia (2018, p. 249) da seguinte forma:

> A recontextualização de Adad com os outros deuses que são invocados de forma consistente, por sua vez, permite uma melhor compreensão das tendências maiores por trás desse fenômeno para iluminar ainda mais as nuances da autoridade assíria, de onde veio, como foi concedida ao rei e como isso mudou com o tempo.

Destarte, as mudanças ilustram os campos religioso e político porque as mudanças de estado divino na escala de panteão ocorriam com a sucessão real. O fato de ser acrescentado aos anais fez de Haddu partícipe da autoridade dinástica assíria que tradicionalmente se reportava às suas origens religiosas, visíveis nas construções estatais.

Esse quadro modulou também as operações dos pequenos reinos levantinos nas bordas, entre os impérios mesopotâmicos, as metrópoles mediterrâneas e os poderes egípcios acima do delta do Nilo. Quando assentaram na terra de Canaan, territorialmente em vales e altiplanos nos entornos do rio Jordão com contatos nem sempre pacíficos no Mediterrâneo frente a riscos que ameaçavam sua subsistência, os israelitas ocupam parte da região noroeste; no período monárquico, frente a ameaças as reações foram impulsionadas pelo desenvolvimento político-social. As circunstâncias fizeram emergir a adoção num Yahweh revestido dos carateres de Haddu (*BHS*):

> *Deuteronômio* 20.4: *kî yhwh 'ĕlōhêkem hahōlēk 'immākem ləhillāḥēm lākem 'im-'ōybêkem ləhôšîa' 'etkem*
>
> Porque Yahweh, vosso Deus, o que caminha convosco, para guerrear por vós contra os que vos hostilizam [contra vossos inimigos], para salvar a vós.

Salmo 24.8: *mî zeh melek hakkābôd yhwh 'izzûz wəgibbôr yhwh gibbôr milḥāmāh*

Quem este o rei da glória? Yahweh, forte e valente; Yahweh, valente de guerra.

2Crônicas 20.15b: *kōh-'āmar yhwh lākem 'attem 'al-tîrə'û wə'al-tēḥattû mippənê hehāmôn hārāb hazzeh kî lō' lākem hammilḥāmāh kî lē'lōhîm*

Assim diz Yahweh a vós: "Vós não temais e não vos aterrorizeis diante desta [por causa desta] a multidão, a numerosa, porque não para vós a guerra, mas para *'ĕlōhîm*".

Por elaborá-lo como o deus da Tempestade nos antigos motivos de guerra estatais do norte e nas formas de culto na província de Yehud em que se adapta os festivais com procissões e os usos de têxteis passam a incorporar o visual da realeza divina,[20] deu-se início aos conflitos com o Baal, deus da navegação e das forças da natureza nas cidades-Estado de Biblos e Ugarit e deus da Tempestade e da guerra, entre os canaanitas.[21] Localizo os conflitos no que denominei inicialmente de ponto-de-vista-limite e aqui refiro-me mais claramente acerca da tentativa de apagamento de um deus. Nem a composição com El, maioral do panteão de Canaan – terra na qual foram cotizados literariamente El-Yahweh / Yahweh-El – e pai de Baal tanto em cidades do sul do Levante quanto na cidade-Estado de Ugarit, solucionou os problemas na construção genealógica da etnicidade israelita.[22] No entanto, a elaboração histórica de Haddu, comumente reconhecido como Baal nas cidades israelitas, resolveu um problema mental de sobrevivência física frente aos assédios militares e ameaças inimigas, pois assim aquelas populações passaram a contar com um deus que poderia, como um estandarte, ir à frente das guarnições para as guerras.

20 Em *Isaías* 63.1-6, sobressai-se especialmente com o tema da vinha e o deus que vem da terra de Edom: um Yahweh com algum aspecto de guerreiro, com vestes reais em marcha contra a injustiça. *Isaías* 59.16b-17: "E salvou a ele o braço dele, e justiça dele ele a salvou. E se vestiu de justiça como cota de malha, e capacete de salvação [capacete de vitória] na cabeça dele; e se vestiu de roupas de vingança, vestindo-se, e se enroupou como o manto, indignação [e se enroupou de indignação como o manto]." (*BHS*).

21 A antiga tradição estética foi aparentemente adotada oficialmente no período Persa Aquemênida por quem defendia abandonar Baal e retornar ao deus alepino Haddu; acerca disso, confira a iconografia literária dos *Salmos* 18.13-14; 29; 74.12-17; 93 (*BHS*).

22 As correlações El-Yahweh e Yahweh-El são tentativas de técnicos do vernáculo ou escribas de unificação de origem religiosa com rigorosas proibições para a prática de cultos em sociedades nas quais El sempre foi distinto de Yahweh; isso corresponde também ao apagamento das deusas Asherah (representada por árvores sagradas) e Inanna (representada como a Rainha da Noite e Rainha dos Céus) de camadas literárias pré-deuteronomísticas da *BHS*, onde são utilizadas técnicas de hipóstases.

> Nas áreas montanhosas que se estendem da Anatólia a Canaan, o bem e a desgraça dos homens e reinos dependiam principalmente da benevolência do deus do tempo, que fertilizou o solo com sua chuva, manifestando-se de maneira mais impressionante com tempestade, trovão, relâmpago e granizo. Parece natural que o deus do tempo em várias manifestações regionais, muitas vezes associadas às montanhas, desempenhasse um papel dominante nessas áreas, enquanto em regiões como a Babilônia, onde a agricultura era baseada na irrigação artificial, as divindades mais importantes e mitologicamente ativas eram de diferentes tipos. Não obstante, o deus do tempo era uma figura importante também do panteão mesopotâmico. Seu nome próprio semítico era *Hadad* (> acadiano *Adad*) ou (com desinência flexional) *Haddu*, mas na Síria e no Levante ele era mais frequentemente chamado simplesmente de *Ba'lu* (> hebraico *Ba'al*, Baal) "o Senhor". Outra divindade com a qual Yhwh se assemelha parcialmente é o chefe do panteão ugarítico, *'Ilu* (geralmente transmitido na forma hebraica como *El*). Seu nome nada mais é do que a palavra semítica comum para "deus" (Krebernik, 2017, p. 49).

No plano de fundo dessas formas de transmissão está todo um cuidadoso processo de elaboração estética que varia na forma imagética a depender da função a ser exercida na sociedade. Nos pequenos reinos emergidos no primeiro milênio no sul do Levante, o deus *par excellence* ganhou um nome próprio, diferente por territorialidade e casa palacial, enquanto o antigo "nome", *'Ēl*, recebeu a significação de título numa comunicação formal e epíteto, indicativo de uma relação de posse pessoal. Baruch Margalit (2004, p. 359-61) lembra-nos das identificações com o sumério ^{d}*En-ki*, o acádio ^{d}*Ea*, o fenício *El* e a forma luwita ^{d}*i-ia-sá*; isso possibilita a composição antiga semítico-ocidental *'ila-ḥayya* e o hebraico tardio *'el-ḥay*.

Destaquei uma antiga evidenciação hebraica do período monárquico na qual o historiógrafo israelita tentou vincular Yahweh a Haddu: "Na narração de 1Reis 20, após uma vitória israelita e precedendo um segundo conflito, os militares aramitas advertem o rei de Ša-imērīšu de que 'deuses das montanhas [são] os deuses deles [= combatentes de *Yiśrā'ēl*]' (*'ĕlōhēy hārîm 'ĕlōhêhem*)" (Santos, 2018b, p. 279).[23] Os aramitas oriundos da cidade de Damasco criaram estratégia para guerrear contra os israelitas na planície, indicando, assim, as diferenças entre eles em relação ao ambiente de vida deles e da divindade, mas revelando conhecimento acerca de Yahweh – este seria um deus guerreiro à semelhança do Haddu alepino e num local geográfico de transposição plurirreligioso.[24] A importância deste fato torna-se maior quando considerada a pre-

23 Sobre a citação do livro dos Reis, veja *1Reis* 12.23. Em relação a *Ša-imērīšu*, esta é uma grafia assíria para a cidade-Estado síria de Damasco; por ser citação literal, mantive o enunciado. Em assírio, *imāru* significa "burro" ou "mula", *ša-imērīšu* significa "condutor de mula"; cf. *AEAD*, 2007, p. 41.

24 A narrativa sálmica da tradição da libertação do Egito, em *Êxodo* 15, apresenta Yahweh como um grande deus do Levante que conduz escravos fugidos para os altiplanos centrais do sul do Levante,

sença de indícios linguísticos do yahwismo em lista de divindades ugaritianas, onde a montanha ou acrópole é o lugar simbólico, no sentido de significativo e cultura, e em ambientes do assim chamado "mundo semita ocidental" da Idade do Bronze.

Uma vez que o símbolo era facilmente reconhecido e as formas se adequavam aos costumes, o conhecimento informativo serviria a mudanças refletidas na circunstancialidade. Esse é o caso da iconicidade conjugal entre os deuses da Tempestade e as deusas presentes na religiosidade israelita. Uma questão colocada em relação ao deus Yahweh diz respeito à atribuição de sua identidade, isso tem pertinência com uma de suas atividades em que é perito e o designará junto a seu adorador. Evidentemente, as formas de culto estão ligadas aos diferentes modos de ser dos núcleos sociais e ao ponto de vista religioso dos escribas e redatores segundo a realidade histórica das memórias,[25] não obstante preservar uma ideia imagética.[26] A questão vai tornar-se um problema recorrente, refletido em gerações de escribas por meio das expressões interrogativas elaboradas a partir de "Quem é como Yahweh?", ora respondendo em seguida, ora enunciando os seus atributos e testemunhos (veja na *BHS*: *Êxodo* 15.3, 21; *Deuteronômio* 20.4; 23.15; *Juízes* 5.4-5; *Salmos* 24.8; 29; 68.8-10; *2Crônicas* 20.15b). A apologia é construída sobre o fato de que esse deus não lidera panteão onde El está presente, colocando em dúvida a sua liderança pela ausência de divindades a ele subalternas.[27]

A natureza como potência está presente no nome, e o nome Yahweh, assim como a sua origem geográfica, permanece sob constante debate entre especialistas desde pelo menos a década de 1950 da Era Comum em considerações a alguns indícios hipotéticos (cf. Lewis, 2020, p. 228-29). Por isso, não raro, vemos revisão de teorias por seus próprios autores; uma delas, de Johannes Cornelis de Moor, torna-se mais aplicável quando exposta em pesquisa recente de Theodore J. Lewis (2020). Com inscrição

---

para isso identifica-o como deus da Tempestade, um Baal-Haddu com perfil marginal assim como o povo (Santos, 2018; Fleming, 2020).

25 Conhecer a realidade histórica das memórias foge do alcance de uma metodologia específica. Considerando duas grandes tradições religiosas politicamente divergentes mas que transmitem memórias de origens conectivas, o culto ao Yahweh do êxodo (Israel Norte) e o culto ao Yahweh das estepes (Judah), Fabian Pfitzmann (2019, p. 163) entende que "é difícil saber se o êxodo ou as estepes se referem a realidades históricas ou não. Em qualquer caso, eles se tornaram retóricas diferentes ligadas a diferentes *Sitz im Leben*".

26 O ponto de vista religioso dos responsáveis pelos manuscritos se insere no contexto das ideologias políticas, mas a ideia imagética resiste às críticas contra as origens aramita-canaanitas do antigo Israel; cf. *Êxodo* 32.46; *Juízes* 17.3-5; *1Samuel* 19.13; *1Reis* 12.28; *1Reis* 12.29 <> *2Reis* 10.29; *Oseias* 8. 5-6; 10.5; 13.2.

27 Veja o incontornável panteão judaico do período persa no *Salmo* 82 e a amostra de demolição da reputação do rei Salomão com a lista de deuses de povos do leste canaanita venerados no antigo Israel, em *1Reis* 11, especialmente o versículo 7.

no *Ciclo* (*Ciclo*, 1.1 IV, 13-14; cf. Olmo Lete, 1998, p. 44-5), em que *yw* (*yaw/yawe*) tem possível aliteração ou equiparação a *ym* (*yam/yammu/yamm*), mas ainda improvável, em uso na cidade de Ugarit, diz-se que *yw/ym* seria uma "caricatura de YHWH". As bases para isso seriam os nomes de reis, juízes e demais membros das elites da sociedade israelita presentes na BH. Comparativamente, as narrativas hebraicas são de prática comum, por isso as postulações são tidas por Lewis (2020, p. 229) como conjeturais e sem aplicação específica, principalmente quando baseadas em texto ugarítico fragmentário. Em seguida, Lewis conclui com certa ironia: em Ugarit inexiste indício de escriba do BT fazendo uma caricatura de Yahweh e a associação de *yw/ym* com hipocorísticos protoisraelitas não passa de um "apelo especial".

Outro domínio histórico debatido tem sido a geografia de Yahweh. Recentemente ocupei-me em demonstrar por meio de fontes literárias e artefatos que sua origem geográfica estaria no norte do Levante (Santos, 2018b, principalmente p. 283-301), não obstante a sobrevalorização das inscrições dos vasos (veja as figuras 39 e 40) encontrados em Kuntillet 'Ajrud (KA, Ḥorvat Teman) para corroborar sua origem no sul levantino.[28] Das divindades de religiões aramitas, parte da assim chamada civilização canaanita,[29] presentes no *corpus* de inscrições aramitas antigas em que se encontra a inscrição Kutumuwa, descoberta em 2008 da Era Comum, constam deuses identificados com a guerra e com o controle de elementos cósmicos integrados da Anatólia à Fenícia, de Alepo a Ugarit e Israel: 'Arqu-Reshep (*'rqršp*), Baal dos Céus (*b'l šmīn*), 'Elyan (*'lyn*), Hadad (*hdd*), Haddu de Alepo (*hddḥ*), Ilu/El (*'l*),[30] Ilu-wer/El-wer (*'lwr*), Milqart (*mlqrt*), Reshep (*ršp*), o deus da lua fenício-canaanita Shahar (*šhr* ou *śhr*), Shamash (*šmš*), Sibitti (*sbt*) e Sin (*sn*), sendo Haddu de Alepo o deus preeminente.[31]

As influências da erudição aramita dos séculos IX e VIII entre os israelitas podem ter alcançado a literatura profética tardia, caso a inscrição em um amuleto em forma de animal, proveniente da cidade síria de Tartus, localizada na região portuária de Arwad, tenha realmente relação com uma profecia do judaíta Isaías. Apesar das dúvidas quanto à identificação do artefato e à sua aproximada anatomia bovídea,[32] Madadh Richey (2020, p. 240) analisou os grafemas t r z t n, os cinco em aramaico gravados, associando, com ressalvas, sua etimologia com o termo botânico hebraico

28 Entendo que Pfitzmann (2019) insere como nova fonte o "maître des autruches" e estabelece um debate de avaliação e interpretação sobre a origem de Yahweh, ambos muito relevantes.

29 Com fluxos culturais notadamente siro-eufratênios e anatólicos.

30 Para além da translação para o substantivo "deus", Ilu ou *ilum* é o determinativo divino acádio equivalente ao DINGIR sumério (*CDA*, 2000, p. 127).

31 Cf. Lewis, 2020, p. 265-67, com n. 171-72; para as relações políticas reais, cf. Santos, 2017; 2018b; 2019a; 2019b; 2021a.

32 O amuleto aramita em forma de animal se encontra atualmente sob a curadoria do British Museum (BM n. E48341, Reg. 83-06-27, 2).

tirzāh, "azinheira" ou "bétula", que aparece em *Isaías* 44.14 (*BHS*). A profecia de *Isaías* 44.9-20 é uma das muitas glosas da época Persa Aquemênida ao Dêutero-Isaías – assim chamado por ter suas narrativas mais antigas atribuídas a escribas do século VI, época do exílio babilônico –, e o termo hebraico está associado como vilipêndio contra as divindades de outros povos numa polêmica com Yahweh. Por ironia, a imposição de um culto destinado apenas a Yahweh no período do Segundo Templo, além de fazer parte das afinidades "isaianas" com a profecia neoassíria (cf. Schmid, 2013, p. 175; Smith, 2010, p. 178; Nissinen, 2017, p. 242-56), tem uma palavra que em sua raiz está associada ao deus da Tempestade e à figura do touro em inscrições ugaríticas (*zntn*) que dizem respeito a Baal e a Ilu, assim como a palavra acadiana (*zanānu*) do círculo linguístico de Adad/Haddu e Marduk (cf. Richey, 2020, p. 242-43). Mas os contatos literários são ainda mais amplos e antigos.

Aaron Schart (1995) demonstra que no antigo Israel o processo de transformação de oráculos proféticos da sua fase de oralidade aos manuscritos, considerando os seus elementos formais, era semelhante ao praticado em Mari na época de Zimri-lim. Na primeira carta traduzida e analisada (ARM 10 #50), Schart (1995, p. 77-78) interpreta o enunciado da escriba e alta-comissária Addu-dūri como uma reprimenda da deusa Annunitim para Zimri-lim; em seguida, numa redação de duas cartas (A. 1121 + A. 2731), o *apilum* se apresenta como enviado do deus Adad quando se dirige com a mensagem ao rei de Mari (Schart, 1995, p. 81-82):[33]

> Comunicai ao teu senhor: Não sou eu Adad, Senhor de Ḫalab, que te levantou em meu peito e que te fez recuperar o trono da casa de teu pai? Eu nunca exijo nada de ti. Quando um homem ou mulher injustiçado clamar a ti, levantai para que o caso dele seja julgado. Isso é o que eu exigi de ti e o que tenho comunicado a ti, tu farás.

Em que consiste esta conexão alepino-*mariyanum* na relação acádio-israelita? A divinação da BH não se encontra em tradição inventada pelo povo israelita, portanto a tradição profética do antigo Israel se guia por relação e performance profética siro-eufratênias. Tomando especificamente *Jeremias* 36 (*BHS*) como modelo de enunciação profética, como o faz Schart (1995, p. 88-93), tem-se o *apilum* como a presença divina, a adoção de um antigo deus autóctone, os termos da relação do deus com o rei, a exigência do direito do empobrecido e a mensagem escrita transmitida por terceira pessoa à maneira de um redator (em Mari e em Israel por assessor palacial). Como documento, temos o dito oral (comum em Mari e em Israel) seguido de interpretação com nova significância (no enunciado jeremiano, por um redator deuteronomístico); por outro lado, as tradições mitológicas acadianas foram as mais assimiladas porque fazem parte de textos de fundação.

33 Não sigo exatamente a tradução do inglês realizada Schart (cf. 1995, p. 82).

Em ralação aos textos míticos do antigo Oriente-Próximo, a BH é ambígua quando se trata de denotar distintivamente El pela forma plural do substantivo masculino *'ĕlōhîm* (cf. Walls, 2016, p. 262), *i.e*, quase nada se sabe em seus devidos contextos quando os deuses são falsos ou quando se está diante do Deus que se quer "verdadeiro da antiga tradição israelita".[34] Assinto com Neal Walls, mas acrescento um número significativamente plurissocial à "antiga tradição israelita" por ele mencionado. Desta forma, argumento que nas antigas tradições israelitas estão presentes também os homens santos (*'îšîm/'ănāšîm qədōšîm*) separados da humanidade (*'ādām*) e os filhos de El ou filhos dos deuses (*bənê 'ĕlōhîm*) à maneira das assembleias divinas, ambos em enunciados do período do Segundo Templo no contexto da administração sacerdotal das comunidades judaicas.

Os líderes dessas comunidades religiosas forjaram a complexa operação de translabilidade de Yahweh em Baal-Haddu, fazendo-o passar por El à feição das suas complexas atividades. Em sua pesquisa, Walls (2016, p. 264-65) em nada alude à ideologia presente no ofício de escribas de Judah desde o século VI.[35] No entanto, é o que se depreende do fato de El ser "venerado como o sábio 'rei'", *i.e*, como bom administrador e como justo "'juiz' entre os deuses", alguém capaz de solucionar conflitos em todos os âmbitos daquelas sociedades (política comunitária, economia, religião).[36] É o conjunto de autoatribuições desempenhadas naquelas comunidades multiculturais pelos sacerdotes que leva seus escribas aliados a transformarem Yahweh – por meio de iconografias literárias à luz da proibição da manufatura de ícones divinos –, primeiro como o El canaanita e depois como Baal-Haddu, num ambiente em que se renega outros deuses, como o montanhês moabita Baal-Peor.[37] Apreendendo a autoridade de um deus que ora é enunciado por sua antiga caraterização de guerreiro, ora é o deus compassivo elaborado no período posterior ao exílio babilônico, os sacerdotes a empregam na burocracia jerusalemita e os escribas dela dependem na formação da biblioteca de manuscritos que serão autoritativos.

---

34 Veja os textos, que os considero apenas demonstrativos, citados por Walls (2016, p. 262): *Salmo* 29.1; 81.1; 89.5; *Gênesis* 6.1-4; *Jó* 1.6.

35 Esse é o caso quando cita o *Livro dos Números* como uma redação do período monárquico, livro repleto de memórias que receberam redação no período persa.

36 "Embora muitos atributos do compassivo El sejam compartilhados pelo deus israelita, a Bíblia Hebraica também descreve Yahweh com linguagem poética, formas estéticas e competência do Baal ugaritiano. Como Baal e outros deuses da tempestade do antigo Oriente-Próximo, Yahweh 'cavalga sobre as nuvens' (Salmo 68. 4; cf. Isaías 19.1). No Salmo 18, Yahweh 'curvou os céus e desceu, escuridão densa sob seus pés. Ele montou um querubim e voou. Ele veio rapidamente nas asas do vento' (v. 9-10), rodeado por nuvens escuras de tempestade, trovões e relâmpagos cintilantes (v. 13-14). A natureza convulsiona com terremotos e imagens vulcânicas quando o deus da tempestade aparece na terra tanto na poesia ugarítica quanto na bíblica (Juízes 5. 4-5; Hab 3; Salmo 29)" (Walls, 2016, p. 271).

37 Sobre Baal-Peor na *BHS*, veja: *Números* 25.

Tem-se despendido grande esforço para demonstrar a natureza anicônica do culto em Judah. Em uma das recentes pesquisas, Tryggve Mettinger (2006) argui que o tipo de anicomismo praticado naquele reino diz respeito a um culto com ícones em forma de estelas, sendo que a mentalidade da população ou o seu comportamento cotidiano teria sido capaz de impedir a prática de culto na qual as divindades são representadas visualmente por estátuas. Esse antigo fenômeno da religião de povos semitas ocidentais, com farta atestação no sul do Levante, teria sido proibido mesmo antes da existência de uma instância monárquica reguladora na sociedade israelita. Eis a chave de Mettinger (2006, p. 290): "o caso de uma estátua de culto de Yahweh não foi provado". E a chave é a aporia: uma placa com relevo, um tronco de árvore esculpida e um trono têm carater estatuário, os israelitas não cultuaram apenas a Yahweh e, sobretudo, o que se sabe sobre a existência de um "Primeiro Templo" em Jerusalém serve a proposições circulares: não foi nem o primeiro nem o único espaço sagrado dos israelitas assentados nos limites de cidades fundadas por aramitas e canaanitas. A descoberta de artefatos em 1975/76 da Era Comum pelo arqueólogo Ze'ev Meshel, numa fortaleza na borda Judah-Sinai proximamente a Darb el-Ghazza (estrada de Ghazza) em KA, num entreposto comercial distante cinquenta quilômetros de Kedesh e ao sul do Sinai, revelou a presença de espaço sagrado para culto ao deus Yahweh e à deusa Asherah, sendo Asherah uma consorte de Yahweh.

Eis as inscrições descritivas, referenciais, dos dois potes de cerâmica encontrados no sítio, certamente usados para armazenamento de líquidos e grão, catalogados como "Pote A" ("Pithos A") e "Pote B" ("Pithos B"):[38]

Pote A

ʾmr. ʾ[. . . .]h[. .]k. ʾmr. lyhl[. .] wlyw ʿšh. w. . . brkt. ʾtkm

lyhwh. šmrn. wlʾšrth

Mensagem de ʼAshyaw, o rei: Diga a Yehallel e a Yoʻashah e a [...]: "Eu vos tenho abençoado

por Yhwh [de] Samaria e por sua Asheratah".

Pote B

t]ʾrk. ymm wyšbʿw[wy]tnw. l[y]hwh[.]tymn. wl[ ]ʾšrt[

38 Para menção concisa às inscrições, cf. Hasegawa, 2010; para uma abordagem das inscrições em chave teológica maximalista de textos da BH, cf. Doedens, 2013; para um estudo recente da religião em KA com análise filológica e contextualmente histórica das inscrições, cf. Smoak; Schniedewind, 2019. Enfim, uma referência da BH acerca de Teman como origem de Yahweh está preservada em *Habaqquq* 3.3.

]hyṭb. yhwh. hty[mn]

A]longar seus dias e eles serão preenchidos, [e eles] para [Y]hwh [de] Teman e para sua Asherat[

] faça o bem, Yhwh [de] Te[man].

Um testemunho epigráfico que dificulta a compreensão do significado das bênçãos, pois o sintagma *'šrth* (Asheratah) requer interpretação elucidativa sobretudo para a identidade divina de *'šrh*,[39] a árvore divina Asherah. Afora isso, o nome teóforo -*yaw* remete ao norte do Levante. Temos, portanto, artistas – epigrafistas e iconografistas – visitantes de várias tendências pictográficas e etnorreligiosas praticando seus dons na elaboração de estéticas divinas que lembram os cultos e as bênçãos praticados nas cidades sírias da costa e das estepes.[40]

O conjunto imagético apresenta figuras desenhadas em formas híbridas com elementos teriomórficos nas relações mentais entre imagem e inscrição; enquanto as representações antropomórficas e zoomórficas seguem um perfil teológico de Haddu e El, as árvores que representam a fertilidade agrícola seguem o perfil teológico de Asherah e Baal. O sentido apotropaico – bendição e proteção divina contra os demônios – aparece em representações tanto no Pote A quanto no Pote B, dividido em dois grupos. Em motivos de seres animais, encontram-se figuras de vaca amamentando um bezerro, vaca sem o bezerro e o íbex; "o animal de amamentação, um antigo motivo do Oriente-Próximo aludindo aos muitos e variados aspectos da fertilidade – e por implicação dos humanos – é atestado já no final do quarto milênio A.E.C." (Ornan, 2016, p. 13). Em motivos vegetais e à maneira de murais, encontram-se duas palmeiras volutas e a árvore íbex; esse motivo decorativo era considerado "benéfico no antigo Oriente-Próximo, comum em portas de arquitetura de templos do segundo milênio", sendo que no primeiro milênio a palmeira era uma decoração protetiva em portas de palácios (Ornan, 2016, p. 15). Neste caso particular, o fato de o achamento dos fragmentos ter ocorrido na "parede oeste da ala norte do Edifício B" (Ornan, 2016, p. 16) e atribuído ao conjunto mural do entreposto comercial faz

39 Em acádio, *šerû*, "árvore plantada numa montanha"; cf. *CDA*, 2000, p. 368.

40 Em contrário por não analisar as obras de arte, importante quando analisadas diante do cômputo da literatura sobre o panteão, Smoak e Schniedewind (2019, p. 12) afirmam que "praticar a composição de textos sobre teofania e teomaquia divina teria sido relevante para a situação de um soldado escriba em uma fortaleza como Kuntillet 'Ajrud". Penso que é relevante a interpretação bíblica de Walls (2016, p. 269): "Esta inscrição tentadora, escrita em um dialeto misto e datada em algum momento do oitavo século AEC, refere-se às visões cataclísmicas do profeta Balaam, filho de Beor (cf. Números 22–24), que teve visões da assembleia de deuses (*'lhn*), o deus supremo El, e o *šdyn*, a forma plural do epíteto divino bíblico Shadday (ver Números 24.4)".

todo sentido estético, integrando-os no quadro das experiências artísticas dos esboços apresentados nos vasos e dos murais públicos.

Um relevo com cena iconográfica da época de Sargon II reproduz a deportação de estátuas de divindades no sul do Levante; a ausência de identificação tem dificultado a catalogação, mas a deportação das coisas cúlticas remete a Samaria. Ainda que possa haver divergência de interpretação sobre a forma e o conceito do sagrado, as obras de arte com estética bovina em espaços sagrados eram veneradas em Samaria, Betel e Dan (cf. Santos, 2018b; Leuenberger, 2019). No quadro da tradição do êxodo, Yahweh é, portanto, um deus guerreiro (veja memórias em *Êxodo* 15.3, 21; cf. *BHS*)[41] e o touro tem a função de responder teologicamente a demanda por uma teofania permanente em meio a povos das margens; nesse contexto, é possível entender que, do ponto de vista historiográfico do escriba deuteronomístico, as divindades participaram desde o início da estatização das tribos israelitas.

Por uma experiência artística, os agentes históricos artefatuais (os objetos técnicos concretos: utensílios domésticos e objetos decorativos) são muito interessantes.[42] Distante do calor das descobertas arqueológicas, as possibilidades de análise permitem compreender as representações artísticas e suas inscrições descritivas com certo descolamento de evento religioso, pelo fato de o evento não ter sido, necessariamente, a motivação utilitária conquanto esteja no mérito artístico. A ideia de que as imagens bovinas representavam traços teriomórficos de touros mencionados em enunciados discursivos de profetas na BH, referidos como objetos de culto em Israel Norte, tem sido revista. Será necessária a pesquisa acerca da relação de Yahweh e principalmente da deusa Asherah com a figura do touro, além da controversa ligação do deus de origem egípcia Bes[43] (talvez com sua consorte Beset) no local.

41 No assim chamado *Cântico do Mar*, veja *Êxodo* 15.3, possivelmente do século VII, portanto posterior às tradições poéticas mais antigas da *BHS*, cf. *Cântico de Miriam*, em *Êxodo* 15.21, *Cântico de Deborah*, em *Juízes* 5 e em uma referência acerca de um manuscrito igualmente antigo em *Números* 21.14, e de tradição bem tardia, possivelmente da época grega, veja *Deuteronômio* 32.41-42; em historiografia, veja *1Samuel* 17.45; 18.17; 25.28. Como um deus da tempestade com pleno controle sobre a natureza, cf. *Êxodo* 14.21; *Josué* 10.12-14; *Juízes* 5.21.

42 Em relação aos desenhos em seus contextos históricos, explana-nos Tallay Ornan (2016, p. 4): "Primeira [caraterística], em contraste com as noções modernas, a percepção da expressão pictórica no mundo antigo não era como um fim em si mesma, mas sim como um meio de se comunicar com o divino e, ao mesmo tempo, transmitir mensagens oficiais de Estado; essas duas facetas das expressões pictóricas do antigo Oriente-Próximo não podem ser separadas. [...] A segunda caraterística é que qualquer representação pictórica revelada em uma escavação arqueológica sistemática deve ser interpretada dentro do seu contexto arqueológico, levando em consideração o tipo de superfície ou artefato sobre o qual foi executado. No caso presente, os desenhos e pinturas de KA foram aplicados em potes de armazenamento de cerâmica (vasos e cacos) e paredes estucadas.".

43 Uma estatueta desse deus protetor da família e associado à música, medindo 28,8 cm de altura, encontra-se no Musée du Louvre sob a curadoria do Département des Antiquités égyptienne (ML n. E 11554, Salle 643).

Mas o debate não ocorre apenas em torno das identidades de divindades em relação às imagens, a própria figura bovina tem gerado controvérsias problemáticas. Tallay Ornan (2016, p. 4) apresenta um conjunto de observações, após apor postulados de vários pesquisadores, para indicar que os desenhos dos potes podem ser rascunhos para pinturas de parede, *i.e*, obras de grande dimensão artística na forma de pinturas murais. Dentre as observações estão evidências de que os potes eram vasilhames temporários usados para esboçar a experiência artística, a "sobreposição de componentes pictóricos é atípica da natureza paratática da arte do antigo Oriente-Próximo". Se as inscrições foram trabalhos de escribas e não dos próprios artistas – seriam três ou quatro artistas[44] –, a natureza de estudo artístico (esboço, primeira experiência ou exercício) para um mural fica ainda mais defensável.[45]

No caso da representação da deusa Asherah em KA, pode ser que os artistas ou escribas a tenham desenhado usando como modelo Hathor, a deusa egípcia sempre associada a touros e cuja cultura foi praticada na região do mar Morto e na costa levantina desde o BT. O motivo reside no fato de Asherah ser encontrada iconograficamente associada com o leão. Ainda quanto aos agentes cenográficos, demonstra-se problemática a hibridização de Bes em dois esboços sem autonomia pictórico espacial pelo fato de serem imagens dependentes dos sinais existentes no seu entorno. Sem olvidar que o "homem-leão" apresentado como "Senhor dos Leões" pode representar um agente apotropaico na região, particularmente em Ascalon (cidade costeira não muito distante de KA). No que concerne a Bes, ele é venerado como protetor familial e foi encontrado em forma de amuletos. Isso atesta a sua presença em ambientes domésticos levantinos, segundo Ornan (2016, p. 17), como um rebaixamento de estado porque essa condição "se encaixa na posição divina inferior de Bes", associado à música e à dança na imagem do tocador de lira e ao pastoralismo dos altiplanos, nas imagens do bovídeo caprino íbex. Para além disso, na função protetiva nota-se a lembrança de si daquele povo das bordas na individuação do divino – um ser híbrido teriomórfico e antropomórfico, entre íbex, leão, palmeira e músico, como a possibilidade de significância yahwística contextualmente. Talvez não tenhamos nem um nem outro deus! Mas a complexa arte compósita revela artistas com as influências religiosas egípcias da região e estética aramita com mentalidade vinculante entre o Yahweh de Samaria e Asherah, sua consorte.

Em adição, propor a presença de política judaíta em KA, *i.e*, uma administração real para o entreposto avançado da rota internacional entre a Arabah e o Mediterrâneo por causa da territorialização judaíta e materialidades plurissociais,

44 Sobre isto, veja Ornan, 2006, p. 6.

45 Para aprofundamentos específicos: Lewis (2020, p. 326-33, com n. 87, 89, 93-94 e 96-100) apresenta-nos especialistas contra e a favor da presença imagética do boi, seja com Bes, seja com Yahweh; Ornan (2006, p. 17-20) apresenta o sentido protetivo das imagens de Bes.

é razoável mas segue sendo difícil, pelos indícios de uma administração compartilhada na fortaleza fronteiriça. Sobretudo porque as inscrições indicam mais claramente o poderio econômico e militar de Israel Norte nos séculos IX e VIII, refletido no predomínio do seu deus. Destarte, não tem pairado dúvida de que "Kuntillet 'Ajrud deve ser considerado como uma estação de passagem ao longo da rota comercial de Eilat à costa do Mediterrâneo, fundada provavelmente como resultado da iniciativa assíria e abandonada no final do 8º século BCE" (Singer-Avitz, 2009, p. 117). Nada obstante, o território é propício para o culto de Yahweh das estepes segundo a tradição judaíta. Para Fabian Pfitzmann (2019, p. 148), aí se encontra a difusão do culto a figuras divinas antropomórficas que enfatizam a força, cuja "constelação iconográfica" remonta ao BM, período no qual os manuscritos acádicos apresentaram dentro desta tradição a deusa Ashratum, precursora da Asherah no Levante. Na conclusão de sua importante pesquisa sobre as origens de Yahweh, na qual debate memórias fundantes, Pfitzmann (2019, p. 163) sublinha que "Yhwh parece ter sido venerado no Sul como um deus das estepes, difícil de controlar e poderoso, visto que ele próprio dominava as perigosas zonas limítrofes que eram notavelmente habitadas por demônios".

O ambiente político (cf. Hasegawa, 2010, p. 193) indica que conflitos administrativos na região levaram o rei judaíta Amaziah (*c.* 796–781) a bloquear a rota para o deserto da Arabah após a morte do rei Yoash (*c.* 835–796). Jeroboam II teria aberto uma nova rota de acesso por Darb el-Ghazza para alcançar a cidade de Eilat e portos de ancoradouros estratégicos. Seguindo o horizonte estratigráfico de Lakish IV e III, a estação funcionou no século VIII ou Ferro IIB, para manter em debate o nome do construtor entre Jeroboam II e Hazael. A construção da fortaleza no entroncamento da rota situa-se nessa conjuntura. Especificamente, os empreendimentos estabelecidos no local ofereceriam vários serviços aos seus usuários, com abertura para cultos a divindades veneradas por esses novos grupos sociais. Fica evidente a função comercial das religiões materializada no *movimento vital* dos caravaneiros que trafegavam a região do Sinai. Os contatos de caravaneiros aramitas e fenícios com filistitas que comerciavam no local revelam a retomada da pluralidade etnocultural de estratos do Reino Novo hitita na primeira metade do século VIII no sul do Levante, promovendo um panteão com Yahweh, El, Baal e Asherah, com mutação religiosa de Hathor e Bes.

As bênçãos de El e Baal sobre o dia da guerra estão inscritas, a montanha sagrada também, enquanto a distintividade entre El e Yahweh fortalece a subordinação deste; com isso fica implícito em qualquer alusão a Israel Norte que El está representado pelo touro e as demais divindades são seus filhos. Quatro divindades de caraterísticas guerreiras agora no reino de Judah – as divindades se apresentam como abençoadoras e apotropaicas, grandiosas, cessionárias de fertilidade, guerreiras – ilustrando as bênçãos em que os técnicos do vernáculo sugerem a um só tempo a influência de culturas de Israel Norte no local e a veneração de

Asherah como consorte de Yahweh em Samaria.[46] As expressões de piedade de reis assírios – o acima citado Arik-dīn-ili mencionando Shamash, seguido por seu filho Adad-nerari I mencionando Aššur (RIMA 1, p. 153) e Aššur-resha-ishi I mencionando Adad (RIMA 1, p. 324) – mostram que as divindades guerreiras podiam ser compassivas e com alguma similaridade em tratos eventuais de diferentes regiões. Mesmo no *continuum* cultural em que se encontrava o Levante, atribuo uma evolução na adesão a Yahweh fortemente nos reinos de Israel e Judah, povos que lhe projetam por seguidas iconografias literárias (imagens verbais ou iconografias literárias nas quais as elaborações textuais projetavam-no como deus da fertilidade, guerreiro, compassivo; com lugar circunstancial: templos, santuários oficiais, ambientes domésticos), sempre inspiradas ora em Haddu, na forma de simples apropriação e de mutação religiosas, ora num vívido contraste com Baal no contexto das práticas religiosas canaanitas.

3. Retomando os começos e seguindo: os avanços das mentalidades guerreiras e artísticas

Retomo os deslocamentos migratórios que na criação dos sujeitos sociais – o estabelecimento de relações – esquematizaram padrões comerciais. Quando fora referido *viver de trocas das bordas ao centro* não se mencionou algum problema, ainda que o enriquecimento de camada social tenha sido, com a ostentação de bens materiais, uma atestação de consolidação da estrutura das sociedades tributárias. Isso alarga os limites da vida privada porque a fortale-

46 Talvez sejam relevantes os casos assírios dos deuses guerreiros Adad e Aššur, que ouvem as orações do povo, cuja tradição do período Médio Assírio (*c.* sécs. XIV–XI) permanece associada ao deus Aššur na sua trajetória de imperialismo no Período Neoassírio. Portanto, cabe observar que em trinta e quatro inscrições reais assírias do período Médio Assírio um modelo de convite para a bênção divina tem a função de orientar o orante em sua invocação aos deuses Aššur e Adad; particularmente, Adad poderá fazer com que os demais deuses da Tempestade se comprazam com o rei (cf. Greenwood, 2010, p. 212-13). Naturalmente, por sua natureza associada a catástrofes e portanto com poder protetivo, Adad fazia parte dos contextos em que a maldição estava presente com a finalidade de abençoar a Assíria. Entre os reinados de Adad-nerari I (1295–1264) e Shalmanasar I (1263–1234), Aššur tornou-se o deus maioral do panteão real e surgiu uma "fórmula da maldição". Desta forma, as funções desempenhadas por Adad foram apreendidas, diante do povo bastava um único deus, Aššur, como destinatário das orações, enquanto a "fórmula da maldição" substituiu a Adad como instrumento de proteção e amuleto, apesar de Adad continuar presente nos cenários em que Aššur exercia o patronato; há inscrições que atestam a composição de cenários por Adad e Ishtar com Aššur e lugares reservados ao culto (cf. Greenwood, 2010, p. 213-14, 218). Quanto à finalidade comercial do entroncamento, em comunicação pessoal no IX Congresso Internacional da Associação Brasileira de Pesquisa Bíblica, realizado entre 23 e 26/08/2022 em São Paulo, a arqueóloga da Universidade de Haifa Norma Franklin afirmou que o local teria servido a intermediários do comércio entre egípcios e assírios. Sobre esta última questão, veja Singer-Avitz, 2009, p. 115-17.

ce, como vimos ao analisar *as fontes e suas historicidades*, e apenas desta forma possibilita os tratos comerciais ou, melhor dizendo, as *interações culturais estatais*. O que evitou equívoco possível quanto às origens foram os acessos arqueológicos de projeção para períodos que antecederam a existência de cidades, sem que tenham sido uma operação de retroprojeção.

A integração comparativa que permite explanações nos limites do segundo milênio, em seus vários contextos de processos plurissociais, baseia-se nas pesquisas e catalogação de domínios científicos.[47] Uma dessas importantes pesquisas foi realizada recentemente por Graham Philip e Kamal Badreshany (2020), em que discutem e concluem uma série de estudos sobre a sociedade e a economia do norte do Levante. Assim como Gojko Barjamovic (2019), com suas fontes identificadas nos períodos Neolítico Tardio 1 e Neolítico Tardio 2 (LN1 e LN2, *c.* 5500–6000) e mapeamento até a Idade do Ferro, Philip e Badreshany apresentam contribuições de fontes que alcançam um período Neolítico pré-cerâmico (PPNC, *c.* 6500). Ambas as pesquisas abordam fontes da arqueologia da economia; neste último caso, a localização central no vale do Orontes, relativamente na fronteira entre o norte e o sul do Levante, me interessa especificamente pelo cruzamento comercial de artefatos.

Sobre a economia e o comércio na Mesopotâmia, Barjamovic (2019, p. 83) afirma que o comércio foi uma atividade social tão antiga quanto a humanidade, mas com estrutura oriunda da "introdução da agricultura quase doze mil anos atrás"; para ele, antes da invenção dos sistemas de escrita o ser humano já tinha consigo "as ideias de propriedade, valor e direito da propriedade, e as ferramentas conceituais e físicas para marcá-las". Com relação a isso, sublinho que desde o Neolítico os *movimentos vitais* no antigo Oriente-Próximo foram de longo curso, sendo impulsionados pela extração de minérios.

Enunciei, no Capítulo I, na abordagem acerca dos materiais, que o lápis-lazúli foi uma das quatro matérias-primas mais empregadas na construção de templos e esculturas divinas, requerendo especialista para o trabalho com a pedra assim como se exigia um ourive para o trabalho com o metal divino. Barjamovic (2019, p. 83) afirma que "oito mil anos atrás, a rara pedra azul conhecida como lápis-lazúli começou a se espalhar pelo oeste da Ásia e Egito a partir de suas origens no leste do Afeganistão". O índice disseminado ou distribuído chegava por meio do comércio, mas este tornou-se possível por causa do que designei de cultura de mobilidade, a mobilidade de grupos populacionais que neste caso era de longa duração por territórios da Síria-Mesopotâmia.

47 Foram examinados os mais variados objetos e matérias-primas: utensílios domésticos *in loco*, mercadorias exportadas, selos, coisas cúlticas, bem como documentos comerciais e administrativos em tabletes de cerâmica, todos com resultados de exames petrográficos, geoquímicos, biológicos, estudos de arqueoastronomia e epigrafia. Apenas para listar algumas pesquisas mais recentes: Bagg, 2019; Barjamovic, 2019; Kersel, 2019; Ziegler, 2019; Dietz, 2020; Lewis, 2020; Philip; Badreshany, 2020; Zangger *et al.*, 2021.

Desde o BA IA, na Síria, no Elam e na Babilônia, sistemas de tributação, medição e distribuição de mercadorias já eram praticados, denotando a efetivação de direito à propriedade no âmbito administrativo da vida jurídica e política das primeiras cidades daqueles territórios (cf. Aubet, 2007; Peyronel, 2008; Graslin-Thomé, 2014b; Barjamovic, 2019; Philip; Badreshany, 2020). As redes comerciais valeram-se praticamente da extração de produtos naturais (Barjamovic, 2019, p. 84): na Mesopotâmia, os solos férteis e os acessos aos rios para o desenvolvimento baseado na agricultura, enquanto a Síria contava com a madeira, na costa, os metais e o pastoralismo em solos pouco agricultáveis. No estabelecimento de diplomacias no antigo Oriente-Próximo em meio a interações de culturas citadinas influenciadas por Uruk, com a diminuição dos conflitos até então intensos – envolviam Uruk, Ur, Larsa, Lagash, Nippur e outras cidades menores –, houve o aumento do transporte de produtos luxuosos a partir do BA IB (*c.* 3200/3000): da montanha Taurus e Anatólia central partia o fornecimento de cobre e prata, a pedra vulcânica obsidiana era exportada dos entornos da antiga Tushpa para a Mesopotâmia e o Levante, o Líbano fornecia madeira e Elam, estanho e pedras preciosas, enquanto a Mesopotâmia exportava produtos agropastoris (cf. Graslin-Thomé, 2014b, p. 212-13; Mieroop, 2020, p. 67-86; Barjamovic, 2019, p. 83-84).

Como há de se depreender deste quadro, a necessidade de recursos pelas administrações de grandes cidades forçou o que Barjamovic (2019, p. 89) chamou de "monopólio geográfico e protecionismo político". Formulado de outra maneira, aí, precisamente, na falta de produtos para consumo interno, estão a procura de mercados externos, o controle político-militar das rotas de caravaneiros, comércio de trocas de longa distância – na prática diplomática significa o comércio internacional regulado por palacianos – e os avanços militares (guarnições e/ou mercenários) para conquistas de cidades estratégicas em que lhes era imposto o sistema de vassalagem (governantes títeres) para assegurar o tributo das rotas e a riqueza local.

A demarcação de espaço sagrado com seus objetos técnicos fora do núcleo familial dependia desses controles e, consequentemente, das circunstâncias econômicas criadas pelas marcações territoriais das cidades. Mas tanto a expansão quanto o desenvolvimento de novas tecnologias e produtos preservaram antigas comunalidades. Philip e Badreshany (2020, p. 281) demonstram a existência no terceiro milênio de um padrão nas embarcações do vale do Orontes, mesmo modelo vigente da cidade de Alepo à cidade de Homs, cobrindo uma região produtora de cereais e criação de animais que, no conjunto da organização socioeconômica com suas peculiaridades de modos de vida, "parece razoável argumentar que a comunalidade entre as formas aponta para modos comparáveis de produção, armazenamento e consumo de mercadorias, e a emulação generalizada de certos estilos de interação social". No contexto dos estilos de interação social na forma como se interpreta das fontes os modos de vida, encontram-se a padronização de produção e usos de vasos e de tecidos, em larga escala, na mapografia síria que integrava o Mediterrâneo (Philip; Badreshany, 2020, p. 289), como testemunho material da dimensão das redes de integração existentes no antigo Oriente-Próximo.

Daí deriva o visual religioso com um deus tutelar conduzindo e conduzido por muitas socioetnias, inclusive a forma de empreendimento estético. A elaboração de representações visuais obedecia uma encomenda palacial, tal era a importância das relações entre a divindade e o povo intermediadas pelo governante. Eis o complexo roteiro (Ziegler, 2019, p. 52):

> Após a consulta de oráculos e a busca do acordo divino a respeito de sua imagem, após a aquisição dos materiais que devem ser utilizados para sua fabricação e após o tempo de realização da obra, vinha a consagração, que era a animação do ídolo por rituais longos e elaborados.

Na elaboração estava a parte mais importante antes da consagração, a concepção da máscara humana a ser transferida para a divindade inserida na realidade cotidiana. Nesse caso, no aval que era transmitido por meio de oráculo tomava-se conhecimento de alguns detalhes, como o tipo de metal a ser utilizado pelo artista, a simbologia a que fará alusão a imagem e a transmissão de marca real (Guichard, 2019, p. 13). O grande rei da Alta Mesopotâmia Shamshi-Addu I e o rei *mariyanum* Yasmah-Addu, além do parentesco familial, mantinham o costume de paisagístico por instalar cultos icônicos em cidades da Mesopotâmia no início do Período Protobabilônio. Em uma carta enviada ao seu filho Yasmah-Addu, Shamshi-Addu I (*FM* VIII 1, 13; cf. Ziegler, 2019, p. 57) reprovou a fundação de novos cultos e a fabricação de novas estátuas de divindades, frustrando o entusiasmo do jovem rei. A proibição se deveu à dificuldade de encontrar cidades economicamente dispostas a manter os festivais e na aquisição de metais suficientes para a artesania. O volume de recursos necessários não impediu o estabelecimento de linhas de comunicação reais e divinas; Nele Ziegler (2019, p. 57-58, n. 29) informa que os recursos adquiridos eram oriundos da pilhagem de guerra (*harrânum*), da tributação dos moradores (*biltum*) e do imposto sobre a riqueza (*erbum*).

Cada vez mais, cidades passaram a construir santuários para as divindades locais traditadas de Mari, comprovando por si o grande fluxo cultural da identidade religiosa nas cidades siro-mesopotâmicas. Em 1780, Shamshi-Addu I construiu um templo para Ishtar na recém-conquistada cidade de Nínive e, na mesma época, implantou o culto a Adad/Haddu e a Ishtar na cidade de Shubat-Enlil (Ziegler, 2019, p. 58). A cada cidade conquistada, um novo templo era construído para a instalação de divindade real do panteão – podia ser uma nova divindade subalterna ou uma grande deusa como Belet-Akkade da dinastia paleoakkadiana[48] – no circuito de cidades e divindades.

A concepção de divindades podia mudar – tem também os nomes locais ou com-

48 O período protoakkadiano situa-se numa periodização arqueológica entre a Idade do Bronze Antigo III e o Bronze Intermediário, *i.e*, na segunda metade do terceiro milênio. Para consulta de longos períodos arqueológicos, veja: Sharon, 2014; Greenberg, 2019.

posição com o nome da divindade tutelar –, mas tudo contribuiu, por assim dizer, para demonstrar que o desenvolvimento ocorria em relação às atribuições de fundação: de forma geral, o deus acadiano Ilu (*'Il* ou *'Īlu*), venerado pelos semitas ocidentais também como El, fora inicialmente criador da terra e deus da Tempestade. Para demonstrar uma mudança evolutiva nos contextos das translabilidades entre os semitas ocidentais: no primeiro milênio, especificamente no final do século VII, com os assédios e as guerras empreendidos pelo império neobabilônico – entenda-se incluído o deus nacional Marduk –, os governantes de reinos do sul do Levante acabaram por ampliar as disputas do campo político às dimensões cosmológicas do campo religioso e transformaram variavelmente El e Yahweh em deuses dos céus. Logo, eles passam a ser os criadores dos céus e da terra. É a volta da perfeição dinâmica das bordas!

Anterior ao período armaniano, os carateres de nominação da deusa Hebat têm recebido avaliação de datação no terceiro milênio e, tendo uma série de fontes aludidas por Schwemer (2007), entendo que no Período Protobabilônio essa deusa foi venerada como Deusa-Sol. Ela foi deusa tutelar do império hitita e uma consorte de Haddu nas cidades-Estado de Alepo e Ebla, mas também estava ligada ao hurrita Teššub e seu filho Sharruma, além de ser reverenciada na cidade de Karkamish; na Anatólia, Hebat era consorte do deus hitita-luwita Tarhunna. Considerada deusa universal, cujo complexo de culto se encontrava na cidade de Arinna, era cultuada em todo o norte da Síria e na Anatólia. Nos contextos mediterrâneos do período amarniano, o governante da cidade-Estado de Jerusalém em cartas trocadas com o faraó assinava como sendo Abdi-Hepa, "servo de Hepa", certamente referindo-se à deusa Hebat (figura 41) (Smith, 2010, p. 89, 245; Krebernik, 2017, p. 63). A antiga memória plurirreligiosa dessa cidade parece ter tido reflexos: o pequeno *Salmo* 82 (*BHS*) atribuído no cabeçalho a um certo Asaf canta a liderança de El na assembleia dos deuses (*'ĕlōhîm*; *'ēlîm*) onde Yahweh sequer aparece; vemos planos de fundo com alguma semelhança em novelas de diferentes estilos.[49] Temos, no entanto, que considerar que as assembleias divinas fazem parte das memórias literárias do antigo Oriente-Próximo[50] – as referências envolvendo Ea e Asumûm podem ter influenciado escritores da BH por causa da ambientação síria. Em todos os casos, as estéticas locais preservaram a associação dos deuses com um animal[51] e a ambientação projeta o relato da aparição mítica, invariavelmente no altiplano.

49 Cf. o *Salmo* 82 e os livros de *Jonas* e *Rute* (*BHS*). Tais eventos literários devem ter causado conflito ou pelo menos estranhamento para líderes judeus que no Período Hasmoneu exigiam a pertença por linhagem de parentesco, imposição do monoteísmo baseado em Yahweh como chave de inserção na sociedade jerusalemita.

50 Hans M. Barstad (2006) aborda o tema à luz das conexões entre textos proféticos de Mari e oráculos da BH.

51 Acima detalho as preferências e associações.

Haddu tem posição de destaque no panteão de cidades do Médio Eufrates no Período Dinástico inicial, ocasião na qual compõe o espaço com o designado pai dos deuses, Dagan. Deuses da Tempestade, ambos dividiam a responsabilidade pela coroação, sagração e proteção dos reis. Na cidade de Ugarit, as elaborações de Haddu em Baal-Haddu receberam os investimentos da elite governante na artesania, a matéria-prima utilizada na fabricação dos objetos o atesta. Quanto à filiação, em Ugarit Baal ganhou o epíteto de "Filho de Dagan" (*bn Dgn*) – tradição hurrita, não do norte da Síria, mas da Mesopotâmia –, em aparente conflito com tradição filial ugarítica praticada na cidade. Nesta tradição ugarítica, Baal é filho de El, e El é o pai de todas as divindades.[52] Em suma, Baal tem dupla filiação e muitos lugares. Que a montanha Ṣapānu funcionou teologicamente como o local geográfico de narrativa mitológica das culturas locais para as divindades, para além de Ugarit, inexiste dúvida quanto a isso.

Foi no contexto da tradição hurrita que Haddu se conectava a Teššub. Dedicado à veneração do deus Teššub existiam templos na Média e Alta Mesopotâmia no Período Amurrita e na Anatólia, no período hitita com administração conectiva com o templo de Alepo. Com o predomínio cultural hitita cobrindo toda a geografia luwita-aramita, os dois deuses foram aproximados em santuários e textos. As formas em estado de *elaboração estética* na artesania da presentificação circularam por longas distâncias, nem sempre guiadas com os sinais da iconografia ou descrição literária. Quando a matéria moldada no ícone era menos nobre, o revestimento tinha a função de fazer com que a peça fosse uma arte luxuosa; verifica-se isso em estatuetas de pedra e de bronze revestidas de ouro e prata. É o caso de estatuetas de bronze do deus Baal com a cabeça revestida de ouro ou estatueta do deus El entronizado, totalmente revestida de ouro. Segundo Luciani (2014, p. 518-19), as cenas de caça estão entre as imagens mais usadas na decoração de objetos escavados na cidade, com exemplares nas duas tigelas de ouro encontradas no palácio de Baal-Haddu, com o detalhe que "em uma delas, as criaturas e animais fantásticos e sua sintaxe refletem as influências mesopotâmicas, egípcias e egeias".

São atestados muitos processos que viabilizaram interações culturais que se deslocaram dos ambientes de tratos políticos para trocas materiais com fins religiosos. Para Briquel-Chatonnet (2014a, p. 218), comerciantes fenícios talvez tenham sido os responsáveis pela abertura de entrepostos em vários pequenos reinos e cidades, difundindo assim na Anatólia a língua fenícia e o culto a Haddu de Alepo por meio do deus tírio Milqart – esse deus foi venerado no Mediterrâneo, mas não apenas, assim como Baal. Muitas das interações culturais estão testemunhadas nos arquivos e bibliotecas palaciais (cf. Clancier, 2014): uma biblioteca do século XV encontrada na cidade de Alalah e a grande biblioteca descoberta em um prédio na cidade de Emar –

52 Em torno dessas tradições permanecem os debates considerando a natureza das fontes; cf. Ayali-Darshan, 2020, especialmente p. 74-111.

ambas localizadas em rotas que levavam ao Mediterrâneo e, em direção ao leste, para o Eufrates e que mantinham antigas relações políticas com Alepo – preservaram em seus acervos obras literárias e acadêmicas. Realmente, os documentos da biblioteca de Emar estão entre as principais fontes a atestarem a difusão de Haddu no norte da Síria. As representações iconográficas e imagens verbais de Haddu, presentes em artefatos elaborados no Reino Novo hitita, inicialmente sob o patrocínio dos reis Muwatalli II e Murshili III (1272–1267) (cf. Mazzoni, 2016b, p. 299), passaram a ser reproduzidas em todo o Levante até o século VIII por meio das culturas aramitas locais.

Uma importante peculiaridade cultural encontrada naquelas bibliotecas foi a translação do deus Baal. Como personagens literários, havia o deus Ba'al-qarrad e seu filho Ba'al-malik, indicando a presença de diferentes baalim venerados nas tradições daquelas cidades. Nos arquivos de Ugarit, em que as obras literárias e acadêmicas se somavam aos textos religiosos, principalmente em arquivos privados, foi conservado um documento de glorificação pela reconstrução do palácio de Baal empreendida pelo rei do final do século XIV, no qual a assinatura do escriba signatário do colofão torna razoável que os especialistas o identifiquem como Ilu-milku (*'Ilîmilku*). Em seu nome se expressa uma relação familial com Ilu.

Penso ser oportuno buscar agora resposta para o motivo da conexão entre os epítetos *bēlu* ([d]*be-lí*[53]), *ba'lu* e *ba'al* – "senhor" – e a designação pronominal *Ba'lu* ou *Ba'al* como nome próprio divino atribuído a tantos deuses no antigo Oriente-Próximo. A identificação com um altar, palácio, família, santuário de ambiente doméstico, templo estatal e lugar identitário – montanha, cidade, porto, muro, portão, rio, mar, país – já fora explanada no início desta obra. Portanto, resta a questão do *senhorio,* tendo em vista que a proeminência é algo requerido por tradição identitária em panteões nos quais haja reencontros, a saber, as mesmas divindades em lugares diferentes: "rei da cidade", "rei dos deuses", "rei dos reis", "senhor dos deuses", "deus dos deuses".

A rivalidade política fazia com que uma mesma titulação ou designação seguida do devido determinativo fosse atribuída a várias divindades. Nesse caso, a diferença qualitativa se estabelecia sobre o lugar. Também aqui, tanto a mapografia quanto a datação calendárica uniam os diferentes, como ocorreu em Ebla: constava do calendário da cidade um mês de Haddu e um mês de Baal. Schwemer (2008, p. 8) entende que havia na cidade, no período pré-sargônico, uma conexão entre Haddu e o apelativo *Ba'al*, mas o elemento linguístico *b'l* / *ba'l* / *ba'lu* / *ba'al* teria sido entendido como epíteto e forma de endereço, não como nome divino. Se este for realmente o caso de Ebla, ele difere do que ocorreu no Médio Eufrates e no sul do Levante, particularmente em Israel Norte na Idade do Ferro II, porque nesses locais *Ba'al* passou a ser enunciado como sentido e nome próprio de um deus. No sul do Levante, incluída a costa levantina, Haddu foi difundido nas imagens de variadas representações siro-hititas; ele foi o

53 Cf. *CDA*, 2000, p. 42-43; *AEAD*, 2007, p. 15.

deus usado como epíteto a partir do BT por causa da sua estética e perícia – a mutação é atestada nos séculos XIV e XIII em Emar. Destarte, a forte diversidade populacional teve nichos específicos, como a herança egípcia da época amarniana, quando as cerimônias privadas das elites urbanas consumiam a produção das obras de arte; exemplo típico dessa utilização foi conservado em um túmulo de Bet Shean em estela funerária egípcia. Mekal pode ser uma mutação de Reshep, deus siro-canaanita venerado também no Egito na mesma época; esse mesmo processo ocorreu com Pirinki (figura 42), um deus alado associado à deusa Ishtar, que faz parte de panteão hitita das divindades guerreiras.

Para a elaboração estética de Teššub em Emar os artistas utilizaram elementos das ricas culturas que faziam parte do cotidiano da população. O estilo do entalhe iconográfico reflete os contatos fundantes com a Babilônia através do culto a Adad e com a Síria, através das representações de Haddu de Alepo; na época do controle hitita na região, o estilo passou a incorporar elementos da iconografia religiosa siro-hitita. Das trocas materiais que têm em seu plano de fundo os contatos plurirreligiosos, destacam-se as várias divindades por meio de morfemas teóforos em nomes próprios identitários; portanto, neste e em outros casos de ambientes multiculturais torna-se rara a margem probatória para a indicação de divindade fundadora. Outra entidade política do reino de Yamhad, Tell Afis pode ter sido um centro de atividade religiosa para a veneração de Haddu, sabendo-se que o selo siro-hitita descoberto na cidade contém a representação iconográfica do deus da Tempestade.

Em Israel Norte, a adoção de Yahweh teve entre seus motivos a sua função de deus da Tempestade que seguia à frente das guarnições guerreiras. Nesse caso, é preciso dizer que a confiança ganhou conotações abstratas na qual o projeto de unidade étnica se baseava em dois reflexos de autoconhecimento coletivo: reconhecimento de fragilidade militar frente a outros reinos e, em consequência, a substituição da força humana na guerra para evitar perdas familiais diante de derrotas inevitáveis. Isso ocorre em narrativas sobre convivências interétnicas[54] e de vitórias contra os poderes militares mais organizados, não raro narradas envolta a lendas.[55] Entre os conflitos estão as disputas por espaço sagrado (Santos, 2017) e em guerra na qual se justifica a oferta do herem ("despojo de guerra", mas também "destruição total") para a divindade vitoriosa, como feito por Mesha após vencer os israelitas, conforme a inscrição da estela desse rei moabita (cf. Santos, 2019a).

54 Cf. *Juízes* 1.1–2.5 (*BHS*).

55 Cf. os cânticos em *Êxodo* 15, a composição prosa-poética de *Juízes* 4.4–5.31, as narrativas míticas repletas de povos lendários de *Josué* 10.28–12.24, e as vitórias inventadas pela inexistência dos derrotados em *Números* 21.21-35 e *Deuteronômio* 3.1-17; narrativas lendárias em torno das origens e dos limites geográficos, situadas entre os séculos VI e IV: *Gênesis* 13 <> 33; 20.4; 21.25-30 < 26.15-22(26.15-33); 32.3–33.3. Nesse período posterior ao exílico babilônico, com os "mitos de fundação" elaborou-se narrativas de formas de sociedades estamentais e leis de convivência (cf. as interpretações historiográficas de Liverani, 2008, p. 336-39, 424-26).

A potencialização divina

O fenômeno religioso amurrita do final do século XIX ficou por conta da elaboração de seu panteão; assim, Lim emergiu como deus tutelar de elite governante. No entanto, a expansão da estrutura estatal no noroeste do Levante terá que aguardar o desenvolvimento da grande monarquia ocidental de Yamhad no século XVIII e com ela o poderio influente de Haddu. Paralelamente, com a translabilidade de lugar[56] – cidade a cidade no antigo Oriente-Próximo – e de nome – mantidas as expressões de cultura fundante local –, o deus Haddu logrou o raríssimo êxito nas qualidades divinas de controlador de todas as potências que requeriam um panteão com tendências artísticas multiculturais. Das dezenas de imagens do deus da Tempestade, a maravilhosa representação de Haddu aparentemente a envidar socorro chama a atenção por esculpir condução divina imageticamente sem precedentes à época, por volta do ano 900; decorando o pedestal de uma das paredes do templo de Alepo, a escultura em relevo apresenta o deus numa carruagem em forma de pássaro puxada por seu adepto, o Deus-Cervo (figura 43). Sem dúvida, "o caso do deus da Tempestade de Alepo é interessante, pois reúne pela primeira vez na história a reivindicação de universalidade e a exigência da justiça: uma combinação com um futuro brilhante..." (Charpin, 2015, p. 11). É ele quem manda a chuva, tempestade, trovão e relâmpago dos céus; se manifesta na fertilidade animal e vegetal das estepes e zonas agriculturáveis, nas governanças e relacionamentos, nas secas e tempestades de areia, nas guerras e salvamentos. Eis um quadro dos grandes tipos estilísticos (Dietz, 2020, p. 154):

> Podemos lidar com a representação de um Deus da Tempestade mesopotâmico (Tipo 1), um Deus da Tempestade anatólico ou com aspecto (Tipo 2), um Deus da Tempestade mitologicamente estabelecido em uma ação específica ou talvez um Deus da Tempestade representando um fenômeno climático (Tipo 3) e, finalmente, um Deus da Tempestade assírio (Tipo 4). Mas a tarefa de atribuir nomes específicos ainda está fora de questão.

Sua multiplicidade promoveu as elaborações diferenciadas por parte de grupos populacionais que expressavam sua veneração de acordo com o anseio mais imediato. Cada perfil estético divino tem em vista a perícia salvadora necessária, sem ignorar nem a constelação de manifestações independentes na sociedade nem a verticalidade entre céus e terra simbolizada pela montanha. Nesse sentido, Haddu tornou-se o centro dessa constelação e a soma das potências que a compõe. As imagens demonstram que as elaborações seguiam muitos meios de veneração, alguns se contrapondo mu-

56 As fontes hititas apresentam cerca de 150 lugares de culto ao deus da Tempestade (Dietz, 2020, p. 151). Em um tratado político do Período Paleobabilônio, sobre o qual já me referi, a difusão do culto ao deus Haddu fica muito evidente por seu predomínio entre as divindades arroladas ao juramento: Haddu dos céus, Haddu de Arrapha, Haddu de Alepo, Haddu de Nawali, Haddu de Kahat (cf. Charpin, 2019, p. 173-74).

tuamente, por isso as atribuições de fenômenos excluem qualquer possibilidade de fragilizar o deus.[57] Nos contextos das translabilidades que podem evoluir para a mutação de divindades, a multiplicidade é qualitativa. Portanto, a fragilização não aparece como um problema social, exceto em relatos de controvérsia ou relevos produzidos por sociedade contendora sem acordo que possibilite a mutação, porque a influência cultural ocorria a partir da operação de individuação técnica das potências divinas, essa operação tem origem no anseio mais imediato expressado no culto.

Na contextualização das práticas religiosas, os artefatos e os modos de transmissão ganham relevância em grande parte por sua multiplicidade visual; nesta questão, a significância determina a valoração e passa a depender do ambiente caso o mesmo considere a pertença sacralizante. Como têm sido dispostas as imagens das divindades em ambientes públicos, cabe mencionar a funcionalidade da obra de arte destinada aos usos pessoais: a artesania do Levante produziu adornos como coisas estéticas; os corpos de gente e animais, na verdade, quando analisados em sua destinação repercutem como meios transmissores de memória que, de outro modo, permaneceria restrita a tradições familiais rememoradas em eventos da vida privada, ou em suporte ornamental. Pode haver, nesse sentido, um conflito na qualificação caso a arte seja por quaisquer motivos catalogada como a iconografia pura e simplesmente, uma avaliação que se evita em relação aos selos. Assim, por outro perspectivismo cosmológico das imagens, a linguagem cultural materializada em forma de obra de arte é o corpo numa suposta dependência de suporte que tenta sobrepor-lhe por alguma expressividade mais facilmente compreendida como parte de uma encenação de maior escala.

De forma pouco inteligível, as joias antigas têm sido abordadas comumente como coisas estéticas, adornos pessoais, materiais de luxo (Golani, 2020; cf. Gell, 2020; Hundley, 2013; Benzel, 2015). Concordo com a pertinência desta crítica de Amir Golani, e entendo que o valor das joias para a pesquisa da história extrapola o aspecto ornamental e as circunstâncias sociais de quem produz e consome. Afora o cômputo econômico que se constitui no que revela determinada obra de arte quanto ao poder financial de quem a usa – consideremos também a arte como meio de pagamento de dívida e presente em que se pode incluir os reis, divindades e mercadores –, apreciemos a tradição cultural em sua função religiosa, pois nessa função pode-se obter informação de núcleo étnico e sobretudo reflexo de mudanças na sociedade no tempo de sua produção. A este dado metodológico, por fim, uma descoberta relacionada ao ambiente de culto a Haddu deixa ver que "uma grande coleção de joias encontrada dentro de uma tumba real da Idade do Bronze Tardio em Qatna tem sugerido intrigantes aspectos religiosos e políticos relativos a sepultamentos reais" (Golani, 2020, p. 173).

57 Aludo contextualmente a uma questão elaborada por Dietz (2020) sobre a qual a minha análise diverge baseada em memórias indiciárias.

Para assegurar-se da crença que requer a visibilidade da divindade, a autoidentificação transportável expressa-se inspirada em fenômenos cujo valor apotropaico possa ser comunicado inquestionavelmente. Penso que aqui justapomos a espiritualidade.[58]

Por analisar a integrada vida religiosa, entendo a extensão a que foram levados os utensílios transformados em objetos votivos. Essa vida piedosa continuava fazendo parte da pessoa no túmulo quando da sua morte. Há evidências de cultos sacrificiais ao longo da costa levantina com objetos cujos valores são analisados no contexto em que Greenberg (2019, p. 331) coloca a "economia moral da Idade do Bronze Tardio", *i.e*, os objetos tumulares e o culto sacrificial formam em seu conjunto uma "dádiva tanto aos espíritos dos mortos quanto aos deuses, que – seria de esperar – retribuiriam assegurando o sucesso dos empreendimentos marítimos carregados de risco de que dependiam os moradores do litoral". Para tal propensão existencial, a montanha sagrada lançava feixes de luz sobre a população da cidade em sua profunda religiosidade – refiro-me ao fato de que as montanhas são sujeitos potentes. Assim, todos os archotes continuavam a iluminar as heranças de Haddu, o múltiplo, numa dialética figural entre a tautologia e a crença no sentido das relações sociais.

58 Precisamente quanto ao que fora historizado, em que os artefatos apresentam caraterísticas do corpo humano e são estimulados pela audiência ou pelos fiéis nas formas de culto. Veja a interpretação de Gell: "Quanto mais materialmente realista for a imagem, ao menos em alguns aspectos fundamentais, mais ela será percebida de forma espiritual" (2020, p. 196-206, principalmente p. 205).

ARTEFATOS: NO FUNDAMENTO DAS COISAS PARA SEREM TRANSMITIDAS

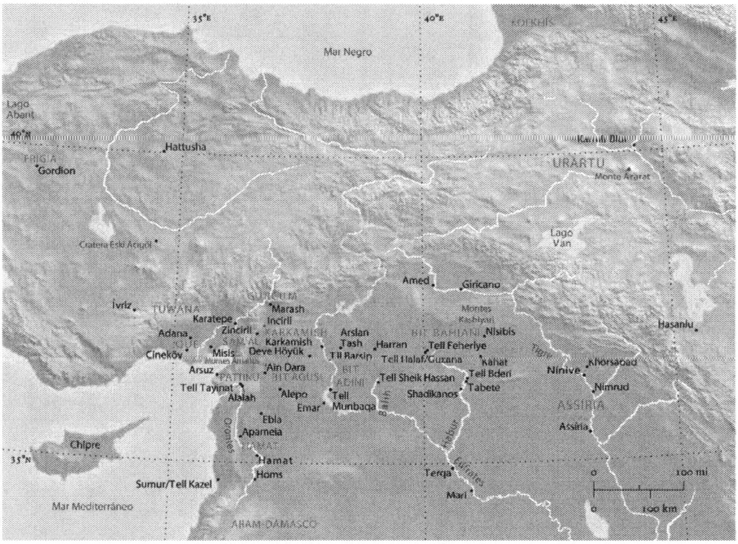

Mapas 1. Urartu e os Estados siro-hititas (Aruz, Joan; Seymour, Michael (eds.), 2016). Trad. João Batista Ribeiro Santos.

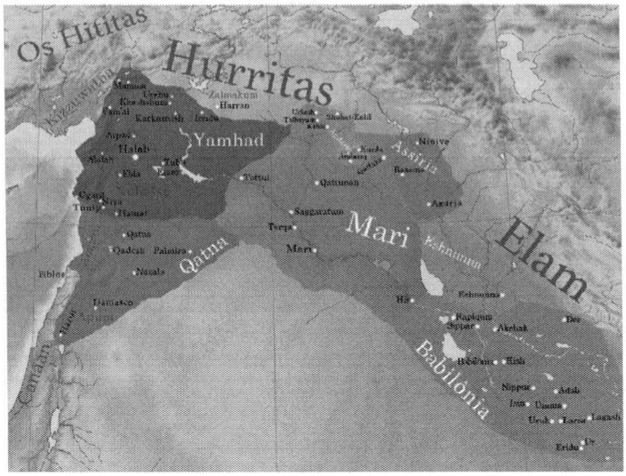

Mapa 2. Grandes reinos do antigo Oriente-Próximo vistos do norte do Levante, *c.* 2000–1750 (fonte on-line: brown blogs/Brown University [commons.wikimedia.org/wiki/File:Yamhad] – acesso em 01-10-2021). Trad. João Batista Ribeiro Santos

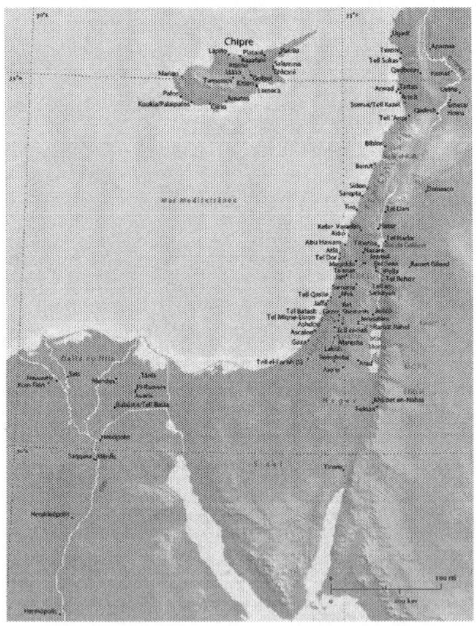

Mapa 3. Levante, Chipre e o vale do Nilo (Aruz, Joan; Seymour, Michael (eds.), 2016). Trad. João Batista Ribeiro Santos.

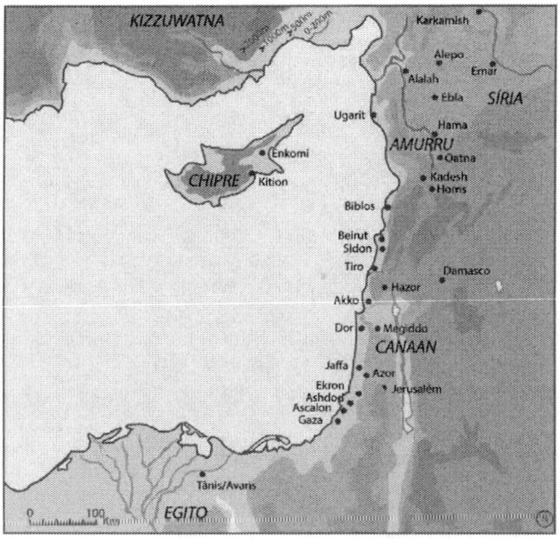

Mapa 4. Síria-Palestina na Idade do Tardio (fonte on-line: luwianstudies. org – acesso em 12-07-2022). Tratamento da imagem e trad. João Batista Ribeiro Santos.

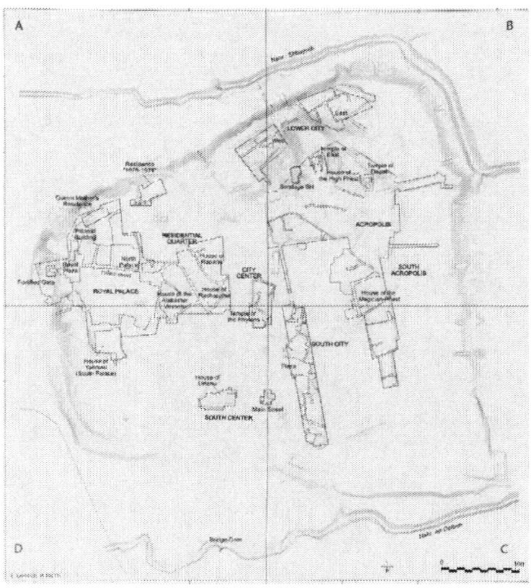

Mapa 5. Mapa topográfico de Ugarit, tell Ras Shamra (Yon, 2006, p. vi)

Figura 1. Haddu sobre um touro, *c.* século VIII. Relevo de basalto de Arslan Taş, antiga Hadātu, em Alepo (fonte on-line: Musée du Louvre – ML AO13092)

Figura 2. Relevo siro-aramita de Tell Ahmar (Til Barsip), deus Haddu (Tarhunna) de Alepo com suas armas (fonte on-line: Musée du Louvre – ML AO11505)

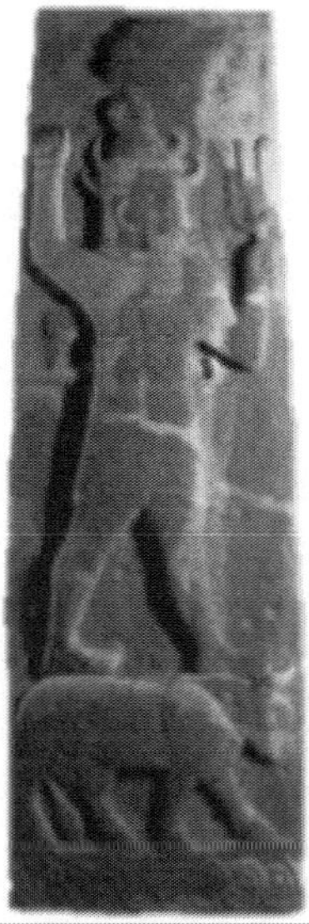

Figura 3. Relevo siro-aramita de Tell Ahmar (Til Barsip), o deus Haddu (Teššub) de Alepo sobre o seu touro (Dietz, 2020, p. 160)

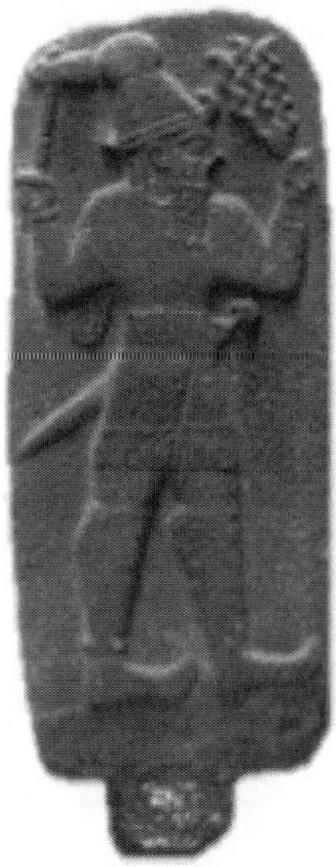

Figura 4. Relevo babilônico do deus da Tempestade (Dietz, 2020, p. 160)

Figura 5. Estátua de Haddu do rei Panamuwa I (790–750), encontrada na cidade siro-hitita de Gerdçin (Anatólia) (fonte on-line: SMB n. VA 02882)

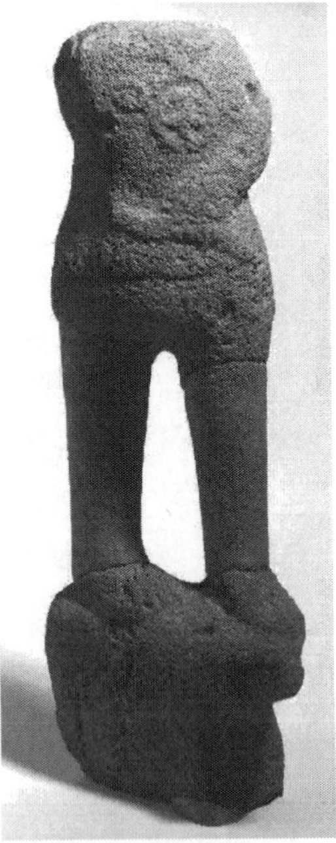

Figura 6. Estátua do deus da Tempestade em cima do touro, com emblema em forma de lua crescente, um disco e uma espada, no templo de Hazor (fonte on-line: Muse'on Yiśra'el, Jerusalem)

Figura 7. Monumento neo-hitita de Haddu (Tell Ahmar, Síria. Fonte on-line: ANM, Aleppo)

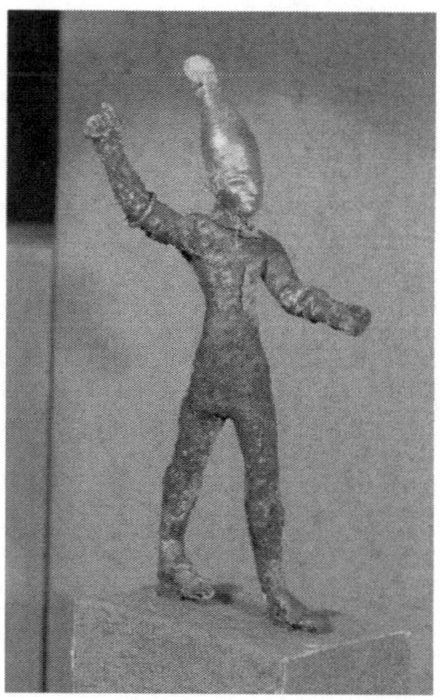

Figura 8. Baal de Ugarit (Bordreuil; Briquel-Chatonnet; Michel, 2014)

Figura 9. Baal entronizado, *c.* XIV–XIII (fonte on-line: Metropolitan Museum of Art, NY – MET n. 32. 161. 45)

Figura 10. Aššur com 2 figuras divinas aos seus pés, *c.* XV (fonte on-line: SMB / Pergamonmuseum)

Figura 11. El, *c.* 1400–1200 (fonte on-line: OI/UC – DSC07734)

Figura 12. Reshep - deus siro-canaanita (fonte on-line: OI/UC – A18331 E10569)

Figura 13. Dagān, ou Dagōn. Representação em relevo do Deus-Peixe encontrado em Kalḫu (Nimrūd). (fonte on-line: Austen Henry Layard, 1853. New York Public Library – RLIN-OCLC 6612573. Digital Collections)

Figura 14. Deusa Ishtar (Vaso da deusa Ishtar. Altura: 26.2; diâmetro: 13 cm). Larsa, 2025–1763 AEC. (fonte on-line: Musée du Louvre – ML AO 17000; L. 70)

Figura 15. Shamash, c. 860–850 (fonte on-line: British Museum – BM n. 1881, 0428. 34. a.)

Figura 16. Marduk (fonte on-line: ML, Paris)

Figura 17. Yarim-lim, rei de Alepo (fonte on-line: Antakya Archaeological Museum)

Figura 18. Zimri-lim – investidura do rei pela deusa Ishtar (fonte on-line: ancient.eu)

Figura 19. Templo do deus Haddu em Alepo. Detalhe do painel com Haddu (à esquerda) e o rei Taita I (à direita) (World Monuments Fund [wmf.org/project/temple-storm-god-citadel-aleppo])

Figura 20. Rainha da Noite (deusa Inanna), *c.* 1800 (fonte on-line: BM, London)

Figura 21. Deusa Inanna recebendo oferenda, *c.* 3000–2900 (fonte on-line: IM, Baghdad)

Figura 22. Relevo do deus hurrita Teššub venerado em ambiente de vinhedos de Keşlık, Anatólia central (Dietz, 2020, p. 161)

Figura 23. Rei hitita adorando uma imagem de touro do deus Haddu na cidade de Alaca Höyük (Lewis, 2020, p. 149)

Figura 24. O deus hitita-luwiano Tarhunna (Anatólia), assimilado ao hurrita Teššub (Hatti). Estela de Til-Barsib, *c.* 900 (fonte on-line: Musée du Louvre, Salle 230 – AO 11505)

Figura 25. O deus hitita Tarhunna venerado em ambiente de vinhedos de Ivriz (Anatólia), tendo à sua direita o rei Warpalawas de Tuhana, Anatólia, século VIII (fonte online: hittitemonuments/ivriz)

Figura 26. Câmara B do santuário na rocha de Yazılıkaya, no relevo estão 12 deuses do submundo, entre eles Teššub (Zangger *et alii*, 2021, p. 76)

Figura 27. Kamash, deus da guerra moabita, conhecido como "Haddu moabita" (fonte on-line: ML, Paris)

Figura 28. Milqart, deus tírio (fonte on-line: ancient.eu)

Figura 29. Soldados de Tiglat-pileser III carregando estátuas de deusas e deuses de cidade capturada, talvez da Síria, *c.* 728 (fonte on-line: British Museum – BM n. 118931)

Figura 30. 'Athtartu (*ttrt. hr*, Attartu-hurri; *ttrt.shd*, Attartu-shadi), deusa da guerra, associada ao cavalo, em Ugarit, Egito e Fenícia aparece ao lado da sua irmã Anatu e de Haddu (fonte on-line: Penn Museum)

Figura 31. Poema mitológico do *Ciclo de Ba'l*, "Baal e a Morte" (fonte on-line: Musée du Louvre – AO16641- AO16642)

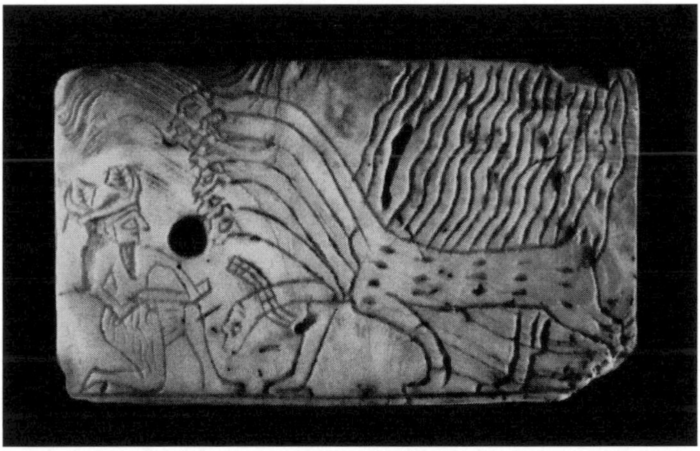

Figura 32. Exemplar de guerra cósmica. Baixo relevo em uma concha representando um deus identificado como o acadiano Ninurta, lutando contra um monstro de sete cabeças. Baixa Mesopotâmia, *c.* 2500–2400 (fonte on-line: Bible Land Pictures – acesso em 29-09-2020)

Figura 33. Set, deus egípcio (fonte on-line: Rosicrucian Egyptian Museum)

Figura 34. Gudea, rei de Estado sumério de Lagash, século XXII *A. E. C.* (BordreuiL; Briquel-Chatonnet; Michel, 2014)

Figura 35. Amun-Ra, com sua original cor azul, simbolizando a fertilidade do Nilo (fonte on-line: The Karnak Great Hypostyle Hall Project/ University of Memphis)

Figura 36. Amun-Ra, deus primordial egípcio. Imagem: purificação de sacerdote (fonte on-line: Rosicrucian Egyptian Museum)

Figura 37. Deusa mestra dos animais – Minet el Beida, porto de Ugarit, *c.* 1250 (fonte on-line: Musée du Louvre – ML AO11601)

Figura 38. Estela com a imagem e inscrição do deus Mekal, de Bet Shean (fonte on-line: Muse'on Yiśra'el, Jerusalem – IAA n. S-982)

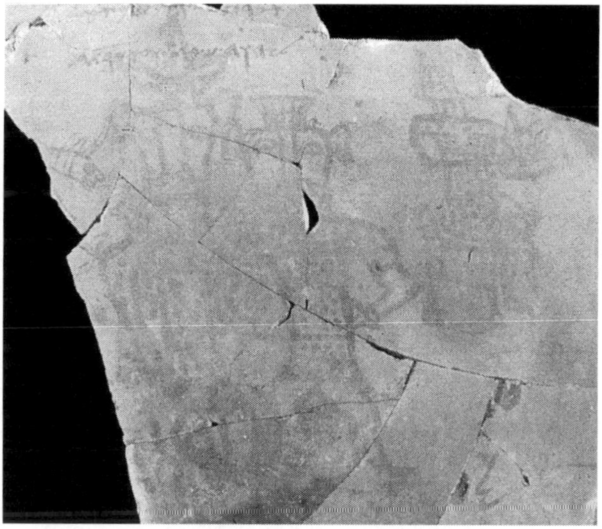

Figura 39. Yahweh e sua Asherah. Pedaço do vaso encontrado em Kuntillet 'Ajrud (fonte on-line: biblicalarchaeology.org)

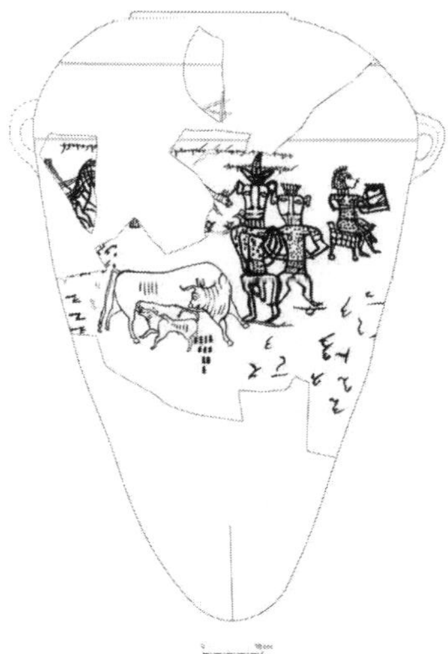

Figura 40. Yahweh e sua Asherah. Reprodução do pote encontrado em Kuntillet 'Ajrud (fonte on-line: baslibrary.org)

Figura 41. Deusa-Sol Hebat (Ha'abatu), da cidade de Arinna, com uma criança, consorte de Tarhunna – *c.* XIV–XIII (fonte on-line: Metropolitan Museum of Art, NY – MET n. 1989.281.12)

Figura 42. Pirinki, deus alado hitita de panteão das divindades da guerra e associado à deusa Ishtar, c. XIV–XIII (fonte on-line: Metropolitan Museum of Art, NY – MET n. 1990.255)

Figura 43. Haddu de Alepo em sua carruagem-águia puxada por seu adepto, o Deus-Cervo (Hawkins, 2011, p. 39; fonte on-line: worldmonumentsfund.org)

CONCLUSÃO

Com o deus Haddu resplende quase o começo de tudo, das vidas e das sobrevivências, das artes e das crenças, assim como a Síria, Anatólia e grande parte da Mesopotâmia. Ele está no estabelecimento de relações pessoais, familiais e inter-regionais, entre os seres humanos, animais, meio ambiente e cenas artefatuais e literárias. Dele dependeram reis mesopotâmicos quando o objetivo político deles revelava expandir seus pontos de vista acerca das dimensões do palácio e do mundo, da existência imaterial dos seres humanos, das margens dos rios, das estepes e do longínquo mar, da existência material e das formas de comunicação, da prática e alcance dos poderes. Quando, no segundo milênio, os olhares em riste buscaram a infinitude das águas, antes de lá chegarem era preciso descobrir as montanhas e venerarem os reinos de Haddu. Isso repercutiu num Levante igualmente fundador de horizontes e grandezas sociais, cuja presença amurrita nas culturas da Síria-Mesopotâmia construiu etnias semitas ocidentais e concebeu um conjunto de interesses locais aplicados às interações inter-regionais. Na verdade, tudo já havia sido entregue aos moradores do Levante e haveria de ser reconhecido por povos de outros territórios e regiões.

A historiografia política teve por motivação a descoberta: o Levante extrapola o conceito de geografia física pela própria dificuldade conceptual apresentada pela significação de fronteira, mas destaquei as regiões síria e mediterrânea, pois os acontecimentos políticos e culturais que testemunham se cruzam e se complementam nas suas construções fundantes. Evoluídas em grande parte dos processos civilizatórios dos amurritas e hurritas, as culturas luwita-hitita e luwita-aramita caraterizadoras das cidades localizadas na mapografia geográfica daquelas regiões criaram as condições para que a cultura religiosa estivesse na origem das demais qualidades humanas. Dessa forma, as imagens de Haddu com a mesma intensidade em que esteve na origem da identidade social de Alepo idealizaram a identidade étnica que passou a circular com a presença divina por meio da mobilidade natural de tribos e reinos.

Começando pelos *movimentos vitais*, demonstrou-se que as religiões fizeram parte das origens conceptuais das culturas no antigo Oriente-Próximo. No caso do Levante, as culturas mediaram os contatos nas mais diversas rotas por onde trafegavam governantes e os comerciantes com produtos de valor econômico, não raro como alternativa ao escambo comercial e passe da transumância. Destacadamente, a religião foi uma cultura encetada dos altiplanos que deslocou os marcos fronteiriços mentais das áreas urbanas das cidades para as bordas dos grandes reinos. Com isso, a referência das capitais dos Estados territoriais e cidades-Estado passou a ser, com o palácio real, o *templo-palácio*, transformando a divindade em "rei da cidade" e agente do político. Por esses meios, Alepo, a mais importante cidade-Estado de Yamhad, reino e Estado territorial amurrita, obteve forte crescimento demográfico aliado ao aumento da proporcionalidade das condições naturais de produção agricultural.

A integração externa foi a responsável por difundir as culturas praticadas nos campos religiosos e possibilitou a sua inserção no quadro das tradições localmente definidas, estabelecendo novas formas de trocas materiais. Essencial para o êxito da integração, a caraterística comunal das divindades aproximou pessoas com modos de vida divergentes, diminuindo as tensões de pertença social. Mas a recepção do deus num estado de individuação coletiva praticado em contexto povoado fortemente por divindades deve-se mais à objetificação da ideia transmitida por tradição como imagem humana divinizada; o controle sobre os poderes atmosféricos (tempestade, relâmpago, desertificação etc.) e sobre seres indomados (camelo, touro, leão etc.) diz muito dos atributos necessários para a sociedade. Esta compreensão possibilitou a reconstrução das linguagens e cenários em que foram elaboradas as estéticas dos deuses da Tempestade em que a matriz iconográfica foi o deus Haddu.

À luz das evidências dos usos das imagens e das práticas cúlticas, foram pesquisadas as conexões tanto do lugar do culto quanto da construção identitária para Haddu, levando em conta a cidade, mesmo considerando que o espaço sagrado passava por adaptações no novo meio ambiente, invariavelmente uma montanha. A translabilidade ocorria com relação ao nome do deus, espaço sagrado e estética artística, por cuja iconografia culturas locais tornaram-se agentes itinerantes conduzidos pelo deus da Tempestade com suas designações reais.

Deixo ao debate o fato de o sistema comercial inter-regional operado pelas cidades de Ugarit e Biblos, no Mediterrâneo, ter facilitado a assimilação da tradição em torno do deus da Tempestade no sul do Levante. Mas certamente a veneração no Mediterrâneo difundiu a mensagem de que o deus da montanha Ṣapānu era mais poderoso do que o deus do mar; isso alcançou as cidades das estepes, pelo que se constata do estado potencializado pela quantidade de baalim. A questão ainda pouco debatida diz respeito ao fato de o deus ter superado no Levante divindades com maior poder traditivo e de dimensões supranacionais tanto do Egito quanto da Mesopotâmia.

As inscrições demonstram que nos grupos culturalmente móveis das estepes foi ampla a acolhida de Haddu, a distintividade envolvendo as divindades sequer sugere algum indício de conflito quanto à integração de seus objetos cúlticos. A corporificação de instrumentos associados aos ambientes domésticos na esfera da fertilidade e, sobretudo, associados com a guerra dispensou a população de importantes atribuições, a saber, superar a aridez de terrenos no setor rural e vencer guerras. Nesses contextos, o que fez com que Haddu se transformasse no primeiro e múltiplo se expressa na ausência de quaisquer tipos de fronteiras: suas linguagens a serem contempladas visualmente estão em epítetos nas atividades cúlticas dos ancestrais no início do terceiro milênio – cerca de sete séculos anteriores ao período sargônico, no qual o culto a Adad tornou-se oficial na Mesopotâmia –, presidindo os ideários políticos da vida urbana da Síria-Eufrates do Período Protobabilônio e dos Estados ocidentais no BT, bem como personificando formas visuais em elaborações constitutivas de campos religiosos durante o império neoassírio. Mais ainda: a presentificação artefatual itinerante levou Haddu a ocupar um lugar de destaque nos sistemas culturais, facilmente adaptado a várias tipologias do deus da Tempestade e a composições de poderes com várias divindades. Lembremos que o processo de elaboração estética variou de lugar a lugar, não apenas quanto aos atributos, mas também em relação a designações pronominais e determinativos divinos. Com efeito, a circulação da tradição religiosa alepina modulou as operações palaciais e deixou-nos como herança um quadro mapográfico das culturas do Levante na qual a religião cumpriu função frequentemente integradora: Mediterrâneo, Anatólia, Síria-Eufrates, Síria-Palestina.

O múltiplo Haddu é uma entidade integradora, a agência de uma conjunção de poderes!

Esta historiografia da presença do deus de Alepo em espaços do Levante e suas conexões materiais no antigo Oriente-Próximo, com abordagem transdisciplinar e contextual, teve a intenção de dialogar com o que atualmente está sendo pesquisado sobre a difusão de culturas autóctones antico-orientais de períodos arqueológicos pré-clássicos. Compartilho, portanto, das memórias e da estética aguerrida de Haddu, exigentes de constantes retornos aos contextos de suas interações porque, como fenômeno religioso que evoluiu nas rotas e ritos da mobilidade social, Adad/Haddu gerou mas também teve associadas a si várias divindades locais e etnias. As etapas abrangentes desse fenômeno cujo efeito da presença provoca experiências estéticas e a expectativa da crença piedosa, nos lançam a afetos a respeito daqueles e dos nossos – novos – relacionamentos em mundos cotidianos históricos.

FONTES E ABREVIAÇÕES BIBLIOGRÁFICAS

A. – sigla dos tabletes dos Archives royales de Mari
ActSupp – Actes de Suppiluliuma
AEAD – Assyrian-English-Assyrian Dictionary. Simo Parpola (ed.). Helsinki, 2007.
Amurru – Série Amurru, Paris
ANM – Aleppo National Museum, Alepo
AnSt – Anatolian Studies
AoF – Altorientalische Forschungen
AO – Collections des Antiquités Orientales du Musée du Louvre, Paris
ARM – Archives royales de Mari
ASAA – Annual of the Society for American Archaeology
ÄuL – Ägypten und Levante (Österreichischen Akademie der Wissenschaften, Institut für orientalische und europäische Archäologie)
AuOr – Aula Orientalis
BA – Biblical Archaeologist
BAAL – Bulletin d'Archéologie et d'Architecture Libanaises
BARI – British Archaeological Reports International Series, Oxford
BCAW – Blackwell Companions to the Ancient World (Ancient History), Malden
BCBO – Biblioteca de Ciencias Bíblicas y Orientales, Madrid
BH – Bíblia Hebraica
BHS – Biblia Hebraica Stuttgartensia
BIAA – British Institute of Archaeology at Ankara
BM – Collections of the British Museum, London
BZAW – Beihefte zur Zeitschrift für die alttestamentliche Wissenschaft, Berlin
CA – Colección Arqueología, Barcelona
CAD – The Assyrian Dictionary of the Oriental Institute of the University of Chicago. Ignace J. Gelb *et alii* (eds.). 21 vols. Chicago, 1956-2010.
CAS – Cotsen Advanced Seminars, Cotsen Institute of Archaeology at University of California, Los Angeles
CDA – A Concise Dictionary of Akkadian. Jeremy Black, Andrew George, Nicholas Postgate (eds.). (SANTAG, 5). 2. ed. corrected. Wiesbaden, 2000.
CERHM – Centre européen de recherches sur la Haute Mésopotamie
CHA – Collection "Histoire ancienne", Rennes
CHANE – Culture and History of the Ancient Near East, Leiden
Ciclo – Ciclo de Ba'l
Classica – Classica: Revista Brasileira de Estudos Clássicos
CH – Código de Hammu-rabi

COPSEM – Copenhagen International Seminar Series, Københavns Universitet
CoS – *The Context of Scripture.* William W. Hallo (ed.). 3 vols., 1997–2002
CWA – Cambridge World Archaeology, University of Cambridge
DHR – Dynamics in the History of Religions, Leiden
DO – Collection Docet Omnia, Collège de France
EA – El-Amarna tablets, ed. Mario Liverani
EO – Estudios Orientales, Sabadell
Eothen – Eothen: collana di Studi sulle Civiltà dell'Oriente antico, Firenze
eTopoi – *Topoi: Journal for Ancient Studies*
FM – *Florilegium Marianum*
Gilg. – Epopeia de Gilgameš
HAdW – Heidelberger Akademie der Wissenschaften der Universität Heidelberg
HdO – Handbuch der Orientalisk, Leiden
HeBAI – *Hebrew Bible and Ancient Israel*
HTR – *Harvard Theological Review*
IAA – Israel Antiquities Authority
IM – Iraqi Museum, Baghdad
JANEH – *Journal of Ancient Near Eastern of History*
JANER – *Journal of Ancient Near Eastern Religions*
JANES – *Journal of the Ancient Near East Society* (founded by Columbia University)
JAOS – *Journal of the American Oriental Society*
JSA – *Journal of Skyscape Archaeology*
KA – Kuntillet 'Ajrud ou *Kuntillet ʿAǧrūd*
KUB – *Keilschrifturkunden aus Boghazköi* (Staatliche Museen zu Berlin)
LAOS – Leipziger Altorientalistische Studien, Wiesbaden
LAPO – Littératures Anciennes du Proche-Orient, Paris
Levant – *Levant: Journal of the British School of Archaeology in Jerusalem and the British Institute at Amman for Archaeology and History*
LHB/OTS – The Library of Hebrew Bible/Old Testament Studies, London
M. – sigla dos tabletes dos Archives royales de Mari
MAAO – Münchner Abhandlungen zum Alten Orient, Ludwig-Maximilians-Universität München
Mari – *Mari: Annales de Recherches Interdisciplinaires*, Paris
MC – Mesopotamian Civilizations, Pennsylvania State University
MET – Metropolitan Museum of Art, NY/USA
ML – Musée du Louvre, Paris
Muse'on Yiśra'el – The Israel Museum, Jerusalem
NDA – New Directions in Archaeology, University of Cambridge
OBO – Orbis Biblicus et Orientalis, Universität Zürich
OH – Oxford Handbooks, University of Oxford
OI – The Oriental Institute of the University of Chicago
OIS – Oriental Institute Seminars, The Oriental Institute of the University of Chicago
ORA – Orientalische Religionen in der Antike, Tübingen

Penn Museum – University of Pennsylvania Museum of Archaeology and Anthropology
PO – Pliegos de Oriente, Madrid
RA – Revue d'Assyriologie et d'Archéologie Oriental
RC – Religion Compass
ResAntiq – Res Antiquitatis: Journal of Ancient History
Rever – Revista de Estudos da Religião
RIMA 1 – A. Kirk Grayson. *Assyrian Rulers of the Third and Second Millennium BC I (To 1115 BC)*. (The Royal Inscriptions of Mesopotamia, Assyrian Period 1). RIMA 1. Toronto, 1987.
RIMA 2 – A. Kirk Grayson. *Assyrian Rulers of the Early First Millennium BC I (To 1114–859 BC)*. (The Royal Inscriptions of Mesopotamia, Assyrian Period 2). RIMA 2. Toronto, 2002.
RIME 4 – Douglas R. Frayne. *Royal Inscriptions of Mesopotamia*: Early Periods. RIME 4. Old Babylonian Period (2003–1595 BC). Toronto, 1990.
RSR – Rivista di Storia delle Religioni
SAA – State Archives of Assyria, Foundation for Finnish Assyriological Research
SAAB – State Archives of Assyria Bulletin
SANER – Studies in Ancient Near Eastern Records, Berlin
SANTAG – SANTAG: Arbeiten und Untersuchungen zur Keilschriftkunde, Wiesbaden
SAOC – Studies in Ancient Oriental Civilization, The Oriental Institute of the University of Chicago
SBLABS – Society of Biblical Literature Archaeology and Biblical Studies
SBLANE – Society of Biblical Literature Ancient Near East
SF – Sárospataki Füzetek
SHANE – Studies in the History of the Ancient Near East, London
SMB – Staatliche Museen zu Berlin: Preußischer Kulturbesitz, Berlin
StOr – Studia Orientalia
Syria – Syria: Archéologie, Art et Histoire
TA – Tel Aviv: Journal of the Institute of Archaeology of Tel Aviv University
TVOA – Testi del Vicino Oriente antico, Brescia
WO – Die Welt des Orients
WZKM – Wiener Zeitschrift für die Kunde des Morgenlandes
YPM-NH – Peabody Museum of Natural History at Yale University
ZL – Zimri-Lim, cronologia de reinado

Outras abreviações

AC / a.C. – antes de Cristo
adj. – adjetivo
AEC (BCE) / A.E.C. (B.C.E.) – antes da Era Comum (before the Common Era)
akk. – acádio/acadiano
arb. – arábico/árabe
arm. – aramita/arameu (aramaico)
ass. – assírio
BA – Idade do Bronze Antigo (periodização arqueológica)
bab. – babilônico

BI – Idade do Bronze Intermediário (periodização arqueológica)
BM – Idade do Bronze Médio (periodização arqueológica)
BT – Idade do Bronze Tardio (periodização arqueológica)
c. / *ca.* – *circa* (cerca de, perto de)
cf. – conferir, comparar
col. – colofão
colet. – coletivo
d – DINGIR (determinativo divino de Sumer)
DUMU – termo acádio indeterminado para filho
e.g. – *exempli gratia* (por exemplo)
egip. – egípcio
et al. / *et alii* – e outros (usado para autoras e autores citados)
etc. – *et cetera* (e outros, e outras coisas)
fen. – fenício
GIŠ – determinativo de Sumer que significa "árvore" e objetos de madeira
gr. – grego(a)
h. – hitita
heb. – hebraico
hurr. – hurrita
i.e – *id est* (isto é)
KI – determinativo que significa "a terra, a localidade", ki
LN1 – Late Neolithic (período Neolítico Tardio 1, *c.* 6000)
LN2 – Late Neolithic (período Neolítico Tardio 2, *c.* 5000)
LUGAL – determinativo real de Sumer
luw. – luwita/luwiano
n. – nota(s)
no. / nos. – número / números
p. – página(s)
PPNC – Pre-Pottere Neolithic C (período Neolítico Pré-Cerâmico C, *c.* 6500)
séc. / sécs. – século, séculos
sing. – singular
ss. – seguintes
sum. – sumério
ug. – ugarítico
§ – parágrafo
[ ] – vacância na fonte primária
( ) – clarificação editorial
[...] – texto indecifrável
< > – adequado ou exclusão no texto original
... – texto a seguir não é claro ou irrelevante para a discussão

BIBLIOGRAFIA

AL-MAQDISSI, Michel; Butterlin, Pascal; Caramelo, Francisco; Márquez Rowe, Ignacio; Margueron, Jean-Claude; Montero Fenollós, Juan Luís; Muller, Béatrice. Définition du Moyen Euphrate. *ResAntiq*, Lisboa, v. 2, p. 203-204, 2011. [Al-Maqdissi *et al.*].

ALBERTZ, Rainer; Schmitt, Rüdiger. *Family and household religion in ancient Israel and the Levant*. Winona Lake, IN: Eisenbrauns, 2012.

AMADASI GUZZO, Maria Giulia. What do we know about the borders and exchanges between Aram and Phoenicia in the 9th–8th centuries B.C.E. in Anatolia and Syria? In: Dušek, Jan; Mynářová, Jana (eds.). *Aramaean borders*: defining aramaean territories in the 10th–8th centuries B.C.E. (CHANE, 101). Leiden: Brill, 2019, p. 149-171.

AMMANN, Sonja. The clothing of cult statues and biblical polemics against iconic worship. In: Berner, Christoph; Schäfer, Manuel; Schott, Martin; Schulz, Sarah; Weingärtner, Martina (eds.). *Clothing and nudity in the Hebrew Bible*. London: T&T Clark, 2019, p. 255-267.

AMZALLAG, Nissim. Beyond prestige and magnificence: the theological significance of gold in the Israelite Tabernacle. *HTR*, Cambridge, v. 112, n. 3, p. 296-318, 2019.

ARKHIPOV, Ilya. Zimri-Lim offers a throne to Dagan of Terqa. In: Evans, Jean M.; Roßberger, Elisa (eds.). *Ancient Near Eastern temple inventories in the third and second millennia BCE*: integrating archaeological, textual, and visual sources. Proceedings of a conference held at the Ludwig-Maximilians-Universität München Centre for Advanced Studies. (MAAO, 4). Gladbeck: PeWe Verlag, 2019, p. 131-137.

ARO, Sanna. Luwians in Aleppo? In: Singer, Itamar (ed.). *ipamati kistamati pari tumatimis*. Luwian and Hittite Studies presented to J. David Hawkins on the occasion of his 70th birthday. Tel Aviv: Emery and Claire Yass Publications in Archaeology, 2010, p. 1-9.

ARUZ, Joan; Seymour, Michael (eds.). *Assyria to Iberia*: art and culture in the Iron Age. New York; New Haven: Metropolitan Museum of Art; Yale University Press, 2016.

AUBET, María Eugenia. *Comercio y colonialismo en el Próximo Oriente antiguo*: los antecedentes coloniales del III y II milenios a.C. (CA). Barcelona: Edicions Bellaterra, 2007.

AYALI-DARSHAN, Noga. *The Storm-God and the Sea*: the origin, versions, and diffusion of a myth throughout the ancient Near East. Transl. Liat Keren. (ORA, 37). Tübingen: Mohr Siebeck, 2020.

BAGG, Ariel M. Identifying mountains in the Levant according to Neo-Assyrian and biblical sources: some case studies. *SAAB*, Padova, v. XV, p. 183-192, 2006.

BAGG, Ariel M. At the limits of historical geography: reconstructing aramaean territories in the West according to the Neo-Assyrian written sources. In: Dušek, Jan; Mynářová, Jana (eds.). *Aramaean borders*: defining aramaean territories in the 10th–8th centuries B.C.E. (CHANE, 101). Leiden: Brill, 2019, p. 3-25.

BARJAMOVIC, Gojko. Mesopotamian economy and trade. In: Lassen, Agnete W.; Frahm, Eckart; Wagensonner, Klaus (eds.). *Ancient Mesopotamia speaks*. Highlights from the Yale Babylonian Collection. New Haven, CT: YPM-NH, 2019, p. 82-95.

BARREYRA FRACAROLI, Diego A. The chronology of Zimri-Lim's reign: a report. *AuOr*, Sabadell, v. 29, n. 2, p. 185-198, 2011.

BARSTAD, Hans M. Sic dicit dominus: Mari prophetic texts and the Hebrew Bible. In: Amit, Yairah; Ben Zvi, Ehud; Finkelstein, Israel; Lipschits, Oded (eds.). *Essays on ancient Israel in its Near Eastern context*. A tribute to Nadav Na'aman. Winona Lake, IN: Eisenbrauns, 2006, p. 21-52.

BASTIDE, Roger. *O sagrado selvagem e outros ensaios*. Trad. Dorothée de Bruchard. São Paulo: Companhia das Letras, 2006. [ed. fr. 1975].

BENZEL, Kim. "What goes in is what comes out" – But what was already there? Divine materials and materiality in ancient Mesopotamia. In: Pongratz-Leisten, Beate; Sonik, Karen (eds.). *The mareriality of divine agency*. (SANER, 8). Berlin: Walter de Gruyter, 2015, p. 89-118.

BLACK, Jeremy; George, Andrew; Postgate, Nicholas (eds.). *CDA*. (SANTAG, 5). 2. ed. corrected. Wiesbaden: Harrassowitz Verlag, 2000.

BORDREUIL, Pierre. La diffusion de l'écriture alphabétique linéaire. In: Bordreuil, Pierre; Briquel-Chatonnet, Françoise; Michel, Cécile (dir.). *Les débuts de l'Histoire*: civilisations et cultures du Proche-Orient ancien. Nouvelle édition revue et augmentée. Paris: Éditions Khéops, 2014, p. 283-287.

BORDREUIL, Pierre; Glassner, Jean-Jacques. L'organisation des panthéons. In: Bordreuil, Pierre; Briquel-Chatonnet, Françoise; Michel, Cécile (dir.). *Les débuts de l'Histoire*: civilisations et cultures du Proche-Orient ancien. Nouvelle édition revue et augmentée. Paris: Éditions Khéops, 2014, p. 428-434.

BORDREUIL, Pierre; Briquel-Chatonnet, Françoise; Michel, Cécile (dir.). *Les débuts de l'Histoire*: civilisations et cultures du Proche-Orient ancien. Nouvelle édition revue et augmentée. Paris: Éditions Khéops, 2014.

BOTTÉRO, Jean. *La religión más antigua*: Mesopotamia. Trad. María Tabuyo y Augustín López. Madrid: Trotta, 2001.

BOTTÉRO, Jean. *No começo eram os deuses*. Trad. Marcelo Jacques de Morais. Rio de Janeiro: Civilização Brasileira, 2011. [ed. fr. 2004].

BOUZON, Emanuel (introd., tradução e comentários). *Uma coleção de direito babilônico pré-hammurabiano*: leis do reino de Ešnunna. Petrópolis: Vozes, 2001.

BOUZON, Emanuel (introd., tradução e comentários). *O Código de Hammurabi*: introdução, tradução do texto cuneiforme e comentários. 10. ed. Petrópolis: Vozes, 2003.

BRANDÃO, Jacyntho Lins (tradução, introd. e comentários). *Ele que o abismo viu*: epopeia de Gilgámesh. Belo Horizonte: Autêntica, 2018.

BRAUDEL, Fernand. História e ciências sociais: a longa duração. In: *Escritos sobre a história*. 2. ed. Trad. Jacó Guinsburg e Tereza Cristina Silveira da Mota. (Debates, 131). São Paulo: Perspectiva, 2009, p. 41-78.

BRAUDEL, Fernand. *O Mediterrâneo e o mundo mediterrâneo na época de Filipe II*. Vol. 1. Trad. Gilson César Cardoso de Souza. (Os Fundadores da USP, 5). São Paulo: Editora da Universidade de São Paulo, 2016a. [ed. fr., s/d].

BRAUDEL, Fernand. *O Mediterrâneo e o mundo mediterrâneo na época de Filipe II*. Vol. 2. Trad. Gilson César Cardoso de Souza. (Os Fundadores da USP, 5). São Paulo: Editora da Universidade de São Paulo, 2016b. [ed. fr., s/d].

BRIQUEL-CHATONNET, Françoise. L'expansion coloniale. In: Bordreuil, Pierre; Briquel-Chatonnet, Françoise; Michel, Cécile (dir.). *Les débuts de l'Histoire*: civilisations et cultures du Proche-Orient ancien. Nouvelle édition revue et augmentée. Paris: Éditions Khéops, 2014a, p. 218-220.

BRIQUEL-CHATONNET, Françoise. La naissance de l'alphabet. In: Bordreuil, Pierre; Briquel-Chatonnet, Françoise; Michel, Cécile (dir.). *Les débuts de l'Histoire*: civilisations et cultures du Proche-Orient ancien. Nouvelle édition revue et augmentée. Paris: Éditions Khéops, 2014b, p. 278-282.

BUCCELLATI, Giorgio. The origin of the tribe and the "industrial" agropastoralism in Syro-Mesopotamia. In: Barnard, Hans; Wendrich, Willeke (eds.). *The archaeology of mobility*: Old World and New World nomadism. (CAS, 4). Los Angeles: Cotsen Institute of Archaeology Press, 2008, p. 141-159.

BUCCELLATI, Giorgio. When were the hurrians hurrian? The persistence of ethnicity in Urkesh. In: Aruz, Joan; Graff, Sarah B.; Rakic, Yelena (eds.). *Cultures in contact*: from Mesopotamia to the Mediterranean in the second millennium B.C. New York; New Haven: Metropolitan Museum of Art; Yale University Press, 2013, p. 84-95.

BUNNENS, Guy. Confrontation, emulation and ethno-genesis of the aramaeans in Iron Age Syria. In: Omer, Sergi; Oeming, Manfred; Hulster, Izaak J. de (eds.). *In search for Aram and Israel*: politics, culture, and identity. (ORA, 20). Tübingen: Mohr Siebeck, 2016, p. 253-280.

BURKE, Aaron A. The archaeology of ritual and religion in ancient Israel and the Levant, and the origins of Judaism. In: Insoll, Timothy (ed.). *The Oxford handbook of the archaeology of ritual & religion*. (OH). Oxford: Oxford University Press, 2012, p. 895-907.

CALVET, Yves. Les débuts d'une agriculture irriguée. In: Bordreuil, Pierre; Briquel-Chatonnet, Françoise; Michel, Cécile (dir.). *Les débuts de l'Histoire*: civilisations et cultures du Proche-Orient ancien. Nouvelle édition revue et augmentée. Paris: Éditions Khéops, 2014, p. 23-29.

CHARPIN, Dominique. La défaite, conséquence de la colère divine: la théologie de l'histoire à Alep d'après les archives royales de Mari. In: Durand, Jean-Marie; Marti, Lionel; Römer, Thomas (éds.). *Colères et repentirs divins*. Actes du colloque organisé par le Collège de France, Paris, les 24 et 25 avril 2013. (OBO, 278). Fribourg; Göttingen: Academic Press; Vandenhoeck & Ruprecht, 2015, p. 1-11.

CHARPIN, Dominique. *"Tu es de mon sang"*. Les alliances dans le Proche-Orient ancien. (DO, 4). Paris: Collège de France; Les Belles Lettres, 2019.

CHARTIER, Roger. *A história ou a leitura do tempo*. 2. ed. Trad. Cristina Antunes. Belo Horizonte: Autêntica, 2015.

CHAVALAS, Mark. The Age of empire, 3100–900 BCE. In: Snell, Daniel C. (ed.). *A companion to the ancient Near East*. (BCAW, Ancient History). Malden: Blackwell, 2007, p. 34-47.

CLANCIER, Philippe. Les premières bibliothèques. In: Bordreuil, Pierre; Briquel-Chatonnet, Françoise; Michel, Cécile (dir.). *Les débuts de l'Histoire*: civilisations et cultures du Proche-Orient ancien. Nouvelle édition revue et augmentée. Paris: Éditions Khéops, 2014, p. 291-296.

CORNELIUS, Izak. "Trading religions" and "visible religion" in the ancient Near East. In: Wick, Peter; Rabens, Volker (eds.). *Religions and trade*: religious formation, transformation and cross-cultural exchange between East and West. (DHR, 5). Leiden: Brill, 2014, p. 141-165.

CUNHA, Manuela Carneiro da. Etnicidade: da cultura residual mas irredutível. In: *Cultura com aspas e outros ensaios*. (Coleção Argonautas). São Paulo: Ubu, 2017a, p. 239-249.

CUNHA, Manuela Carneiro da. "Cultura" e cultura: conhecimentos tradicionais e direitos intelectuais. In: *Cultura com aspas e outros ensaios*. (Coleção Argonautas). São Paulo: Ubu, 2017b, p. 304-369.

DÉMARE-LAFONT, Sophie. Rendre la justice. In: Bordreuil, Pierre; Briquel-Chatonnet, Françoise; Michel, Cécile (dir.). *Les débuts de l'Histoire*: civilisations et cultures du Proche-Orient ancien. Nouvelle édition revue et augmentée. Paris: Éditions Khéops, 2014, p. 304-310.

DEVECCHI, Elena. "We are all descendants of Šuppiluliuma, Great King": the Aleppo Treaty reconsidered. *WO*, Göttingen, v. 40, n. 1, p. 1-17, 2010.

DEVECCHI, Elena. A reluctant servant: Ugarit under foreign rule during the Late Bronze Age. In: Mynářová, Jana; Kilani, Marwan; Alivernini, Sergio (eds.). *A stranger in the House – the Crossroads III*. Proceedings of an International Conference on Foreigners in Ancient Egyptian and Near Eastern Societies of the Bronze Age held in Prague, september 10–13, 2018. Prague: Charles University, Faculty of Arts, 2019, p. 121-135.

DÍAZ-ANDREU, Margarita; Lucy, Sam; Babić, Staša; Edwards, David N. *The archaeology of identity*: approaches to gender, age, status, ethnicity and religion. London: Routledge, 2005.

DIETZ, Albert. Deity or cult statue? God of Aleppo in the visual record of the second millennium BCE. In: Evans, Jean M.; Rossberger, Elisa (eds.). *Ancient Near Eastern temple inventories in the third and second millennia BCE*: integrating archaeological, textual, and visual sources. Proceedings of a conference held at the Ludwig-Maximilians-Universität München Centre for Advanced Studies. (MAAO, 4). Gladbeck: PeWe Verlag, 2019, p. 189-206.

DIETZ, Albert. The multiplicity of ancient Near Eastern Storm-Gods in the visual record. In: Otto, Adelheid; Herles, Michael; Kaniuth, Kai (eds.). *Proceedings of the 11th International Congress on the Archaeology of the Ancient Near East*. Vol. 1: Mobility in the ancient Near East images in context archaeology as cultural heritage engendering Near Eastern archaeology societal contexts of religion shaping the living space. Wiesbaden: Harrassowitz Verlag, 2020, p. 151-161.

DOEDENS, Jacob J. T. Ancient Israelite polytheistic inscriptions: was Asherah viewed as Yhwh's wife? *SF*, Sárospataki, v. 1–2, p. 41-54, 2013.

DOSSIN, Georges. Les archives épistolaires du palais de Mari. *Syria*, Paris, tome 19, fascicule 2, p. 105-126, 1938.

DURAND, Jean-Marie. *Archives épistolaires de Mari*. Vol. I/1: ARM XXVI. Paris: Éditions Recherche sur les Civilisations, 1988.

DURAND, Jean-Marie. *Les documents épistolaires du palais de Mari*. Tome I. (LAPO, 18). Paris: Cerf, 1997.

DURAND, Jean-Marie. *Les documents épistolaires du palais de Mari*. Tome III. (LAPO, 18). Paris: Cerf, 2000.

DURAND, Jean-Marie. Peuplement et sociétés à l'époque amorrite: (I) les clans bensim'alites. In: Nicolle, Christophe (éd.). *Nomades et sédentaires dans le Proche-Orient ancien*. Compte rendu de la XLVIe Recontre Assyriologique Internationale. Paris, 10-13 juillet 2000. (Amurru, 3). Paris: Éditions Recherche sur les Civilisations, 2004, p. 111-197.

DUŠEK, Jan. The kingdom of Arpad/Bīt-Agūsi: its capital, and its borders. In: Dušek, Jan; Mynářová, Jana (eds.). *Aramaean borders*: defining aramaean territories in the 10th –8th centuries B.C.E. (CHANE, 101). Leiden: Brill, 2019, p. 172-202.

EDMONDS, Alexander Johannes. A people without borders? Tracing the shifting identities and territorialities of the ahlameans. In: Dušek, Jan; Mynářová, Jana (eds.). *Aramaean borders*: defining aramaean territories in the 10th–8th centuries B.C.E. (CHANE, 101). Leiden: Brill, 2019, p. 26-62.

ELLIGER, Karl; Rudolph, Wilhelm (hrsg.). *Biblia Hebraica Stuttgartensia*. 5. aufl. Stuttgart: Deutsche Bibelgesellschaft, 1997.

FABBRO, Roswitha del. The roads from and to Aleppo: some historical-geographical considerations in light of new archaeological data. In: Lanfranchi, Giovanni B.; Morandi Bonacossi, Daniele; Pappi, Cinzia; Ponchia, Simonetta (eds.). *Leggo!* Studies presented to Frederick Mario Fales on the occasion of his 65th birthday. Wiesbaden: Harrassowitz Verlag, 2012, p. 201-222.

FINKELSTEIN, Israel. Israel e Aram: reflections on their border. In: Omer, Sergi; Oeming, Manfred; Hulster, Izaak J. de (eds.). *In search for Aram and Israel*: politics, culture, and identity. (ORA, 20). Tübingen: Mohr Siebeck, 2016, p. 17-36.

FITZMYER, Joseph A. 1. Treaties. The inscriptions of Bar-ga'yah and Mati'el from Sefire (2.82). In: Hallo, William W. (ed.). *CoS*. Vol. 2: Monumental inscriptions from the biblical world. Leiden: Brill, 2000, p. 213-217.

FLEMING, Daniel E. Prophets and temple personnel in the Mari Archives. In: Grabbe, Lester L.; Bellis, Alice Ogden (eds.). *The priests in the prophets*: the portrayal of priests, prophets, and other religious specialists in the latter prophets. (LHB/OTS). London: T&T Clark, 2004, p. 44-64.

FLEMING, Daniel E. Kingship of city and tribe conjoined: Zimri-Lim at Mari. In: Szuchman, Jeffrey (ed.). *Nomads, tribes, and the state in the ancient Near East*: cross-disciplinary perspectives. (OIS, 5). Chicago: University of Chicago Press, 2009, p. 227-240.

FLEMING, Daniel E. *Yahweh before Israel*: glimpses of history in a divine name. Cambridge: Cambridge University Press, 2020.

FLYNN, Shawn W. *A story of YHWH*: cultural translation and subversive reception in Israelite history. (SHANE). London: Routledge, 2020.

FRAYNE, Douglas R. *RIME* 4. Toronto: University of Toronto Press, 1990.

FRAYNE, Douglas R. Ekallatum – Shamshi-Addu (2.110). In: Hallo, William W. (ed.). *CoS*. Vol. 2: Monumental inscriptions from the biblical world. Leiden: Brill, 2000, p. 259-260.

FRAYNE, Douglas R.; Stuckey, Johanna H. *A handbook of Gods and Goddesses of the ancient Near East*: three thousand deities of Anatolia, Syria, Israel, Sumer, Babylonia, Assyria, and Elam. University Park, PA: Pennsylvania State University Press, 2021.

GATES, Charles. *Ancient cities*: the archaeology of urban life in the ancient Near East and Egypt, Greece and Rome. 2. ed. revised. London; New York: Routledge, 2011.

GELB, Ignace J. *et alii* (eds.). *CAD*. Vol. 1. Part I. Chicago: Oriental Institute of the University of Chicago, 1998. [1964].

GELB, Ignace J. *et alii* (eds.). *CAD*. Vol. 5. Chicago: Oriental Institute of the University of Chicago, 1995. [1956].

GELB, Ignace J. *et alii* (eds.). *CAD*. Vol. 6. Chicago: Oriental Institute of the University of Chicago, 1995. [1956].

GELB, Ignace J. *et alii* (eds.). *CAD*. Vol. 8. Chicago: Oriental Institute of the University of Chicago, 2008. [1971].

GELB, Ignace J. *et alii* (eds.). *CAD*. Vol. 20. Chicago: Oriental Institute of the University of Chicago, 2010.

GELL, Alfred. *Arte e agência*: uma teoria antropológica. Trad. Jamille Pinheiro Dias. São Paulo: Ubu, 2020. [ed. ing. 1998].

GINZBURG, Carlo. Sinais: raízes de um paradigma indiciário. In: *Mitos, emblemas, sinais*: morfologia e história. 2. ed. Trad. Federico Carotti. São Paulo: Companhia das Letras, 2011, p. 143-179. [ed. it. 1986].

GLASSNER, Jean-Jacques. La naissance de l'empire. In: Bordreuil, Pierre; Briquel-Chatonnet, Françoise; Michel, Cécile (dir.). *Les débuts de l'Histoire*: civilisations et cultures du Proche-Orient ancien. Nouvelle édition revue et augmentée. Paris: Éditions Khéops, 2014a, p. 194-201.

GLASSNER, Jean-Jacques. Sargon, un modèle. In: Bordreuil, Pierre; Briquel-Chatonnet, Françoise; Michel, Cécile (dir.). *Les débuts de l'Histoire*: civilisations et cultures du Proche-Orient ancien. Nouvelle édition revue et augmentée. Paris: Éditions Khéops, 2014b, p. 201-205.

GOLANI, Amir. Beyond ornamentation: contextualizing research of personal adornment in the ancient Near East. In: Otto, Adelheid; Herles, Michael; Kaniuth, Kai (eds.). *Proceedings of the 11th International Congress on the Archaeology of the Ancient Near East*. Vol. 1: Mobility in the ancient Near East images in context archaeology as cultural heritage engendering Near Eastern archaeology societal contexts of religion shaping the living space. Wiesbaden: Harrassowitz Verlag, 2020, p. 171-184.

GOODY, Jack. *O oriental, o antigo e o primitivo*: os sistemas de casamento e a família nas sociedades pré-industriais da Eurásia. Trad. Mary Amazonas Leite de Barros. São Paulo: Editora da Universidade de São Paulo, 2008. [ed. ing. 1990].

GRASLIN-THOMÉ, Lætitia. La nature des échanges. In: Bordreuil, Pierre; Briquel-Chatonnet, Françoise; Michel, Cécile (dir.). *Les débuts de l'Histoire*: civilisations et cultures du Proche-Orient ancien. Nouvelle édition revue et augmentée. Paris: Éditions Khéops, 2014a, p. 75-81.

GRASLIN-THOMÉ, Lætitia. Les échanges à longue distance. In: Bordreuil, Pierre; Briquel-Chatonnet, Françoise; Michel, Cécile (dir.). *Les débuts de l'Histoire*: civilisations et cultures du Proche-Orient ancien. Nouvelle édition revue et augmentée. Paris: Éditions Khéops, 2014b, p. 212-218.

GRAYSON, A. Kirk. *RIMA* 1. Toronto: University of Toronto Press, 1987.

GRAYSON, A. Kirk. *RIMA* 2. Toronto: University of Toronto Press, 2002 [1991].

GREENBERG, Raphael. *The archaeology of the Bronze Age Levant*: from urban origins to the demise of city-states, 3700–1000 BCE. (CWA). Cambridge: Cambridge University Press, 2019.

GREENWOOD, Kyle R. The hearing Gods of the Assyrian Royal Inscriptions. *JANER*, Leiden, v. 10, n. 2, p. 211-218, 2010.

GREER, Jonathan S. The cult at Tel Dan: aramean or israelite? In: Berlejung, Angelika; Maeir, Aren M.; Schüle, Andreas (eds.). *Wandering aramaeans – Aramaeans outside Syria*: textual and archaeological perspectives. (LAOS, 5). Wiesbaden: Harrassowitz Verlag, 2017, p. 3-18.

GRIMAL, Nicolas. *História do Egito antigo*. Trad. Elza Marques Lisboa de Freitas. Rio de Janeiro: Forense Universitária, 2012. [ed. fr. 1988].

GUICHARD, Michaël. À l'image d'une statue. In: Römer, Thomas; Gonzalez, Hervé; Marti, Lionel (éds.). *Représenter dieux et hommes dans le Proche-Orient ancient et dans la Bible*. Actes du colloque organisé par le Collège de France, Paris, les 5 et 6 mai 2015. (OBO, 287). Leuven; Paris; Bristol: Peeters, 2019, p. 12-14.

HAFÞÓRSSON, Sigurður. Chapter Four: Assyrian texts. In: *A passing power*: an examination of the sources for the history of Aram-Damascus in the second half of the ninth century B.C. Stockholm: Almqvist & Wiksell International, 2006, p. 73-136.

HARMANŞAH, Ömür. Monuments and memory: architecture and visual culture in ancient Anatolian history. In: Steadman, Sharon R.; McMahon, Gregory (eds.). *The Oxford handbook of ancient Anatolia*. (OH). Oxford: Oxford University Press, 2016, p. 623-651.

HARMANŞAH, Ömür. Borders are rough-hewn: monuments, local landscapes and the politics of place in a Hittite borderland. In: Baysal, Emma L.; Karakatsanis, Leonidas (eds.). *Bordered places, bounded times*: cross-disciplinary perspectives on Turkey. (BIAA Monograph, 51). London: British Institute at Ankara, 2017, p. 37-51.

HARTOG, François. *Regimes de historicidade*: presentismo e experiências do tempo. Trad. Andréa Souza de Menezes *et alii*. (Coleção História e Historiografia). Belo Horizonte: Autêntica, 2014. [ed. fr. 2003].

HASEGAWA, Shuichi. *Aram and Israel during the Jehuite Dinasty*. Doctoral thesis (Archaeology). Tel Aviv University, Tel Aviv, 2010.

HÄSER, Jutta; Soennecken, Katja; Vieweger, Dieter. Tall Zirā'a in northwest Jordan between Aram and Israel. In: Omer, Sergi; Oeming, Manfred; Hulster, Izaak J. de (eds.). *In search for Aram and Israel*: politics, culture, and identity. (ORA, 20). Tübingen: Mohr Siebeck, 2016, p. 121-137.

HAWKINS, J. David. The inscriptions of the Aleppo temple. *AnSt*, Cambridge, v. 61, p. 35-54, 2011.

HOFFNER, Harry A. Deeds of Šuppiluliuma (1.74). In: Hallo, William W. (ed.). *CoS*. Vol. 1: Canonical compositions from the biblical world. Leiden: Brill, 1997, p. 185-192.

HÖPFLINGER, Anna-Katharina. Between regulation, identification, and representation: clothing and nudity from the perspective of the study of religion. In: Berner, Christoph; Schäfer, Manuel; Schott, Martin; Schulz, Sarah; Weingärtner, Martina (eds.). *Clothing and nudity in the Hebrew Bible*. London: T&T Clark, 2019, p. 5-18.

HOUT, Theo van den. Biography and autobiography: the proclamation of Telipinu (1.76). In: Hallo, William W. (ed.). *CoS*. Vol. 1: Canonical compositions from the biblical world. Leiden: Brill, 1997, p 194-198.

HUNDLEY, Michael B. Here a God, there a God: an examination of the divine in ancient Mesopotamia. *AoF*, Berlin, v. 40, n. 1, p. 68-107, 2013.

HUNDLEY, Michael B. Divine presence in ancient Near Eastern temples. *RC*, Malden, v. 9, n. 7, p. 203-215, 2015.

JONES, Philip. Divine and non-divine kingship. In: Snell, Daniel C. (ed.). *A companion to the ancient Near East*. (BCAW, Ancient History). Malden: Blackwell, 2007, p. 353-365.

KANG, Sa-Moon. *Divine war in the Old Testament and in the ancient Near East*. (BZAW, 177). Berlin: Walter de Gruyter, 1989.

KERSEL, Morag M. Itinerant objects: the legal lives of levantine artefacts. In: Yasur-Landau, Assaf; Cline, Eric H.; Rowan, Yorke M. (eds.). *The social archaeology of the Levant*: from Prehistory to the Present. Cambridge: Cambridge University Press, 2019, p. 594-612.

KIENAST, Burkhart. Inscription of Narām-Sîn: campaign against Armānum and Ebla (2.91). In: Hallo, William W. (ed.). *CoS*. Vol. 2: Monumental inscriptions from the biblical world. Leiden: Brill, 2000, p. 244-246.

KLENGEL, Horst. Anatolia (Hittites) and the Levant. In: Steiner, Margreet L.; Killebrew, Ann E. (eds.). *The Oxford handbook of the archaeology of the Levant*: *c*. 8000–332 BCE. (OH). Oxford: Oxford University Press, 2014, p. 90-97.

KNAPP, A. Bernard; Dommelen, Peter van. Material connections: mobility, materiality and Mediterranean identities. In: Dommelen, Peter van; Knapp, A. Bernard (eds.). *Material connections in the ancient Mediterranean*: mobility, materiality and identity. London: Routledge, 2010, p. 1-18.

KNITTER, Daniel; Nakoinz, Oliver; Fabbro, Roswitha del; Kohlmeyer, Kay; Schütt, Brigitta; Meyer, Michael. The centrality of Aleppo and its environs. *eTopoi*, Berlin, v. 3, p. 107-127, 2014. [Knitter *et al.*].

KREBERNIK, Manfred. The beginnings of Yahwism from an assyriological perspective. In: Oorschot, Jürgen van; Witte, Markus (eds.). *The origins of Yahwism*. (BZAW, 484). Berlin: Walter de Gruyter, 2017, p. 45-65.

KUHRT, Amélie. *El Oriente Próximo en la Antiguedad* (*c*. 3000–330 a. C.). Vol. 1. Segunda Parte: Las grandes potencias (*c*. 1600–*c*. 1050). Trad. Teófilo de Lozoya. Barcelona: Crítica, 2014, p. 213-424. [ed. ing. 1995].

LABIANCA, Øystein Sakala; Witzel, Kristen R. Nomads, empires and civilizations: great and little traditions and the historical landscape of the southern Levant. In: Saidel, Benjamin A.; Steen, Eveline J. van der (eds.). *On the fringe of society*: archaeological and ethnoarchaeological perspectives on pastoral and agricultural societies. (BARI, 1657). Oxford: Archaeopress, 2007, p. 63-74.

LACAMBRE, Denis. Études sur le règne de Zimrî-Lîm de Mari. *RA*, Paris, v. XCVI, n. 1, p. 1-21, 2002.

LAUINGER, Jacob. *Following the man of Yamhad*: settlement and territory at Old Babylonian Alalah. (CHANE, 75). Leiden: Brill, 2015.

LE GOFF, Jacques. Documento/Monumento. In: *História e memória*. 6. ed. Trad. Irene Ferreira, Bernardo Leitão e Suzana Ferreira Borges. Campinas: Editora da Universidade Estadual de Campinas, 2012, p. 509-524.

LEUENBERGER, Martin. "Voici tes dieux, Israël, qui t'ont fait monter du pays d'Égito" (1 R 12,28): représentations matérielles de Yahvé dans le culte officiel du royaume d'Israël. In: Römer, Thomas; Gonzalez Hervé; Marti, Lionel (éds.). *Représenter dieux et hommes dans le Proche-Orient ancient et dans la Bible*. Actes du colloque oragnisé par le Collège de France, Paris, les 5 et 6 mai 2015. (OBO, 287). Leuven; Paris; Bristol: Peeters, 2019, p. 174-196.

LEVY, Eithan. A fresh look at the Mekal stele. *ÄuL*, Wien, v. 28, p. 359-378, 2018.

LEWIS, Theodore J. Syro-palestinian iconography and divine images. In: Walls, Neal H. (ed.). *Cult image and divine representation in the ancient Near East*. Boston: American Schools of Oriental Research, 2005, p. 69-107.

LEWIS, Theodore J. *The origin and character of God*: ancient Israelite religion through the lens of divinity. London: Oxford University Press, 2020.

LEWIS, Theodore J. God ['Ilu] and king in *KTU* 1.23. In: Hardy II, H. H.; Lam, Joseph; Reymond, Eric D. (eds.). "*Like 'Ilu are you wise*": studies in Northwest Semitic languages and literatures in honor of Dennis G. Pardee. (SAOC, 73). Chicago: The Oriental Institute, 2022, p. 31-53.

LION, Brigitte; Sérandour, Arnaud. Du prophète royal au prophète contestataire. In: Bordreuil, Pierre; Briquel-Chatonnet, Françoise; Michel, Cécile (dir.). *Les débuts de l'Histoire*: civilisations et cultures du Proche-Orient ancien. Nouvelle édition revue et augmentée. Paris: Éditions Khéops, 2014, p. 453-457.

LIVERANI, Mario. *Le lettere di el-Amarna*. 1. Le lettere dei "Piccoli Re". (TVOA, Litterature mesopotamiche 3/1). Brescia: Paideia, 1998.

LIVERANI, Mario. Historical overview. In: Snell, Daniel C. (ed.). *A companion to the ancient Near East*. (BCAW, Ancient History). Malden: Blackwell, 2007, p. 3-19.

LIVERANI, Mario. *Para além da Bíblia*: história antiga de Israel. Trad. Orlando Soares Moreira. São Paulo: Paulus; Loyola, 2008. [ed. it. 2003].

LIVERANI, Mario. The collapse of the Near Eastern regional system at the end of the Bronze Age: the case of Syria. In: Rowlands, Michael; Larsen, Mogens; Kristiansen, Kristian (eds.). *Centre and periphery in the ancient world*. (NDA). Cambridge: Cambridge University Press, 2009, p. 66-73.

LIVERANI, Mario. *Antigo Oriente*: história, sociedade e economia. Trad. Ivan Esperança Rocha. São Paulo: Editora da Universidade de São Paulo, 2016. [ed. rev. it. 2009].

LIVERANI, Mario. *Assyria*: the imperial mission. Transl. Andrea Trameri and Jonathan Valk. (MC, 21). Winona Lake, IN: Eisenbrauns, 2017.

LUCIANI, Marta. The northern Levant (Syria) during the Late Bronze Age. In: Steiner, Margreet L.; Killebrew, Ann E. (eds.). *The Oxford handbook of the archaeology of the Levant*: *c*. 8000–332 BCE. (OH). Oxford: Oxford University Press, 2014, p. 509-523.

MARFOE, Leon. Cedar forest to silver mountain: social change and the development of long-distance trade in early Near Eastern societies. In: Rowlands, Michael; Larsen, Mogens; Kristiansen, Kristian (eds.). *Centre and periphery in the ancient world*. (NDA). Cambridge: Cambridge University Press, 2009, p. 25-35.

MARGALIT, Baruch. The history of El (*ca*. 3500–500 BCE). In: Nicolle, Christophe (éd.). *Nomades et sédentaires dans le Proche-Orient ancien*. Compte rendu de la XLVIe Recontre Assyriologique Inter nationale. Paris, 10-13 juillet 2000. (Amurru, 3). Paris: Éditions Recherche sur les Civilisations, 2004, p. 355-375.

MARGUERON, Jean-Claude. Entre profane et sacré: y a-t-il des degrés dans la sacralisation de l'espace mésopotamien (IVe–Ier millénaire av. J.-C.)? In: Lafond, Yves; Michel, Vincent (dir.). *Espaces sacrés dans la Méditerranée antique*. Actes du Colloque des 13 et 14 octobre 2011, Université de Poitiers. (CHA). Rennes: Presses Universitaires de Rennes, 2016, p. 15-56.

MAZZONI, Stefania. The aramean states during the Iron Age II–III periods. In: Steiner, Margreet L.; Killebrew, Ann E. (eds.). *The Oxford handbook of the archaeology of the Levant: c.* 8000–332 BCE. (OH). Oxford: Oxford University Press, 2014, p. 683-705.

MAZZONI, Stefania. Identity and multiculturality in the northern Levant of the 9th–7th century BCE: with a case study on Tell Afis. In: Omer, Sergi; Oeming, Manfred; Hulster, Izaak J. de (eds.). *In search for Aram and Israel*: politics, culture, and identity. (ORA, 20). Tübingen: Mohr Siebeck, 2016a, p. 281-304.

MAZZONI, Stefania. Storm-God at Tell Afis and a Syro-Hittite seal. In: Patrier, Julie; Quenet, Philippe; Butterlin, Pascal (éds.). *Mille et une empreintes*: un alsacien en Orient. Mélanges en l'honneur du 65e anniversaire de Dominique Beyer. (Subartu XXXVI, CERHM). Turnhout: Brepols, 2016b, p. 299-318.

METTINGER, Tryggve N. D. A conversation with my critics: cultic image or aniconism in the First Temple? In: Amit, Yairah; Ben Zvi, Ehud; Finkelstein, Israel; Lipschits, Oded (eds.). *Essays on ancient Israel in its Near Eastern context*. A tribute to Nadav Na'aman. Winona Lake, IN: Eisenbrauns, 2006, 273-296.

MICHEL, Cécile. Les archives privées. In: Bordreuil, Pierre; Briquel-Chatonnet, Françoise; Michel, Cécile (dir.). *Les débuts de l'Histoire*: civilisations et cultures du Proche-Orient ancien. Nouvelle édition revue et augmentée. Paris: Éditions Khéops, 2014, p. 287-291.

MIEROOP, Marc van de. *Historia del Próximo Oriente antiguo*: *ca.* 3000–323 A.E.C. Trad. Andrés Piquer y Sara Arroyo. (BCBO). Madrid: Trotta, 2020. [ed. ing. 2016].

MILLARD, Alan. Hadad-Yith'i (2.34). In: Hallo, William W. (ed.). *CoS*. Vol. 2: Monumental inscriptions from the biblical world. Leiden: Brill, 2000, p. 153-154.

MILLET ALBÀ, Adelina. La localisation des terroirs benjaminites du royaume de Mari. In: Nicolle, Christophe (éd.). *Nomades et sédentaires dans le Proche-Orient ancien*. Compte rendu de la XLVIe Recontre Assyriologique Inter nationale (Paris, 10-13 juillet 2000). (Amurru 3). Paris: Éditions Recherche sur les Civilisations, 2004, p. 225-234.

MOLINA, Manuel (edición y traducción). *La ley más antigua*: textos legales sumerios. Madrid; Barcelona: Trotta; Edicions de la Universitat de Barcelona, 2000.

MORANDI BONACOSSI, Daniele. The northern Levant (Syria) during the Middle Bronze Age. In: Steiner, Margreet L.; Killebrew, Ann E. (eds.). *The Oxford handbook of the archaeology of the Levant*: *c.* 8000–332 BCE. (OH). Oxford: Oxford University Press, 2014, p. 414-433.

MOUTON, Alice. *Rites, mythes et prières hittites*. (LAPO). Paris: Cerf, 2016.

NICHOLS, John J.; Weber, Jill A. Amorites, onagers, and social reorganization in Middle Bronze Age Syria. In: Schwartz, Glenn M.; Nichols, John J. (eds.). *After collapse*: the regeneration of complex societies. (ASAA, Milwaukee, April 2003). Tucson: University of Arizona Press, 2006, p. 38-57.

NIEHR, Herbert. "Israelite" religion and "canaanite" religion. In: Stavrakopoulou, Francesca; Barton, John (eds.). *Religious diversity in ancient Israel and Judah*. London: T&T Clark, 2018 [2010], p. 23-36.

NISSINEN, Martti. *Ancient prophecy*: Near Eastern, biblical, and Greek perspectives. Oxford: Oxford University Press, 2017.

NOVÁK, Mirko. Assyrians and aramaeans: modes of cohabitation and acculturation at Guzana (Tell Halaf). In: Aruz, Joan; Seymour, Michael (eds.). *Assyria to Iberia*: art and culture in the Iron Age. New York; New Haven: Metropolitan Museum of Art; Yale University Press, 2016, p. 123-135.

OLMO LETE, Gregorio del (edición y traducción). *Mitos, leyendas y rituals de los semitas occidentales*. Madrid; Barcelona: Trotta; Edicions de la Universitat de Barcelona, 1998.

ORNAN, Tallay. Sketches and final works of art: the drawings and wall paintings of Kuntillet 'Ajrud revisited. *TA*, Tel Aviv, v. 43, n. 1, p. 3-26, 2016.

PARPOLA, Simo (ed.). *AEAD*. Helsinki: Neo-Assyrian Text Corpus Project, Institute for Asian and African Studies, University of Helsinki, 2007.

PATERA, Ioanna. La consecration de l'espace: action rituelle, investissement spatial et visibilité. In: Lafond, Yves; Michel, Vincent (dir.). *Espaces sacrés dans la Méditerranée antique*. Actes du Colloque des 13 et 14 octobre 2011, Université de Poitiers. (CHA). Rennes: Presses Universitaires de Rennes, 2016, p. 57-67.

PEYRONEL, Luca. *Storia e archeologia del commercio nell'Oriente antico*. Roma: Carocci, 2008.

PFÄLZNER, Peter. A house of kings and Gods: ritual places in Syrian palaces. In: *Cult and ritual on the Levantine coast and its impact on the eastern Mediterranean realm*: proceedings of the International Symposium, Beirut, 2012. *BAAL*, Hors-Série X, Beyrouth, p. 413-442, 2015.

PFITZMANN, Fabian. Le "maître des autruches": une représentation de Yhwh dans le Sud du Levant? In: Römer, Thomas; Gonzalez, Hervé; Marti, Lionel (éds.). *Représenter dieux et hommes dans le Proche-Orient ancient et dans la Bible*. Actes du colloque organisé par le Collège de France, Paris, les 5 et 6 mai 2015. (OBO, 287). Leuven; Paris; Bristol: Peeters, 2019, p. 142-173.

PHILIP, Graham; Badreshany, Kamal. Ceramics, society and economy in the northern Levant. *Levant*, London, v. 52, nos. 1-2, p. 278-296, 2020.

PONGRATZ-LEISTEN, Beate. Comments on the translatability of divinity: cultic and theological responses to the presence of the other in the ancient Near East. In: Bonnet, Corinne; Declercq, Amandine; Slobodzianek, Iwo (dir.). *Les représentations des dieux des autres*. Supplemento a Mythos. *RSR*, Palermo, n. 2, nuova serie, p. 83-111, 2011.

PONGRATZ-LEISTEN, Beate; Sonik, Karen. Between cognition and culture: theorizing the materiality of divine agency in cross-cultural perspective. In: Pongratz-Leisten, Beate; Sonik, Karen (eds.). *The materiality of divine agency*. Berlin: Walter de Gruyter, 2015, p. 3-69.

PORTER, Anne. Beyond dimorphism: ideologies and materialities of kinship as time-space distantiation. In: Szuchman, Jeffrey (ed.). *Nomads, tribes, and the state in the ancient Near East*: cross-disciplinary perspectives. (OIS, 5). Chicago: University of Chicago Press, 2009, p. 201-225.

PORTER, Anne. *Mobile pastoralism and the formation of Near Eastern civilizations*: weaving together society. Cambridge: Cambridge University Press, 2013.

PORTER, Benjamin W. Moving beyond king Mesha: a social archaeology of Iron Age Jordan. In: Yasur-Landau, Assaf; Cline, Eric H.; Rowan, Yorke M. (eds.). *The social archaeology of the Levant*: from Prehistory to the Present. Cambridge: Cambridge University Press, 2019, p. 324-336.

POTTS, Daniel T. Accounting for religion: Uruk and the origins of the sacred economy. In: Almqvist, Kurt (ed.). *Religion*. Perspectives from Engelsberg Seminar 2014. Stockholm: Bokförlaget Stolpe, 2020, p. 17-24.

PRAG, Kay. The southern Levant during the Intermediate Bronze Age. In: Steiner, Margreet L.; Killebrew, Ann E. (eds.). *The Oxford handbook of the archaeology of the Levant*: *c.* 8000–332 BCE. (OH). Oxford: Oxford University Press, 2014, p. 388-400.

PUCCI, Marina. Economic decay and urban rebirth in the Amuq: the hittite conquest of Hatay and the end of the Late Bronze Age (mid-14th to the 12th century BC). In: De Martino, Stefano; Devecchi, Elena (cur.). *Anatolia between the 13th and the 12th century BCE*. (Eothen, 23). Firenze: LoGisma, 2020, p. 325-358.

RECULEAU, Hervé. Claiming land and people. Conceptions of power in Syria and Upper Mesopotamia during the 2nd Millennium BCE. In: Schmidt-Hofner, Sebastian; Ambos, Claus; Eich, Peter (eds.). *Raum-Ordnung*: Raum und soziopolitische Ordnungen im Altertum. (HAdW; Akademiekonferenzen, 18). Heidelberg: Universitätsverlag Winter, 2016, p. 175-213.

RICHEY, Madadh. A figurine with a possible early Aramaic inscription. *TA*, Tel Aviv, v. 47, n. 2, p. 237-245, 2020.

RICŒUR, Paul. *A memória, a história, o esquecimento*. Trad. Alain François *et alii*. Campinas: Editora da Universidade de Campinas, 2014.

ROCHE-HAWLEY, Carole. La reconstruction du temple de Baʿlu à Ougarit au XIIIe siècle av. J.-C.: entre mythe et réalité. In: Lafond, Yves; Michel, Vincent (dir.). *Espaces sacrés dans la Méditerranée antique*. Actes du Colloque des 13 et 14 octobre 2011, Université de Poitiers. (CHA). Rennes: Presses Universitaires de Rennes, 2016, p. 83-93.

ROLLSTON, Christopher A. The alphabet comes of Age: the social context of alphabetic writing in the first millennium BCE. In: Yasur-Landau, Assaf; Cline, Eric H.; Rowan, Yorke M. (eds.). *The social archaeology of the Levant*: from Prehistory to the Present. Cambridge: Cambridge University Press, 2019, p. 371-389.

ROTH, Martha. The Laws of Hammurabi (2.131). In: Hallo, William W. (ed.). *CoS*. Vol. 2: Monumental inscriptions from the biblical world. Leiden: Brill, 2000, p. 335-353.

RÜPKE, Jörg. Individual appropriation of sacred space. In: Lafond, Yves; Michel, Vincent (dir.). *Espaces sacrés dans la Méditerranée antique*. Actes du Colloque des 13 et 14 octobre 2011, Université de Poitiers. (CHA). Rennes: Presses Universitaires de Rennes, 2016, p. 69-80.

SADER, Hélène. The northern Levant during the Iron Age I period. In: Steiner, Margreet L.; Killebrew, Ann E. (eds.). *The Oxford handbook of the archaeology of the Levant*: *c.* 8000–332 BCE. (OH). Oxford: Oxford University Press, 2014, p. 607-623.

SAMS, G. Kenneth. Anatolia: the first millennium B.C.E. in historical context. In: Steadman, Sharon R.; McMahon, Gregory (eds.). *The Oxford handbook of ancient Anatolia*. (OH). Oxford: Oxford University Press, 2016, p. 604-622.

SANMARTÍN, Joaquín (edición y traducción). *Códigos legales de tradición babilónica*. (PO).

Madrid; Barcelona: Trotta; Edicions de la Universitat de Barcelona, 1999.

SANTOS, João Batista Ribeiro. A experiência do mundo: uma visão historiográfica sobre a cidade de Gaza no contexto da materialidade do Mediterrâneo antigo. *Diálogos*, Maringá, v. 16, p. 951-969, 2012.

SANTOS, João Batista Ribeiro. *A emergência do antigo Israel*: um diálogo entre a história e a arqueologia histórica na busca da identidade étnica da grandeza social "Israel" no Mediterrâneo nos séculos XIV–XIII A. E. C. 2013. Dissertação de mestrado. Instituto de Filosofia e Ciências Humanas da Universidade do Estado do Rio de Janeiro, Rio de Janeiro, 2013a.

SANTOS, João Batista Ribeiro. Pertinências entre os anais egípcios e a biografia antiga: ensaio historiográfico sobre a escrita e ideologia nas inscrições cuneiformes e hieroglíficas de eventos oficiais e memoriais do Egito antigo. *Em Tempo de Histórias*, Brasília, D.F., v. 23, p. 7-21, 2013b.

SANTOS, João Batista Ribeiro. A *proskynesis* do rei israelita *Yĕhû* ao rei assírio *Šulmānu-ašaridu* no "Obelisco Negro": uma apresentação contextual do relevo. *Caminhando*, São Bernardo do Campo, v. 19, n. 2, p. 85-99, 2014.

SANTOS, João Batista Ribeiro. Interações no campo religioso do reino norte de Yiśrā'ēl no século IXº a. C.: a cultura como problema político na Bíblia hebraica (2 Reis 9–10). *Rever*, São Paulo, v. 16, n. 3, p. 197-219, 2016.

SANTOS, João Batista Ribeiro. Contra o etnocídio do profeta *'Ēliyyāhû*, o *tišĕbî*: conflito e apropriação de lugar sagrado em um pequeno reino do Levante. Estudo de fonte hebraica. *Oficina do Historiador*, Porto Alegre, v. 10, n. 2, p. 131-147, 2017.

SANTOS, João Batista Ribeiro. Origens e função do profetismo no antigo Yiśrā'ēl. In: Frederico, Danielle Lucy Bósio (org.). *A profecia nas origens e suas recepções*. Semana de Estudos Teológicos 2016. São Bernardo do Campo: Editora da Faculdade de Teologia da Universidade Metodista de São Paulo, 2018a, p. 35-46.

SANTOS, João Batista Ribeiro. *Dos conflitos com 'Ărām ao deus de Ḫa-la-ab*: a formação do campo religioso e a elaboração do Yhwh no Yiśrā'ēl Norte na Idade do Ferro II. 2018. Tese (Doutorado em Ciências da Religião), Universidade Metodista de São Paulo. São Bernardo do Campo, 2018b. [Texto impresso].

SANTOS, João Batista Ribeiro. O monumento do rei Meša' de Mū'aba: o liame dos fatos envolvendo moabitas e israelitas do norte na Idade do Ferro II. *Phoînix*, Rio de Janeiro, v. 25, n. 2, p. 11-25, 2019a.

SANTOS, João Batista Ribeiro. Para além de Tēl Dān: os contextos e conexões dos conflitos entre aramitas e israelitas na Idade do Ferro II. *Classica*, São Paulo, v. 32, n. 2, p. 91-114, 2019b.

SANTOS, João Batista Ribeiro. "Grandes olhos negros": o ícone literário da princesa fenícia 'Îzebel na corte israelita do século IX A.E.C. nos contextos das linguagens culturais levantinas. *Estudos de Religião*, São Bernardo do Campo, v. 33, n. 3, p. 257-274, 2019c.

SANTOS, João Batista Ribeiro. O vidente Amós e a política: neoassírios e aramitas no quadro político dos protestos em Israel Norte no século VIII A.E.C. *Perspectiva Teológica*, Belo Horizonte, v. 53, n. 2, p. 441-462, 2021a.

SANTOS, João Batista Ribeiro. O relevo do fato e da fala: Israel Norte no "Obelisco Negro" de Shalmaneser III e seus contextos na Idade do Ferro II. *História (São Paulo)*, Assis/Franca, v. 40, p. 1-18, 2021b.

SANTOS, João Batista Ribeiro. Imagens da destruição da cidade de Lakish pelo rei assírio Senaquerib: ensaio sobre os baixos-relevos pictóricos como agentes históricos. *Caminhando*, São Bernardo do Campo, v. 26, p. 1-31, 2021c.

SANTOS, João Batista Ribeiro. O monumento de Antakya: a geografia política de Ḫamat e Arpad/Bīt-Agūsi no norte do Levante entre os anos 806/805 e 796 A.E.C. *Classica*, São Paulo, v. 35, p. 1-16, 2022.

SANTOS, João Batista Ribeiro; Weber, Fabíola. Na periferia dos impérios: historiografia contextual das cartas do governante Bir-ia-wa-za, de Di-maš-qa, para o grande rei Amenhotep IV, do Mi-iṣ-ri. *Caminhando*, São Barnardo do Campo, v. 23, n. 1, p. 28-56, 2018.

SASS, Benjamin. Aram and Israel during the 10th–9th centuries BCE, or Iron Age IIA: the alphabet. In: Omer, Sergi; Oeming, Manfred; Hulster, Izaak J. de (eds.). *In search for Aram and Israel*: politics, culture, and identity. (ORA, 20). Tübingen: Mohr Siebeck, 2016, p. 199-227.

SASSON, Jack M. Zimri-Lim takes the Grand Tour. *BA*, Washington, DC, p. 246-252, 1984.

SASSON, Jack M. "Year: Zimri-Lim dedicated his statue to Addu of Halab": locating one year in Zimri-Lim's reign. *Mari*, Paris, v. 5, p. 577-589, 1987.

SASSON, Jack M. The king and I: a Mari king in changing perceptions. *JAOS*, Ann Arbor, v. 118, n. 4, p. 453-470, 1998.

SASSON, Jack M. Scruples: extradition in the Mari Archives. *WZKM*, Wien, v. 97, p. 453-473, 2007.

SCHART, Aaron. Combining prophetic oracles in Mari letters and Jeremiah 36. *JANES*, New York, v. 23, n. 1, p. 75-93, 1995.

SCHMID, Konrad. *História da literatura do Antigo Testamento*: uma introdução. Trad. Uwe Wegner. São Paulo: Loyola, 2013. [ed. al. 2008].

SCHWEMER, Daniel. The storm-gods of the ancient Near East: summary, synthesis, recent studies. Part I. *JANER*, Leiden, v. 7, n. 2, p. 121-168, 2007.

SCHWEMER, Daniel. The storm-gods of the ancient Near East: summary, synthesis, recent studies. Part II. *JANER*, Leiden, v. 8, n. 1, p. 1-44, 2008.

SÉRANDOUR, Arnaud; Villard, Pierre. Des textes pour les dieux: hymnes et prières. In: Bordreuil, Pierre; Briquel-Chatonnet, Françoise; Michel, Cécile (dir.). *Les débuts de l'Histoire*: civilisations et cultures du Proche-Orient ancien. Nouvelle édition revue et augmentée. Paris: Éditions Khéops, 2014, p. 378-386.

SERGI, Omer; Hulster, Izaak J. de. Some historical and methodological considerations: regarding the question of political, social and cultural interaction between Aram and Israel in the Early Iron Age. In: Omer, Sergi; Oeming, Manfred; Hulster, Izaak J. de (eds.). *In search for Aram and Israel*: politics, culture, and identity. (ORA, 20). Tübingen: Mohr Siebeck, 2016, p. 1-14.

SETERS, John van. *Em busca da história*: historiografia no mundo antigo e as origens da história bíblica. Trad. Simone Maria Lopes de Melo. São Paulo: Editora da Universidade de São Paulo, 2008. [ed. ing. 1983].

SHARON, Ilan. Levantine chronology. In: Steiner, Margreet L.; Killebrew, Ann E. (eds.). *The Oxford handbook of the archaeology of the Levant*: *c.* 8000–332 BCE. (OH). Oxford: Oxford University Press, 2014, p. 44-65.

SILVA CASTILLO, Jorge. Nomadism through the Ages. In: Snell, Daniel C. (ed.). *A companion to the ancient Near East*. (BCAW, Ancient History). Malden: Blackwell, 2007, p. 142-156.

SIMON, Zsolt. Aramaean borders: the hieroglyphic luwian evidence. In: Dušek, Jan; Mynářová, Jana (eds.). *Aramaean borders*: defining aramaean territories in the 10th–8th centuries B.C.E. (CHANE, 101). Leiden: Brill, 2019, p. 127-148.

SIMONDON, Gilbert. *Do modo de existência dos objetos técnicos*. Nova ed., rev. e corrigida. (Coleção Arte Físsil). Trad. Vera Ribeiro. Rio de Janeiro: Contraponto, 2020. [ed. fr. 2012].

SINGER-AVITZ, Lily. The date of Kuntillet 'Ajrud: a rejoinder. *TA*, Tel Aviv, v. 36, n. 1, p. 110-119, 2009.

SMITH, Mark S. *God in translation*: deities in cross-cultural discourse in the biblical world. Grand Rapids, MI: Eerdmans, 2010.

SMOAK, Jeremy; Schniedewind, William M. Religion at Kuntillet 'Ajrud. *Religions*, Basel, v. 10, n. 3, p. 1-18, 2019.

SNELL, Daniel C. *Religions of the ancient Near East*. Cambridge: Cambridge University Press, 2011.

SODEN, Wolfram von. *Introducción al orientalismo antiguo*. (EO). Trad. C. Gancho. Sabadell: Ausa, 1987. [ed. al. 1985].

STAVRAKOPOULOU, Francesca. "Popular" religion and "oficial" religion: practice, perception, portrayal. In: Stavrakopoulou, Francesca; Barton, John (eds.). *Religious diversity in ancient Israel and Judah*. London: T&T Clark, 2018 [2010], p. 37-58.

STEEN, Eveline van der. Tribal societies in the nineteenth century: a model. In: Szuchman, Jeffrey (ed.). *Nomads, tribes, and the state in the ancient Near East*: cross-disciplinary perspectives. (OIS, 5). Chicago: University of Chicago Press, 2009, p. 105-117.

STÖKL, Jonathan. Divination as warfare: the use of divination across borders. In: Lenzi, Alan; Stökl, Jonathan (eds.). *Divination, politics, and ancient Near Eastern empires*. (SBLANE Monographs, 7). Atlanta: SBL Press, 2014, p. 49-63.

SURIANO, Matthew James. The historicality of the king: an exercise in reading royal inscriptions from the ancient Levant. *JANEH*, Berlin, v. 1, n. 2, p. 95-118, 2014.

SZUCHMAN, Jeffrey J. Mobility and sedentarization in Late Bronze Age Syria. In: Barnard, Hans; Wendrich, Willeke (eds.). *The archaeology of mobility*: Old World and New World nomadism. (CAS, 4). Los Angeles: Cotsen Institute of Archaeology Press, 2008, p. 397-412.

THOMASON, Allison. Clothing and nudity in the ancient Near East: archaeological and iconographic aspects. In: Berner, Christoph; Schäfer, Manuel; Schott, Martin; Schulz, Sarah; Weingärtner, Martina (eds.). *Clothing and nudity in the Hebrew Bible*. London: T&T Clark, 2019, p. 87-126.

TÖYRÄÄNVUORI, Joanna. Weapons of the storm God in ancient Near Eastern and biblical traditions. *StOr*, Helsinki, v. 112, p. 147-180, 2012.

UEHLINGER, Christoph. Distinctive or diverse? Conceptualizing ancient Israelite religion in its southern Levantine setting. *HeBAI*, Tübingen, v. 4, n. 1, p. 1-24, 2015.

VIDAL, Jordi. The sacred landscape of the kingdom of Ugarit. *JANER*, Leiden, v. 4, n. 1, p. 143-153, 2004.

VITA, Juan-Pablo. The society of Ugarit. In: Watson, Wilfred G. E.; Wyatt, Nicolas (eds.).

Handbook of Ugaritic studies. (HdO, 39). Leiden: Brill, 1999, p. 455-498.

WAGNER, Roy. *Símbolos que representam a si mesmos*. Trad. Priscila Santos da Costa. São Paulo: Editora da Universidade Estadual Paulista, 2017. [ed. ing. 1986].

WALLS, Neal. The gods of Israel in comparative ancient Near Eastern context. In: Niditch, Susan (ed.). *The Wiley Blackwell companion to ancient Israel*. Malden, MA: Wiley Blackwell, 2016, p. 261-277.

WEYGAND, Isabelle. Les déesses-bustes en terre cuite à Mari et à Terga. In: Butterlin, Pascal; Lebeau, Marc; Monchambert, Jean-Yves; Montero Fenollós, Juan Luis; Muller, Béatrice (éds.). *Les espaces syro-mésopotamiens*: dimensions de l'expérience humaine au Proche-Orient ancien. Volume d'hommage offert à Jean-Claude Margueron. (Subartu XVII, CERHM). Turnhout: Brepols, 2006, p. 439-449.

WHITELAM, Keith W. Transcending the boundaries: expanding the limits. In: *Revealing the history of ancient Palestine*. (COPSEM; Serie: Changing Perspectives, 8). Abingdon, OX: Routledge, 2018, p. 222-234.

WHITING, Robert M. Amorite tribes and nations of second-millennium Western Asia. In: Sasson, Jack M. (ed.). *Civilizations of the ancient Near East*. Vol. II: History and culture. New York: Scribner, 1995, p. 1231-1242.

YOFFEE, Norman. *Mitos do Estado arcaico*: evolução dos primeiros Estados, cidades e civilizações. Trad. Carlos Eugênio Marcondes de Moura. São Paulo: Editora da Universidade de São Paulo, 2013. [ed. ing. 2005].

YON, Marguerite. *The city of Ugarit at Tell Ras Shamra*. Winona Lake, IN: Eisenbrauns, 2006.

YOUNGER, K. Lawson. *A political history of the arameans*: from their origins to the end of their polities. (SBLABS, 13). Atlanta, GA: SBL Press, 2016.

YOUNGER, K. Lawson. Tiglath-Pileser I and the initial conflicts of the Assyrians with the Arameans. In: Berlejung, Angelika; Maeir, Aren M.; Schüle, Andreas (eds.). *Wandering aramaeans – Aramaeans outside Syria*: textual and archaeological perspectives. (LAOS, 5). Wiesbaden: Harrassowitz Verlag, 2017, p. 195-227.

ZAIA, Shana. Adad in Assyria: royal authority in the Neo-Assyrian Period. *SAAB*, Padova, v. XXIV, p. 235-254, 2018.

ZANGGER, Eberhard; Gautschy, Rita. Celestial aspects of Hittite religion: an investigation of the Rock Sanctuary Yazılıkaya. *JSA*, Sheffield, v. 5, n. 1, p. 5-38, 2019.

ZANGGER, Eberhard; Krupp, E. C.; Demirel, Serkan; Gautschy, Rita. Celestial aspects of Hittite religion, Part 2: cosmic symbolism at Yazılıkaya. *JSA*, Sheffield, v. 7, n. 1, p. 57-94, 2021. [Zangger *et al.*].

ZIEGLER, Nele. Faire des statues divines – et après? In: Römer, Thomas; Gonzalez, Hervé; Marti, Lionel (éds.). *Représenter dieux et hommes dans le Proche-Orient ancient et dans la Bible*. Actes du colloque organisé par le Collège de France, Paris, les 5 et 6 mai 2015. (OBO, 287). Leuven; Paris; Bristol: Peeters, 2019, p. 52-63.

ÍNDICES

Autoras e autores citados

A

B

C

D

E

F

N

O

P

R

S

T

U

V

W

Y

Z

Índice de fontes

Documentos

Textos da BHS

Índice lexical onomástico e de assuntos

Alameda nas redes sociais:
Site: www.alamedaeditorial.com.br
Facebook.com/alamedaeditorial/
Twitter.com/editoraalameda
Instagram.com/editora_alameda/

Esta obra foi impressa em São Paulo no verão de 2024. No texto foi utilizada a fonte Cambria em corpo 9,5 e entrelinha de 13 pontos.